Sach- und andere nicht-pekuniäre Leistungsverpflichtungen des Arbeitgebers im Betriebsübergang

Schriften zum deutschen und europäischen Arbeitsrecht

Herausgegeben von Frank Bayreuther

Band 23

PETER LANG

Lausanne - Berlin - Bruxelles - Chennai - New York - Oxford

Paul Kintrup

Sach- und andere nicht-pekuniäre Leistungsverpflichtungen des Arbeitgebers im Betriebsübergang

PETER LANG
Lausanne - Berlin - Bruxelles - Chennai - New York - Oxford

Bibliografische Information der Deutschen Nationalbibliothek
Die Deutsche Nationalbibliothek verzeichnet diese Publikation
in der Deutschen Nationalbibliografie; detaillierte bibliografische
Daten sind im Internet über http://dnb.d-nb.de abrufbar.
Zugl.: Passau, Univ., Diss., 2022

D 739
ISSN 1865-634X
ISBN 978-3-631-89838-3 (Print)
E-ISBN 978-3-631-90695-8 (E-PDF)
E-ISBN 978-3-631-90696-5 (EPUB)
DOI 10.3726/b21099

Verlegt durch:

Peter Lang GmbH, Berlin, Deutschland

info@peterlang.com http://www.peterlang.com/

Meinen Eltern

Vorwort

Diese Arbeit entstand maßgeblich während meiner Tätigkeit als wissenschaftlicher Mitarbeiter am Lehrstuhl für Bürgerliches Recht und Arbeitsrecht der Universität Passau. Sie wurde von der juristischen Fakultät der Universität Passau im Sommersemester 2022 als Dissertation angenommen. Die Arbeit befindet sich im Wesentlichen auf dem Rechtsstand von Frühjahr 2022.

Mein besonderer Dank gilt zunächst meinem Doktorvater Herrn Professor Dr. Frank Bayreuther. Durch seine bereichernden Vorlesungen habe ich den Weg an seinen Lehrstuhl gefunden. Seinem großen Engagement habe ich nicht nur eine überaus lehrreiche Zeit mit intensiven Einblicken in die arbeitsrechtliche Forschung, sondern auch das Thema dieser Arbeit zu verdanken. Mein weiterer Dank gilt Herrn Professor Dr. Sebastian Martens für die freundliche Übernahme des Zweitgutachtens, sowie Herrn Professor Dr. Rainer Sieg für seine Mitwirkung in der Prüfungskommission.

Die Unterstützung und Hilfsbereitschaft, die ich aus meinem Freundes- und Familienkreis erfahren durfte und darf, ist überwältigend. Dies gilt allen voran mit Blick auf Nadine Listl, die mit viel Geduld, Zuspruch, Diskussion und einer sorgfältigen Korrektur einen wesentlichen Anteil an dieser Arbeit trägt.

Mein größter Dank gilt meinen lieben Eltern Thomas und Kathinka Kintrup. Sie haben mich weit mehr als nur akademisch gefördert. Ihnen widme ich diese Arbeit.

Hamburg, im Frühjahr 2023

Inhaltsverzeichnis

Vorwort ... 7

Abkürzungsverzeichnis ... 15

Einleitung ... 17

Kapitel 1: Rechtliche Grundlagen ... 19

A. Ansprüche aus arbeitsrechtlichen Vereinbarungen ... 19
I. Vereinbarungen mit individualarbeitsrechtlichem Charakter ... 19
1. Der Arbeitsvertrag ... 19
2. Betriebliche Übung ... 20
3. Gesamtzusage ... 21
II. Kollektivarbeitsrechtliche Vereinbarungen ... 22
1. Tarifvertrag ... 22
2. Betriebsvereinbarung und Regelungsabrede ... 23
a) Betriebsvereinbarung ... 23
b) Regelungsabrede ... 24

B. Ansprüche aus „nicht-arbeitsrechtlichen" Vereinbarungen ... 25

Kapitel 2: Grundsatz: Eintritt in die Rechte und Pflichten nach einem Betriebsübergang ... 27

A. Ansprüche des Arbeitnehmers gegenüber dem Arbeitgeber ... 28
I. Arbeitsrechtliche Vereinbarungen ... 29
1. Arbeitsvertrag ... 29
2. Kollektivarbeitsrechtlicher Rechtsgrund ... 30
II. Nicht-arbeitsrechtliche Vereinbarungen ... 30
1. Eigenständiger Rechtsgrund ... 31
2. Zuwendungselement ... 33

3. Stellungnahme ... 34
a) Vorzugswürdigkeit der Berücksichtigung des Zuwendungselements ... 34
b) Rechtsfolgen im Betriebsübergang ... 37
(1) Übergang nur des Zuwendungselements im Betriebsübergang ... 37
(2) Praktische Relevanz ... 39
c) Verfassungsmäßigkeit der Lösung ... 40
4. Denkbare Fallgestaltungen ... 42
5. Zwischenergebnis ... 44
III. Einzelne Arbeitgeberleistungen im Überblick ... 44
1. Geldwerte Vorteile – Personalrabatte und Deputate ... 45
2. Mitarbeiterkapitalbeteiligungen ... 46
a) Direkt ... 46
b) Indirekt ... 47
3. Erfolgsbeteiligungen und Boni ... 49
4. Überlassung auf Zeit ... 50
a) Wohnraum ... 50
b) Bewegliche Sachen ... 52
5. Gratifikationen ... 53
6. Arbeitgeberdarlehen ... 54
7. Vollmachten und Status ... 56
8. Sonstige Rechte ... 57

B. Ansprüche des Arbeitnehmers gegenüber Dritten ... 58
I. Eigene Verpflichtung des Dritten ... 58
1. Trennungstheorie ... 60
2. Zurechnungstheorie ... 61
3. Stellungnahme ... 62
II. Gleichzeitige Verpflichtung des Arbeitgebers und des Dritten ... 65
III. Zwischenergebnis ... 67

C. Zusammenfassung ... 68

Kapitel 3: Ausnahme: Die Befreiung des Erwerbers von der Leistungspflicht ... 71

A. Vor dem Betriebsübergang: Verfallsklauseln ... 71

I. Verfallsklauseln in der „nicht-arbeitsrechtlichen“ Vereinbarung .. 72

II. Verfallsklauseln in arbeitsrechtlichen Vereinbarungen ... 74

1. AGB-Kontrolle ... 74

2. Vereinbarkeit mit § 613 a BGB ... 75

B. Nach dem Betriebsübergang ... 77

C. Keine ausdrückliche Vereinbarung ... 78

I. Die Ermittlung des Inhalts der Zusage ... 78

1. Der Unternehmensbezug ... 78

a) Die unternehmensbezogene Leistung ... 78

b) Die nicht unternehmensbezogene Leistung ... 80

2. Die Vergütungsform ... 80

a) Vergütung im engeren Sinne ... 81

b) Vergütung im weiteren Sinne ... 82

II. Unternehmensbezogene Leistungen, die Entgelt im weiteren Sinne sind ... 83

1. Konkludent vereinbarte Beschränkung der Leistungspflicht? 83

a) Urteil des Bundesarbeitsgerichts vom 7. September 2004 – 9 AZR 631/03 ... 83

b) Die Ansicht der Literatur ... 85

c) Stellungnahme ... 86

aa) Vereinbarkeit mit § 613 a BGB ... 87

bb) (Un-) Vereinbarkeit mit den §§ 305 ff. BGB ... 89

(1) Verstoß gegen das Transparenzgebot. ... 91

(2) Unangemessene Benachteiligung durch Verstoß gegen das Transparenzgebot ... 94

d) Konsequenzen für die Vertragsgestaltung ... 96

e) Zwischenergebnis ... 96

2. Befreiung von der Leistungspflicht aufgrund Gesetzes? ... 97

a) Anwendbarkeit von § 275 Abs. 1 BGB ... 97

b) Vorliegen von Unmöglichkeit ... 102

c) Rechtsfolge von § 275 Abs. 1 BGB ... 105
aa) Schadensersatz wegen anfänglicher Unmöglichkeit, § 311 a Abs. 2 BGB ... 105
bb) Schadensersatz wegen nachträglicher Unmöglichkeit §§ 280 Abs. 1, 3, 283 BGB ... 106
(1) Die Pflichtverletzung – des Veräußerers oder des Erwerbers? ... 106
(a) Taugliche Handlung ... 106
(b) Der richtige Anspruchsgegner ... 107
(2) Vertretenmüssen ... 109
(a) Grundsätze ... 109
(b) Ausnahmen ... 112
cc) Herausgabeanspruch gemäß § 285 BGB ... 114
d) Weitere Ansprüche ... 116
e) Zusammenfassung ... 118
III. Nicht unternehmensbezogene Leistungen, die Entgelt im weiteren Sinne sind ... 118
1. Dennoch Ausschluss der Leistungspflicht gemäß § 275 Abs. 1 BGB? ... 119
2. Leistungsverweigerungsrecht des Schuldners gemäß § 275 Abs. 2 BGB ... 119
a) Meinungsstand ... 120
aa) Herrschende Ansicht: Freie Konkurrenz ... 120
bb) Vorrang von § 275 Abs. 2 BGB gegenüber § 313 BGB ... 121
cc) Vorrang von § 313 BGB gegenüber § 275 Abs. 2 BGB ... 122
b) Stellungnahme ... 122
c) Zwischenergebnis ... 124
d) Auswirkungen auf das Betriebsübergangsrecht ... 124
e) Zusammenfassung ... 125
3. Vertragsanpassung und Rücktritt nach § 313 Abs. 1 bzw. 3 BGB ... 126
a) Voraussetzungen und Anwendbarkeit ... 126

aa) Die Geschäftsgrundlage der Leistungszusage 126
(1) Subjektive Parteivorstellungen über Umstände 127
(2) Kausalität 128
bb) Der Betriebsübergang als Auslöser schwerwiegender Veränderungen 129
cc) Unzumutbarkeit der Veränderung und Risikosphäre 130
b) Der Anpassungsinhalt 132
aa) Die Rolle des Arbeitnehmers bei der Vertragsanpassung 132
bb) Wie sind Anpassungen vorzunehmen? 134
(1) Wegfall der ursprünglichen Leistungszusage des Arbeitgebers 135
(2) Umwandlung der Leistungszusage des Arbeitgebers 135
cc) Welche Folgen hat die Unzumutbarkeit der Anpassung? 136
4. Zwischenergebnis 137
IV. Leistungen, die Entgelt im engeren Sinne sind 137
1. Unternehmensbezogene Leistungen 137
2. Nicht unternehmensbezogene Leistungen 138
V. Einzelne Arbeitgeberleistungen 139
1. Geldwerte Vorteile: Personalrabatte und Deputate 139
a) Der Anspruch auf Abschluss eines Kauf-, Dienst- oder Werkvertrags 139
(1) Zusage mit Unternehmensbezug 139
(2) Zusage ohne Unternehmensbezug 141
b) Der Anspruch aus dem Kauf-, Dienst- oder Werkvertrag 141
2. Mitarbeiterkapitalbeteiligungen 142
a) Der Anspruch auf Erhalt einer Mitarbeiterbeteiligung ... 142
b) Der Anspruch aus dem Erhalt einer Mitarbeiterbeteiligung 142
3. Erfolgsbeteiligungen und Boni 143

4. Überlassungen auf Zeit ... 145
a) Wohnraum ... 145
aa) Der Anspruch auf Überlassung einer Werkdienstwohnung ... 145
bb) Der Anspruch aus einem bestehenden Werkmietvertrag ... 146
cc) Der Anspruch aus einer besonderen Zuwendung ... 147
(1) Gleichzeitiges Ende des Mietverhältnisses ... 147
(2) Fortbestehen des Mietverhältnisses ... 147
b) Bewegliche Sachen ... 148
aa) Der Anspruch auf Überlassung ... 148
bb) Der Anspruch aus einem Überlassungsvertrag ... 149
cc) Der Anspruch aus einer besonderen Zuwendung ... 149
5. Gratifikationen ... 150
6. Arbeitgeberdarlehen ... 150
a) Der Anspruch auf Abschluss eines Darlehensvertrags ... 150
b) Der Anspruch aus einem bestehenden Darlehensvertrag 150
c) Der Anspruch aus einer besonderen Zuwendung ... 151

Kapitel 4: Schlussbetrachtung ... 153

Literaturverzeichnis ... 165

Abkürzungsverzeichnis

a.A.	anderer Ansicht
Abs.	Absatz
AGB	allgemeine Geschäftsbedingung(en)
AktG	Aktiengesetz
Alt.	Alternative
ArbGG	Arbeitsgerichtsgesetz
BAG	Bundesarbeitsgericht
BetrVG	Betriebsverfassungsgesetz
BFH	Bundesfinanzhof
BGB	Bürgerliches Gesetzbuch
BGH	Bundesgerichtshof
BGBl.	Bundesgesetzblatt
bspw.	beispielsweise
BverfG	Bundesverfassungsgericht
BT-Drucks.	Bundestagsdrucksache
BVSG	Gesetz über einen Bergmannsversorgungsschein im Land Nordrhein-Westfalen
bzw.	beziehungsweise
EuGH	Europäischer Gerichtshof
f. / ff.	folgende(r) / die folgenden
Fn.	Fußnote
GewO	Gewerbeordnung
GG	Grundgesetz
ggf.	gegebenenfalls
GmbHG	Gesetz betreffend die Gesellschaften mit beschränkter Haftung
hM	herrschende Meinung
Hs.	Halbsatz
KSchG	Kündigungsschutzgesetz
LAG	Landesarbeitsgericht
LG	Landgericht
Nr.	Nummer
OLG	Oberlandesgericht

Rn.	Randnummer
S.	Satz / Seite
sog.	sogenannt
TVG	Tarifvertragsgesetz
u. a.	unter anderem
vgl.	vergleiche

Im Sinne einer besseren Lesbarkeit dieser Arbeit wird im Folgenden das generische Maskulinum genutzt. Verwendete Bezeichnungen beziehen sich – sofern nicht explizit anders kenntlich gemacht – auf alle Geschlechter.

Einleitung

Arbeitsleistung und Vergütung – seit über einem Jahrhundert ringen Gewerkschaften und Arbeitgeber(-verbände) um diese beiden zentralen Bestandteile eines jeden Arbeitsverhältnisses. Durch die Flexibilisierung des Arbeitsmarktes hat sich die Bedeutung beider Begriffe in den letzten Jahrzehnten ganz erheblich gewandelt. Dies gilt zum einen für die Arbeitsleistung, deren Erbringung im Dienstleistungssektor kaum mehr zwingend orts- und zeitgebunden ist, sondern durch die Arbeitsvertragsparteien individuell ausverhandelt werden kann. Zum anderen ist auch der Begriff der Vergütung heute weit mehr als nur die Lohnleistung. Gerade in einer Zeit, in der der Fachkräftemangel trotz des Krisenjahres 2020 von rund 60 % der Unternehmen als Geschäftsrisiko eingestuft wird,[1] sind über die Vergütung in Geld hinausgehende Leistungen wie Personalrabatte, Mitarbeiterkapitalbeteiligungen, Erfolgsbeteiligungen, Werkswohnungen, Dienstwagen oder Gratifikationen ganz entscheidende Argumente im Wettbewerb um hochqualifiziertes Personal. Dementsprechend finden sich Zusagen eines Arbeitgebers über derlei Leistungen heute fast überall. Die Popularität der einzelnen Leistungen unterliegt dabei mit dem gesellschaftlichen und politischen Wandel Schwankungen. Während Unternehmen in der Vergangenheit beispielsweise im großen Stil Werkswohnungen gebaut und der eigenen Belegschaft überlassen haben,[2] sind seit den 1990er Jahren Kapitalbeteiligungen gefragt. Dies gilt insbesondere für große, börsennotierte Konzerne und ihre Tochtergesellschaften.

Gleichzeitig wurden in Deutschland seit 2016 mehr als 2000 Unternehmenstransaktionen pro Jahr angekündigt.[3] Die damit verbundenen Umstrukturierungsmaßnahmen bedeuten für Arbeitnehmer oft erhebliche Unsicherheiten was den Arbeitsplatz selbst aber auch die oben angesprochenen Zusatzleistungen

1 *DIHK Konjunkturumfrage Jahresbeginn 2022*, S. 10, abrufbar unter https://www.dihk.de/resource/blob/65658/fa408294d8905c9ed222632d9df17324/konjunkturumfrage-jahresbeginn-2022-data.pdf, zuletzt eingesehen am 18.04.2022.

2 Ende der 1970er Jahre gab es in Deutschland 350.000–450.000 Werkswohnungen, vgl. die Studie „*Wirtschaft macht Wohnen*“, S. 8, abrufbar unter: https://www.gdw.de/uploads/pdf/publikationen/ Studie_Wirtschaft_macht_Wohnen_22042016.pdf, zuletzt eingesehen am 18.04.2022.

3 Abrufbar unter https://imaa-institute.org/mergers-and-acquisitions-statistics/germany-ma-statistics/, zuletzt eingesehen am 18.04.2022.

angeht. Gleiches gilt selbstverständlich auch für „kleinere" Betriebsübergänge. Der Gesetzgeber hat diesbezüglich mit § 613 a BGB eine auf den ersten Blick eindeutige Regelung geschaffen: Der Erwerber tritt in alle Rechte und Pflichten aus dem Arbeitsverhältnis mit dem Veräußerer ein. Bei näherer Betrachtung stellt sich indes heraus, dass je nach Lage des Einzelfalls ganz erhebliche Schwierigkeiten auftreten – vor allem, wenn mit dem Betriebsübergang ein Branchenwechsel verbunden ist. Die vorliegende Untersuchung wird sich dieser Schwierigkeiten annehmen und mit Blick auf die oben angesprochenen Leistungen Lösungen entwickeln.

In Kapitel 1 sind zunächst die unterschiedlichen Möglichkeiten des Arbeitgebers, seinen Arbeitnehmern eine Leistung zuzusagen, Ausganspunkt der Überlegungen. Neben Zusagen im Arbeitsvertrag kann der Arbeitgeber die Leistungsverpflichtung auch über eine betriebliche Übung, eine Gesamtzusage oder durch kollektivrechtliche Vereinbarung in das Arbeitsverhältnis einführen. Dazu kommen auch Ersatzansprüche des Arbeitnehmers aufgrund von Pflichtverletzungen und Ansprüche aus „nicht-arbeitsrechtlichen" Vereinbarungen, also gesonderten Verträgen, in Betracht. Kapitel 2 widmet sich der Systematik des § 613 a Abs. 1 BGB und untersucht die jeweilige Art der Leistungsverpflichtung auf ihr Verhalten im Betriebsübergang (A.I. und A.II.). Es folgt ein Überblick über die gängigsten vom Arbeitgeber gewährten Leistungen und ihrem Schicksal bei einem Betriebsübergang (A.III.). Anschließend widmet sich die Arbeit dem Schicksal von Leistungszusagen konzernverbundener Dritter im Betriebsübergang (B.). Kapitel 3 beschäftigt sich mit der Frage, welche Abweichungen vom grundsätzlichen Eintritt des Erwerbers in die Rechte und Pflichten aus dem Arbeitsverhältnis nach § 613 a Abs. 1 S. 1 BGB möglich sind. Hier spielen einerseits so genannte Verfallsklauseln, von den Parteien des Arbeitsverhältnisses getroffene Vereinbarungen für den Fall von Veränderungen im Arbeitsverhältnis, eine Rolle. (A.). Andererseits kann es auch gänzlich an ausdrücklichen Vereinbarungen fehlen. In diesem Rahmen wird zunächst die Rechtsprechung zu „unternehmensbezogenen Leistungen" diskutiert und aufgezeigt, warum diese zwar ergebnisorientiert, aber dogmatisch unsauber ist (C.II.1.). Anschließend wird eine eigene Lösung anhand der gesetzlichen Vorschriften entwickelt (C.II.2). Unter C.III. steht das Schicksal von „nicht unternehmensbezogenen" Leistungen im Fokus. Ihre Fortgewährung kann insbesondere dann problematisch werden, wenn sie für den Betriebserwerber einen erheblichen wirtschaftlichen Mehraufwand bedeutet. Schließlich wird auf die bereits in Kapitel 2:A.III. aufgeführten Leistungen rekurriert und geprüft, welche konkrete Folge sich für jede einzelne Leistung ergibt – je nachdem, ob es sich um eine „unternehmensbezogene Leistung" handelt oder nicht (D.).

Kapitel 1: Rechtliche Grundlagen

Zu Beginn der Untersuchung ist ein Blick auf die unterschiedlichen Wege zu werfen, auf denen sich ein Arbeitgeber zu einer Leistung an den Arbeitnehmer verpflichten kann. Sie lassen sich in Ansprüche aus arbeitsrechtlichen und „nicht-arbeitsrechtlichen" Vereinbarungen unterscheiden. Arbeitsrechtliche Vereinbarungen haben wiederum entweder individual- oder kollektivrechtlichen Charakter. Hierzu gehören Arbeitsverträge, betriebliche Übungen, Gesamtzusagen, Tarifverträge, Betriebsvereinbarungen und Regelungsabreden. „Nicht-arbeitsrechtliche Vereinbarungen" sind alle sonstigen schuldrechtlichen Rechtsbeziehungen zwischen Arbeitnehmer und Arbeitgeber.

A. Ansprüche aus arbeitsrechtlichen Vereinbarungen

I. Vereinbarungen mit individualarbeitsrechtlichem Charakter

Vereinbarungen mit individualarbeitsrechtlichem Charakter sind Vereinbarungen, die unmittelbar zwischen den Parteien des Arbeitsverhältnisses geschlossen wurden und nur zwischen ihnen wirken. Hierzu zählen insbesondere der Arbeitsvertrag, die betriebliche Übung und die Gesamtzusage.

1. Der Arbeitsvertrag

Der Arbeitsvertrag ist die wichtigste individualarbeitsrechtliche Vereinbarung. Erst der Abschluss eines Arbeitsvertrags führt überhaupt zu einem Arbeitsverhältnis.[4] Der Arbeitsvertrag ist ein gegenseitiger Austauschvertrag, der ein Dauerschuldverhältnis zwischen den Parteien entstehen lässt.[5] Lange als Unterfall des Dienstvertrags, § 611 BGB, eingeordnet, ist er seit 1. April 2017 eigenständig in § 611 a BGB normiert.[6] Seine schuldrechtliche Natur hat sich damit nicht verändert. Zu den Hauptleistungspflichten auf Seiten des Arbeitnehmers zählt in erster Linie die Leistung fremdbestimmter, unselbstständiger Arbeit, § 611 a Abs. 1 S. 1 BGB. Er erhält im Gegenzug einen Anspruch auf Zahlung der im Arbeitsvertrag vereinbarten Vergütung, § 611 a Abs. 2 BGB. Die Vergütungsform ist jedoch nicht auf reine Lohnzahlung beschränkt, vielmehr können dem

---

4 Vgl. nur BAG, 27.09.2012 – 2 AZR 838/11, NJW 2013, 1692, 1693.

5 Schaub ArbR-HdB/*Linck*: § 29, Rn. 7.

6 ErfK/*Preis*: § 611 BGB, Rn. 1; HK-BGB/*Schreiber*: § 611 BGB, Rn. 3.

Arbeitnehmer Anreize in Form von zusätzlichen Leistungen gesetzt werden. Es muss sich dabei nicht um eine Leistung in Form einer Geldzahlung handeln, wie § 107 Abs. 2 GewO zeigt.

Wie individuell der Arbeitsvertrag ausgestaltet ist, spielt keine Rolle. Auch Formulararbeitsverträge gehören zu den Vereinbarungen mit individualarbeitsrechtlichem Charakter. Nicht die Tatsache, dass eine Vielzahl von Arbeitnehmern einen inhaltsgleichen Arbeitsvertrag abschließt ist maßgeblich, sondern, dass deren Inhalt individuell zwischen jedem einzelnen Arbeitnehmer und dem Arbeitgeber wirkt.[7] Bei Formulararbeitsverträgen treten insbesondere jedoch die Vorschriften für allgemeine Geschäftsbedingungen, §§ 305 ff. BGB, hinzu. Alle Ansprüche, die der Arbeitnehmer aus dem Arbeitsvertag erhält, sind damit Teil des Arbeitsverhältnisses.

2. *Betriebliche Übung*

Eine weitere rechtliche Grundlage, aus der der Arbeitnehmer Leistungsansprüche gegen seinen Arbeitgeber herleiten kann, ist die betriebliche Übung. Sie zeichnet sich dadurch aus, dass der Arbeitgeber eine sich wiederholende Verhaltensweise an den Tag legt, aus der die Arbeitnehmer schließen können, dass ihnen der Arbeitgeber durch dieses Verhalten auf Dauer eine Leistung oder Vergünstigung einräumen möchte.[8] Wie genau es zur Entstehung der betrieblichen Übung und damit zur rechtlichen Bindung des Arbeitgebers an sein sich wiederholendes Verhalten kommt, ist umstritten.[9] Teilweise wird vertreten, dass die Bindung dadurch entsteht, dass der Arbeitnehmer berechtigterweise die Fortsetzung des Arbeitgeberverhaltens erwarten kann.[10] Es handele sich also um eine Verpflichtung, die nach Treu und Glauben, § 242 BGB, zur Vertrauenshaftung führe. Im Gegensatz dazu sieht die herrschende Meinung – insbesondere die ständige Rechtsprechung – in der betrieblichen Übung einen Vertrag,

---

7 WHSS/*Willemsen*: Teil G, Rn. 172.

8 BAG, 14.09.2011 – 10 AZR 526/10, NZA 2012, 81, 81; BAG, 28.05.2008 – 10 AZR 274/07, NZA 2008, 941, 942; BAG, 20.05.2008 – 9 AZR 382/07, NZA 2008, 1233, 1234; BAG, 26.09.2007 – 5 AZR 808/06, NZA 2008, 179, 181; BAG, 28.06.2006 – 10 AZR 385/05, NZA 2006, 1174, 1176; Schaub ArbR-HdB/*Ahrendt*: § 110, Rn. 1; ErfK/*Preis*: § 611 a BGB, Rn. 220a.

9 Für einen ausführlichen Bericht über die historische Entwicklung der betrieblichen Übung durch die Rechtsprechung, siehe *Bepler*, RdA 2004, 226, 226 ff.

10 *Hromadka*, NZA 1984, 241, 244 f.; *Singer*, ZfA 1993, 487, 494 ff.; *Canaris*: Die Vertrauenshaftung im deutschen Privatrecht, S. 403 ff.; *Seiter*: Die Betriebsübung, S. 99 ff.

der durch übereinstimmende Willenserklärungen geschlossen wird, so genannte Vertragstheorie.[11]

Für die vorliegende Untersuchung spielt dieser Streit um die dogmatische Herleitung keine Rolle. Hier kommt es nur darauf an, dass es sich um einen Rechtsgrund handelt, dem zwar ein kollektives Element innewohnt,[12] jedoch dem Arbeitnehmer einen individualrechtlichen Anspruch auf Leistungs- oder Vergünstigungsgewährung verschafft. Dies erklärt sich – je nach dogmatischer Begründung – entweder aus der Existenz eines Vertrags zwischen Arbeitgeber und Arbeitnehmer, oder dadurch, dass der Arbeitgeber gemäß § 242 BGB zur Gewährung verpflichtet ist. Ansprüche des Arbeitnehmers aus betrieblicher Übung gegen seinen Arbeitgeber sind damit ebenfalls Teil des Arbeitsverhältnisses.

3. *Gesamtzusage*

Des Weiteren kann sich ein individualrechtlicher Anspruch des Arbeitnehmers auch aus einer Gesamtzusage ergeben. Bei dieser handelt es sich um eine (Willens-) Erklärung des Arbeitgebers gegenüber der gesamten Belegschaft beziehungsweise allen Arbeitnehmern, die vom Arbeitgeber festgelegte Voraussetzungen erfüllen, eine bestimmte Leistung gewähren zu wollen.[13] Der Arbeitnehmer muss diese Erklärung nicht gesondert annehmen.[14] Damit enthält die

---

11 BAG, 05.08.2009 – 10 AZR 483/08, NZA 2009, 1105, 1106; BAG, 18.03.2009 – 10 AZR 281/08, NZA 2009, 601, 602; BAG, 19.08.2008 – 3 AZR 194/07, NZA 2009, 196, 198; BAG, 28.05.2008 – 10 AZR 274/07, NZA 2008, 941, 942; BAG, 20.05.2008 – 9 AZR 382/07, NZA 2008, 1233, 1234; BAG, 26.09.2007 – 5 AZR 808/06, NZA 2008, 179, 181; BAG, 28.06.2006 – 10 AZR 385/05, NZA 2006, 1174, 1176; BAG, 18.09.2002 – 1 AZR 477/01, NZA 2003, 337, 338; MüHdbArbR Band 2/*Börner*: § 206, Rn. 28; Schaub ArbR-HdB/*Ahrendt*: § 110, Rn. 4; ausführlich: *Waltermann*, RdA 2006, 257, 259 ff.; teilweise wird der Vertragstheorie jedoch entgegengehalten, dass sie im Grunde überflüssig sei, da ihre Voraussetzungen sich mit denen einer konkludenten Vertragsänderung deckten, siehe ErfK/*Preis*: § 611 a BGB, Rn. 220a; *Preis/Genenger*, Jahrbuch des Arbeitsrechts 2010, 93, 95 ff.

12 BAG, 21.04.2010 – 10 AZR 163/09, NZA 2010, 808, 809; BAG, 11.04.2006 – 9 AZR 500/05, NZA 2006, 1089, 1090 f.; BAG, 06.12.1995 – 10 AZR 123/95, NZA 1996, 531, 532; MüKo BGB/*Müller-Glöge*: § 611 a BGB, Rn. 332.

13 Ständige Rechtsprechung, siehe nur: BAG, 13.11.2013 – 10 AZR 848/12, NZA 2014, 368, 369; BAG, 13.12.2011 – 3 AZR 852/09, AP BetrAVG § 1 Auslegung Nr. 28, 17; BAG, 22.12.2009 – 3 AZR 136/08, NZA-RR 2010, 541, 542.

14 BAG, 20.08.2014 – 10 AZR 453/13, NZA 2014, 1333, 1333 f.; BAG, 13.11.2013 – 10 AZR 848/12, NZA 2014, 368, 369.

Gesamtzusage, wie auch die betriebliche Übung, aufgrund ihres Adressatenkreises einen kollektiven Charakter. Darüber hinaus sind beide Institute auch in ihrer rechtlichen Wirkung deckungsgleich: auch die Gesamtzusage hat lediglich individualrechtliche Auswirkungen, da jeder Arbeitnehmer für sich durch die Gesamtzusage einen einzelvertraglichen Anspruch auf Leistungsgewährung durch den Arbeitgeber erhält.[15] Sie werden Bestandteil des Arbeitsvertrags.[16]

II. Kollektivarbeitsrechtliche Vereinbarungen

Neben Ansprüchen mit individualrechtlicher Rechtsnatur können Arbeitnehmer Ansprüche gegen ihren Arbeitgeber auch aus kollektiven Vereinbarungen herleiten.

1. *Tarifvertrag*

Die in Deutschland wichtigste kollektivrechtliche Grundlage, aus der Arbeitnehmer Ansprüche gegen ihren Arbeitgeber herleiten können, ist der Tarifvertrag. Ende des Jahres 2020 gab es gut 81.500 Firmen- und Verbandstarifverträge.[17] Seine Rechtsnatur ist aufgrund der Tatsache, dass der Tarifvertrag einerseits zwischen den privatrechtlich organisierten Tarifparteien selbstständig ausgehandelt wird, andererseits jedoch gemäß § 4 Abs. 1 TVG teilweise Rechtsnormwirkung hat, intensiv diskutiert worden.[18] Richtigerweise wird der Tarifvertrag heute ganz überwiegend als das Ergebnis der Wahrnehmung der durch Art. 9 Abs. 3 GG geschützten Tarifautonomie im Sinne einer kollektiv ausgeübten Privatautonomie verstanden.[19]

---

15 Ständige Rechtsprechung, siehe nur: BAG, 13.11.2013 – 10 AZR 848/12, NZA 2014, 368, 369; BAG, 13.12.2011 – 3 AZR 852/09, AP BetrAVG § 1 Auslegung Nr. 28, 17; BAG, 22.12.2009 – 3 AZR 136/08, NZA-RR 2010, 541, 542.

16 BAG, 05.12.1995 – 3 AZR 941/94, NZA 1996, 666, 667.

17 *WSI Tarifarchiv*: Statistisches Taschenbuch Tarifpolitik 2021, S. 12, abrufbar unter https://www.boeckler.de/pdf/p_ta_tariftaschenbuch_2021.pdf, zuletzt eingesehen am 16.04.2022.

18 Zu den verschiedenen Ansätzen siehe insbesondere Wiedemann TVG/*Thüsing*: § 1 TVG, Rn. 40 ff.

19 BAG, 30.08.2000 – 4 AZR 563/99, NZA 2001, 613, 615; BAG, 11.03.1998 – 7 AZR 700/96, NZA 1998, 716, 718; BAG, 14.10.1997 – 7 AZR 811/96, NZA 1998, 778, 779; ausführlich insbesondere *Bayreuther*: Tarifautonomie als kollektiv ausgeübte Privatautonomie, S. 169 ff.; *Greiner*: Rechtsfragen der Koalitions-, Tarif- und Arbeitskampfpluralität, S. 127 ff.; *Paschke*: Der firmenbezogene Arbeitskampf gegen einen verbandsangehörigen Arbeitgeber, S. 27 ff.; Däubler TVG/*Nebe*: § 1 TVG, Rn. 65; Schaub ArbR-HdB/*Treber*: § 198, Rn. 3; Wiedemann TVG/*Thüsing*: § 1 TVG, Rn. 54 ff.; ErfK/

Ein Tarifvertrag ist ein (schriftlicher) Vertrag zwischen den Tarifparteien – Gewerkschaft und Arbeitgeber (-verband) – der aus zwei Teilen besteht, § 1 Abs. 1 TVG. Zum einen werden im schuldrechtlichen Teil des Vertrags die Rechte und Pflichten der Tarifparteien selbst geregelt.[20] Hinzu kommt ein normativer Teil, in dem Arbeitsbedingungen und betriebliche sowie betriebsverfassungsrechtliche Fragen statuiert werden. Dieser normative Teil des Tarifvertrags kann die Arbeitsverhältnisse der Arbeitnehmer eines tarifgebundenen Arbeitgebers direkt beeinflussen – so genannte Drittwirkung.[21] Voraussetzung hierfür ist, dass der Tarifvertrag im Arbeitsverhältnis Geltung hat, §§ 4 Abs. 1, 3 Abs. 1 TVG. Dies ist bei Tarifbindung des Arbeitnehmers automatisch der Fall. Hier gilt der Tarifvertrag unmittelbar und zwingend; dadurch entstehende Arbeitnehmeransprüche sind kollektivarbeitsrechtlicher Natur.

Bei Arbeitnehmern, die nicht bei der (tarif-) vertragsschließenden Gewerkschaft organisiert sind, kann der Arbeitgeber durch arbeitsvertragliche Bezugnahmeklauseln ebenfalls die Geltung des Tarifvertrags im Arbeitsverhältnis herbeiführen. Deren Ansprüche sind indes individualarbeitsrechtlicher Natur, da nur auf kollektivarbeitsrechtliche Regelungen verwiesen wird. Maßgeblich ist die Rechtsnatur der Bezugnahmeklausel, der eine lediglich schuldrechtliche Wirkung innewohnt.[22] Sie ist in aller Regel Teil des Arbeitsvertrags.

2. *Betriebsvereinbarung und Regelungsabrede*

a) *Betriebsvereinbarung*

Auch eine Betriebsvereinbarung hat kollektivrechtlichen Charakter.[23] Hieran sind der Arbeitgeber und der Betriebsrat beteiligt. Sollten die Verhandlungen scheitern, kann eine Einigung durch Beschluss einer Einigungsstelle zustande kommen, § 76 BetrVG. Neben dem Scheitern der Verhandlungen ist insbesondere erforderlich, dass die Einigungsstelle überhaupt zuständig ist. Das ist immer bei erzwingbaren Mitbestimmungsrechten des Betriebsrats der Fall.[24] Die Zuständigkeit kann

---

Linsenmaier: Art. 9 GG, Rn. 56; MüHdbArbR Band 1/*Richardi*: § 8, Rn. 5; *Thüsing/Braun*: Tarifrecht, 1. Kapitel, Rn. 3; *Neuner*, ZfA 1998, 83, 85.

20 ErfK/*Franzen*: § 1 TVG, Rn. 19; Wiedemann TVG/*Thüsing*: § 1 TVG, Rn. 3.

21 Wiedemann TVG/*Thüsing*: § 1 TVG, Rn. 31; ErfK/*Franzen*: § 1 TVG, Rn. 19.

22 BAG, 24.11.2004 – 10 AZR 202/04, NZA 2005, 349, 351; *Löwisch/Rieble*: § 3 TVG, Rn. 576; ErfK/*Franzen*: § 3 TVG, Rn. 32; Wiedemann TVG/*Oetker*: § 3 TVG, Rn. 328.

23 Statt aller ErfK/*Kania*: § 77 BetrVG, Rn. 17.

24 Siehe hierzu insbesondere die Auflistung der Zuständigkeiten bei erzwingbarer Mitbestimmung von Schaub ArbR-HdB/*Ahrendt*: § 232, Rn. 5.

aber auch durch Tarifvertrag oder besonderer Vereinbarung der Betriebsparteien begründet werden.[25] Letztlich ist die Einigungsstelle ferner zuständig, wenn die Betriebsparteien ein Verfahren beantragen oder damit einverstanden sind, § 76 Abs. 6 S. 1 BetrVG.

Die Betriebsvereinbarung ist nach herrschender Meinung ein privatrechtlicher Normenvertrag,[26] dessen Inhalt dementsprechend normative Wirkung besitzt. Diese Ähnlichkeit zum Tarifvertrag ist vor allem für die Reichweite der Normengeltung einer Betriebsvereinbarung von Bedeutung. Die Betriebsvereinbarung gilt – sofern nicht günstigere arbeitsvertragliche Regelungen bestehen[27] – unmittelbar und zwingend und kommt unabhängig vom Willen der einzelnen Arbeitnehmer zustande.[28] Allerdings beeinflusst sie das individuelle Arbeitsverhältnis, obwohl sie nicht Teil davon, sondern ähnlich wie eine gesetzliche Bestimmung als dem Arbeitsverhältnis übergeordnete Norm anzusehen ist.[29] Somit entfaltet eine Betriebsvereinbarung zwar Wirkung im einzelnen Arbeitsverhältnis zwischen Arbeitgeber und Arbeitnehmer; arbeitsvertragliche Regelungen bleiben indes unberührt. Letztere können nur zwischen den Vertragsparteien abgeschlossen und verändert werden.[30] Im Ergebnis haben Arbeitnehmeransprüche aus einer Betriebsvereinbarung damit kollektivarbeitsrechtlichen Charakter.

b) Regelungsabrede

Hat eine Absprache zwischen dem Betriebsrat und dem Arbeitgeber keine normative Wirkung, handelt es sich um eine Regelungsabrede, alternativ auch als betriebliche Einigung oder Betriebsabsprache bezeichnet.[31] Dabei handelt es sich

---

25 Schaub ArbR-HdB/*Ahrendt*: § 232, Rn. 4.

26 BAG, 25.02.2015 – 5 AZR 481/13, NZA 2015, 943, 946; Richardi BetrVG/*Richardi/Picker*: § 77 BetrVG, Rn. 23 ff., insb. Rn. 26; BAG, 13.02.2007 – 1 AZR 184/06, NZA 2007, 825, 829; Schaub ArbR-HdB/*Ahrendt*: § 231, Rn. 2; ErfK/*Kania*: § 77 BetrVG, Rn. 17; Fitting BetrVG/*Fitting*: § 77 BetrVG, Rn. 13.

27 Grundlegend BAG, 16.09.1986 – GS 1/82, NZA 1987, 168.

28 BAG, 16.03.1956 – GS 1/55, NJW 1956, 1086, 1086; Richardi BetrVG/*Richardi/Picker*: § 77 BetrVG, Rn. 148.

29 BAG, 16.03.1956 – GS 1/55, NJW 1956, 1086, 1086.

30 BAG, 29.05.1964 – 1 AZR 281/63, DB 1964, 1342, 1342; BAG, 16.03.1956 – GS 1/55, NJW 1956, 1086, 1086; Richardi BetrVG/*Richardi/Picker*: § 77 BetrVG, Rn. 148.

31 BAG, 06.05.2003 – 1 AZR 340/02, NZA 2003, 1422, 1423; BAG, 21.01.2003 – 1 ABR 9/02, NZA 2003, 1097, 1099; BAG, 14.02.1991 – 2 AZR 415/90, NZA 1991, 607; Fitting BetrVG/*Fitting*: § 77 BetrVG, Rn. 217; ErfK/*Kania*: § 77 BetrVG, Rn. 130; Richardi BetrVG/*Richardi/Picker*: § 77 BetrVG, Rn. 240; Schaub ArbR-HdB/*Ahrendt*: § 231, Rn. 82.

um einen Vertrag, der zwischen Betriebsrat und Arbeitgeber abgeschlossen wird.[32] Indes fehlt ihr die normative Wirkung. Mangels Beteiligung des Arbeitnehmers wird sie auch nicht automatisch Teil des einzelnen Arbeitsverhältnisses. Vielmehr ist der Inhalt einer Regelungsabrede mit Mitteln des Individualarbeitsrechts in das Arbeitsverhältnis einzuführen.[33] Inwieweit der Arbeitgeber verpflichtet wird, sich im Einklang mit der Regelungsabrede zu verhalten, ist für diese Untersuchung ohne Bedeutung, denn der Arbeitnehmer erhält gerade keine unmittelbaren Ansprüche aus der Regelungsabrede und kann seinen Arbeitgeber aufgrund der Tatsache, dass er nicht Vertragspartei der Regelungsabrede ist, nicht auf abredegemäßes Verhalten in Anspruch nehmen.[34]

B. Ansprüche aus „nicht-arbeitsrechtlichen" Vereinbarungen

Neben dem Arbeitsverhältnis können die Arbeitsvertragsparteien weitere Schuldverhältnisse eingehen, die für sich gesehen gar keinen arbeitsrechtlichen Charakter haben. Damit sind sämtliche Verträge gemeint, die dem Grunde nach weder vom Bestand eines Arbeitsverhältnisses abhängig sind, noch ein solches begründen, sondern zusätzlich zu einem bestehenden Arbeitsverhältnis geschlossen werden. Um welchen Vertragstypus es sich handelt, spielt dabei keine Rolle. Die am häufigsten vorkommenden „nicht-arbeitsrechtlichen" Vereinbarungen sind Kaufverträge, Darlehensverträge, Mietverträge und Dienstverträge. Sie bestehen rechtlich gesehen unabhängig vom Arbeitsverhältnis. Dementsprechend kann der Arbeitnehmer Ansprüche aus diesen Vereinbarungen zunächst lediglich aus den jeweiligen besonderen Vorschriften des BGB (§§ 433 ff., 488 ff., 535 ff., 611 ff. BGB) herleiten.[35] Allerdings können diese Verträge einen Bezug zum Arbeitsverhältnis aufweisen, wenn sie mit Rücksicht auf den Bestand des Arbeitsverhältnisses geschlossen werden. Dieser Bezug und insbesondere die Auswirkungen eines Betriebsübergangs gemäß § 613 a BGB hierauf sind das Kernstück dieser Untersuchung.[36]

---

32 Richardi BetrVG/*Richardi/Picker*: § 77 BetrVG, Rn. 243; Schaub ArbR-HdB/*Ahrendt*: § 231, Rn. 78.

33 Schaub ArbR-HdB/*Ahrendt*: § 231, Rn. 82.

34 BAG, 21.01.2003 – 1 ABR 9/02, NZA 2003, 1097, 1099; ErfK/*Kania*: § 77 BetrVG, Rn. 132.

35 Zur Rolle des Arbeitsverhältnisses bei Vertragsschluss und den daraus folgenden Auswirkungen auf die Verpflichtungsstruktur nach einem Betriebsübergang, siehe unten, Kapitel 2:A.II.3.

36 Siehe unten, Kapitel 3.

Kapitel 2: Grundsatz: Eintritt in die Rechte und Pflichten nach einem Betriebsübergang

Fraglich ist, was mit den oben angesprochenen Ansprüchen des Arbeitnehmers bei einem Betriebsübergang geschieht. Der Betriebsübergang gemäß § 613 a BGB ist ein gesetzlich angeordneter Vertragspartnerwechsel, sprich der Betriebserwerber tritt vollumfänglich an die Stelle des Veräußerers.[37] Er wird damit so verpflichtet, als habe er selbst die Vereinbarungen mit den Arbeitnehmern geschlossen.[38] Eine derartige Durchbrechung des Grundsatzes der Relativität der Schuldverhältnisse ist im BGB sonst kaum zu finden.[39] § 613 a BGB ist aus Gründen des Arbeitnehmerschutzes nicht disponibel.[40] Die Vorschrift bezweckt neben der Kontinuität des Betriebsrats und der Regelung der Haftung von Veräußerer und Erwerber vor allem den Bestandsschutz der Arbeitsverhältnisse der Arbeitnehmer inklusive ihres zugehörigen arbeitsrechtlichen Besitzstands.[41]

---

37 BAG, 22.02.1978 – 5 AZR 800/76, BB 1978, 914, 914; BAG, 18.08.1976 – 5 AZR 95/75, NJW 1977, 1168, 1168; ebenso die einhellige Ansicht in der Literatur, siehe bspw. HWK/*Willemsen/Müller-Bonanni*: § 613 a BGB, Rn. 221; DKL AR/*Bayreuther*: § 613 a BGB, Rn. 1; ErfK/*Preis*: § 613 a BGB, Rn. 66; MüKo BGB/*Müller-Glöge*: § 613 a BGB, Rn. 77 ff.; Staudinger/*Annuß*: § 613 a BGB, Rn. 136; Grüneberg/*Weidenkaff*: § 613 a BGB, Rn. 23.

38 BAG, 23.09.2009 – 4 AZR 331/08, NZA 2010, 513, 515; siehe auch MüKo BGB/*Müller-Glöge*: § 613 a BGB, Rn. 89.

39 Ein weiteres Beispiel ist § 566 BGB: Kauf bricht nicht Miete; eine weitaus größere Rolle spielen der Übergang einzelner Forderungen (Abtretung) oder Pflichten (Schuldübernahme). Zur Herleitung siehe ErfK/*Preis*: § 613 a BGB, Rn. 3.

40 BAG, 21.08.2014 – 8 AZR 655/13, NZA 2015, 94, 96; BAG, 20.03.2014 – 8 AZR 1/13, NZA 2014, 1095, 1097; BAG, 19.03.2009 – 8 AZR 722/07, NZA 2009, 1091, 1093; BAG, 12.05.1992 – 3 AZR 247/91, NZA 1992, 1080, 1081; BAG, 29.10.1975 – 5 AZR 444/74, NJW 1976, 535, 536; ebenso ErfK/*Preis*: § 613 a BGB, Rn. 82; HWK/*Willemsen/Müller-Bonanni*: § 613 a BGB, Rn. 247; MüKo BGB/*Müller-Glöge*: § 613 a BGB, Rn. 10; Staudinger/*Annuß*: § 613 a BGB, Rn. 25.

41 BAG, 17.01.1980 – 3 AZR 160/79, NJW 1980, 1124, 1125; BAG, 22.02.1978 – 5 AZR 800/76, BB 1978, 914, 199; BAG, 02.10.1974 – 5 AZR 504/73, NJW 1975, 1378, 1380; DKL AR/*Bayreuther*: § 613 a BGB, Rn. 1; BT-Drucks. 6/1786, S. 59; Staudinger/*Annuß*: § 613 a BGB, Rn. 7; ErfK/*Preis*: § 613 a BGB, Rn. 2; MüKo BGB/*Müller-Glöge*: § 613 a BGB, Rn. 6; *Seiter*: Betriebsinhaberwechsel, S. 30 f.; *Wiedemann/Willemsen,* RdA 1979, 418, 420; *Richardi,* RdA 1976, 56, 57.

Der Betriebsübergang findet bei Erfüllung der tatbestandlichen Voraussetzungen des § 613 a BGB automatisch und ohne Beteiligung des Arbeitnehmers statt, er muss weder in den Inhaberwechsel einwilligen, noch aktiv einen Wechsel seines Vertragspartners geltend machen.[42] Es bestehen jedoch insoweit Gestaltungsmöglichkeiten, als die Arbeitnehmer dem Übergang des Arbeitsverhältnisses unter den Voraussetzungen des § 613 a Abs. 6 BGB widersprechen können.

Auf eine eingehendere Behandlung der tatbestandlichen Voraussetzungen des Betriebsübergangs wird an dieser Stelle mit Rücksicht auf die Schwerpunktsetzung dieser Untersuchung verzichtet und auf die einschlägige Literatur und Rechtsprechung zu § 613 a BGB verwiesen.

A. Ansprüche des Arbeitnehmers gegenüber dem Arbeitgeber

Kommt es zum Betriebsübergang, muss der Erwerber des Betriebs wissen, welche Verpflichtungen ihn als neuen Arbeitgeber im Betrieb treffen. So wird er beispielsweise über die Rechtspositionen der einzelnen Arbeitnehmer im Betrieb Kenntnis haben wollen, um akkurate finanzielle Planungen für die Zeit nach der Übernahme anstellen und unnötige Risiken vermeiden zu können. Viel grundlegender steckt diese Kenntnis für den Erwerber eines Betriebs aber auch den Rahmen ab, in dem er bereit ist, mit dem Veräußerer über die Kaufsumme zu verhandeln und folglich überhaupt eine Kaufentscheidung zu treffen. So gehört zum juristischen Teil einer Due Diligence neben der Informationsbeschaffung und der Risikobewertung des Unternehmens selbst auch die Sammlung aller arbeitsrechtlichen Verpflichtungen des bisherigen Betriebsinhabers.[43] Dies umfasst insbesondere die Bewertung der einzelnen Arbeitsverhältnisse. Dabei ist es erforderlich, neben den Gehältern darüber hinausgehende Ansprüche aufzuführen, denn diese bilden ebenfalls einen Teil der laufenden Kosten und sind entsprechend einzupreisen. Diese Rechtspositionen der Arbeitnehmer sind für den Betriebserwerber in seiner Kalkulation allerdings ausschließlich dann relevant, wenn sie einem Betriebsübergang nach § 613 a BGB überhaupt zugänglich sind.

---

42 BAG, 30.10.1986 – 2 AZR 101/85, NZA 1987, 524, 525; ErfK/*Preis*: § 613 a BGB, Rn. 66; HWK/*Willemsen/Müller-Bonanni*: § 613 a BGB, Rn. 221; MüKo BGB/*Müller-Glöge*: § 613 a BGB, Rn. 77.

43 Hölters, Hdb. Unternehmenskauf/*Steinau-Steinrück/Thees*: Teil II, Rn. 6.414 ff.

Konkret geht es damit um die Frage, welche Rechte und Pflichten als *„aus dem Arbeitsverhältnis"* stammend einzuordnen sind. Sie kann nicht beantwortet werden, ohne dass die rechtliche Grundlage jedes dieser Rechte berücksichtigt wird.[44] Wann ein Recht oder eine Pflicht unter § 613 a BGB fällt, kann nicht pauschal beantwortet werden. Gründe hierfür sind unter anderem die große Diversität der einzelnen Rechte und Pflichten, gerade was Leistungen an den Arbeitnehmer betrifft, sowie die große Abhängigkeit von den Umständen des Einzelfalls, denn das Arbeitsrecht räumt den Parteien einer Vereinbarung erheblichen Gestaltungsspielraum bei der Regelung und rechtlichen Verortung einzelner Leistungen ein. Im Folgenden wird untersucht, welche der zu Beginn herausgearbeiteten Kategorien[45] im Betriebsübergang eine Rolle spielen.

I. Arbeitsrechtliche Vereinbarungen

1. Arbeitsvertrag

Ansprüche des Arbeitnehmers aus individualarbeitsrechtlichen Vereinbarungen bereiten keine größeren Schwierigkeiten. § 613 a Abs. 1 S. 1 BGB bestimmt, dass der Erwerber in die zum Übergangszeitpunkt bestehenden Rechte und Pflichten aus dem Arbeitsverhältnis eintritt. Ansprüche aus dem Arbeitsvertrag gehören zu den Rechten und Pflichten *„aus dem Arbeitsverhältnis"* im Sinne des § 613 a Abs. 1 S. 1 BGB.[46] Das ergibt sich bereits daraus, dass das Arbeitsverhältnis mit dem Veräußerer bestehen bliebe, wenn der Arbeitsvertrag nicht unter § 613 a Abs. 1 S. 1 BGB subsumiert werden könnte. Ein solches Ergebnis würde dem Zweck der Vorschrift vollkommen zuwiderlaufen. Gleiches gilt für betriebliche Übungen (nach der Vertragstheorie) und Gesamtzusagen, denn Ansprüche hieraus werden Teil des Arbeitsvertrags.[47] Bezugnahmeklauseln, die auf einen Tarifvertrag verweisen, gehören ebenfalls zu den arbeitsvertraglichen Rechten des Arbeitnehmers, auf sie ist ebenfalls § 613 a Abs. 1 S. 1 BGB anzuwenden.[48]

---

44 WHSS/*Willemsen*: Teil G, Rn. 172.

45 Siehe oben, Kapitel 1.

46 DKL AR/*Bayreuther*: § 613 a BGB, Rn. 51; MüKo BGB/*Müller-Glöge*: § 613 a BGB, Rn. 89; ErfK/*Preis*: § 613 a BGB, Rn. 66.

47 Siehe oben Kapitel 1:A. I.

48 BAG, 17.11.2010 – 4 AZR 391/09, NZA 2011, 356; BAG, 24.02.2010 – 4 AZR 691/08, NZA-RR 2010, 530; BAG, 21.10.2009 – 4 AZR 396/08, NZA 2010, 361; BAG, 23.09.2009 – 4 AZR 331/08, NZA 2010, 513; ErfK/*Preis*: § 613 a BGB, Rn. 127; MüKo BGB/*Müller-Glöge*: § 613 a BGB, Rn. 89.

2. *Kollektivarbeitsrechtlicher Rechtsgrund*

Macht der Arbeitnehmer dagegen Ansprüche aus einem Tarifvertrag geltend, weil dieser aufgrund beiderseitiger Tarifbindung im Arbeitsverhältnis normativ gilt, bestimmt § 613 a Abs. 1 S. 2 BGB, dass Ansprüche daraus zum Inhalt des Arbeitsverhältnisses zwischen Erwerber und Arbeitnehmer werden. Die gleichen Grundsätze gelten für Ansprüche aus Betriebsvereinbarungen. Es greift der für kollektive Rechtsnormen schwer zu überblickende Ablösemechanismus des § 613 a Abs. 1 S. 2–4 BGB. Dieser soll der Übersichtlichkeit halber nicht Teil der Untersuchung sein.[49]

II. Nicht-arbeitsrechtliche Vereinbarungen

Wie eingangs[50] festgestellt wurde, sind Ansprüche aus „nicht-arbeitsrechtlichen“ Vereinbarungen kein Teil des Arbeitsverhältnisses. Entsprechend tritt der Erwerber grundsätzlich auch nicht nach § 613 a Abs. 1 S. 1 BGB in diese Vereinbarungen ein. Allerdings muss im Auge behalten werden, dass die Vereinbarung während eines bestehenden Arbeitsverhältnisses zwischen den Parteien geschlossen wird. Nicht immer ist diese Parallele dabei zufällig. Meist schließt der Arbeitgeber nur deswegen eine weitere Vereinbarung mit dem Arbeitnehmer, weil beide im Arbeitsverhältnis zueinander stehen. Auch sind die Konditionen dieser „nicht-arbeitsrechtlichen“ Vereinbarungen regelmäßig günstiger, als auf dem freien Markt. Angesichts dieses maßgeblichen Einflusses des Arbeitsverhältnisses auf die „nicht-arbeitsrechtliche“ Vereinbarung stellt sich die Frage, ob der Vereinbarung nicht ein Element innewohnt, welches so sehr durch das daneben bestehende Arbeitsverhältnis geprägt wird, dass es ebenfalls als arbeitsrechtliche Vereinbarung angesehen werden muss. Ein solches Verständnis der Wechselwirkung zwischen Arbeitsverhältnis und „nicht-arbeitsrechtlicher“ Vereinbarung hätte bedeutende Konsequenzen, insbesondere für den Fall, dass der Arbeitgeber den Betrieb, in dem der Arbeitnehmer beschäftigt ist, veräußern möchte. Möglicherweise ist dann nämlich auch die „nicht-arbeitsrechtliche“

---

49 Zu den Auswirkungen des Betriebsübergangs auf Tarifvertrag und Betriebsvereinbarung bereits ausführlich: *Waas*: Tarifvertrag und Betriebsübergang; *Reinecke*: Die Sicherung der Tarifgeltung beim Betriebsübergang; *Figge*: Tarifvertragliche Regelungen bei Betriebsübergang unter besonderer Berücksichtigung von Bezugnahmeklauseln; *Letzas*: Die Fortgeltung von Einzel- und Gesamtbetriebsvereinbarungen beim Betriebsübergang; *Braun*: Die Fortgeltung von Betriebsvereinbarungen beim Betriebsübergang.

50 Siehe oben, Kapitel 1:B.

Vereinbarung jedenfalls teilweise dem Reglement des § 613 a Abs. 1 S. 1 BGB unterworfen. Im Folgenden wird daher untersucht, inwieweit ein Betriebserwerber gemäß § 613 a Abs. 1 S. 1 BGB auch an „nicht-arbeitsrechtliche" Vereinbarungen zwischen dem Arbeitnehmer und dem Veräußerer gebunden wird.

1. *Eigenständiger Rechtsgrund*

Nach vorherrschender Ansicht[51] ist allein darauf abzustellen, ob der Anspruch des Arbeitnehmers auf einem eigenständigen, vom Arbeitsverhältnis losgelösten Rechtsgrund fußt. Auf die Koexistenz von Arbeitsverhältnis und „nicht-arbeitsrechtlicher" Vereinbarung wird insoweit keine Rücksicht genommen. Mit dieser Methode fällt die Entscheidung, wie Ansprüche des Arbeitnehmers gegen seinen Arbeitgeber im Betriebsübergang zu behandeln sind, nicht schwer, denn es ist lediglich die rechtliche Verortung der *causa*, die den Arbeitgeber zur Gewährung einer Leistung verpflichtet, zu ermitteln. Hier gibt es folglich nur zwei Möglichkeiten: Entweder ist die Leistungsverpflichtung des Arbeitgebers im Arbeitsverhältnis mit dem Arbeitnehmer selbst begründet, oder sie liegt in einem separaten (schuldrechtlichen) Vertrag.

Die herrschende Meinung schließt daraus, dass überhaupt keine Verpflichtungen aus „nicht-arbeitsrechtlichen" Vereinbarungen auf den Erwerber des Betriebs übergehen würden, selbst wenn sie im Zusammenhang mit dem Arbeitsverhältnis entstanden sind. Sie blieben mithin entweder beim Veräußerer

---

51 BAG, 18.05.2010 – 3 AZR 102/08, NJOZ 2010, 1834, 1835 f.; BAG, 23.02.1999 – 9 AZR 737/97, NZA 1999, 1212, 1213; BAG, 21.01.1999 – 8 AZR 373/97, juris (nicht veröffentlicht); BAG, 20.01.1982 – 5 AZR 755/79, NJW 1982, 1830, 1830 f.; BAG, 05.05.1977 – 3 ABR 34/76, DB 1977, 1803, 1804; *Moll* in: Oetker (Hrsg.) 50 Jahre Bundesarbeitsgericht: Betriebsübergang und Nebenleistungen, S. 61 ff.; *Fuchs*: Betriebliche Sozialleistungen beim Betriebsübergang, S. 103 ff.; *Gaul/Naumann*, NZA 2011, 121, 121 f.; *Nehls/Sudmeyer*, ZIP 2002, 201, 204; *Bauer/Göpfert/Steinau-Steinrück*, ZIP 2001, 1129, 1131; *Sieg/Maschmann*: Unternehmensumstrukturierung, Rn. 253; *Gaul*: Das Arbeitsrecht der Betriebs- und Unternehmensspaltung, § 13, Rn. 11; Hölters, Hdb. Unternehmenskauf/*Steinau-Steinrück/Thees*: Teil II, Rn. 6.159; ErfK/*Preis*: § 613 a BGB, Rn. 73; für Darlehensverträge: *Fuhlrott/Fabritius*, BB 2013, 1592, 1595; ebenso *Lützeler*: Aktienoptionen bei einem Betriebsübergang, S. 88 ff.; sowie *Mösenfechtel/Schmitz*, RdA 1976, 108, 109; *Wendling*: Rechtsgeschäftlicher Betriebsübergang und Arbeitsverhältnis, S. 122 ff.; und *Borngräber*: Arbeitsverhältnis bei Betriebsübergang, S. 90 ff.

bestehen, oder erlöschen.[52] Aufgrund der Relativität der Schuldverhältnisse, nach dessen Grundsatz ein Schuldverhältnis – die Rede ist von Schuldverhältnissen im engere Sinne[53] – zwischen zwei Personen keine Auswirkung auf weitere Schuldverhältnisse zwischen ihnen oder anderen Personen hat,[54] würden Ansprüche des Arbeitnehmers auf Leistungen, die nicht durch Vereinbarungen arbeitsrechtlicher Natur entstanden sind, nicht von einem Betriebsübergang erfasst werden. Neben dieser Begründung wird argumentiert, dass nicht der Arbeitsvertrag, sondern die „nicht-arbeitsrechtliche" Vereinbarung (alleiniger) Rechtsgrund im Sinne von § 812 BGB für die Leistung sei und die Leistung auch keinerlei Einfluss auf die Hauptleistungspflichten im Arbeitsverhältnis habe.[55] Daraus folgend ließe sich anführen, dass es unverhältnismäßig sei, dem Erwerber Verpflichtungen aufzubürden, die nicht im dem Arbeitsverhältnis immanenten gegenseitigen Austauschverhältnis stehen. Dies würde letztlich auch dem Interesse des Veräußerers entsprechen, da so die Veräußerung des Betriebs nicht durch zu hohe Belastungen auf Erwerberseite unattraktiv wird.

Die Trennung nach dem Rechtsgrund wird im Ergebnis also immer als zwingend angesehen. Wollte man diesen Grundsatz durchbrechen, müsse dies besonders vereinbart werden.[56] Hierzu sei eine dreiseitige Vereinbarung zwischen dem Arbeitnehmer, Veräußerer und Erwerber hinsichtlich der Behandlung der Pflichten aus neben dem Arbeitsvertrag geschlossenen Verträgen gemäß § 328 Abs. 1 BGB erforderlich.[57] Diese Vertragsgestaltung setzt natürlich voraus, dass keine Ansprüche aus „nicht-arbeitsrechtlichen" Vereinbarungen nach § 613 a BGB auf den Erwerber übergehen.

---

52 Welche der beiden Alternativen eintritt, ist keine betriebsübergangsrechtliche Frage, sondern hängt davon ab, was für den Fall eines Betriebsübergangs vertraglich vereinbart worden ist.

53 Zur Differenzierung zwischen Schuldverhältnis i.e.S. und i.w.S.: Jauering BGB/*Mansel*: § 241 BGB, Rn. 1; *Bucher* in: Bucher (Hrsg.) Norm und Wirkung – Festschrift für Wolfgang Wiegand zum 65. Geburtstag: „Schuldverhältnis" des BGB: ein Terminus – drei Begriffe, S. 113 ff.

54 Staudinger/*Olzen*: § 241 BGB, Rn. 299 ff.; MüKo BGB/*Bachmann*: § 241 BGB, Rn. 14.

55 *Gaul,* Betriebs- und Unternehmensspaltung, § 13, Rn. 11.

56 *Sieg/Maschmann,* Unternehmensumstrukturierung, Rn. 253.

57 *Gaul/Naumann,* NZA 2011, 121, 122.

2. *Zuwendungselement*

Einigen Autoren geht diese rein formale Differenzierung anhand der Verortung der Vereinbarung jedoch nicht weit genug. Diese Ansicht wird vor allem in Monografien behandelt,[58] findet ansonsten aber kaum Erwähnung. Einige Kommentare greifen diese Meinung zwar auf, beschränken sich indes auf ihre Wiedergabe ohne tiefgehende inhaltliche Auseinandersetzung.[59] Hauptsächlich wird dort auf einen Aufsatz von *Willemsen*[60] verwiesen, der im Jahr 2002 erste Überlegungen hinsichtlich der Frage anstellte, ob es Elemente in einer „nicht-arbeitsrechtlichen" Vereinbarung gibt, welche arbeitsrechtlich so geprägt sind, dass sie dem Arbeitsverhältnis zuzuordnen sind. Im Kern stellt *Willemsen* darauf ab, dass es bei Leistungen des Arbeitgebers aufgrund der „nicht-arbeitsrechtlichen" Vereinbarung in bestimmten Konstellationen ein *„besonderes Zuwendungselement"*[61] gibt.

Ein solches Zuwendungselement erfordert laut *Willemsen* einerseits eine Zuwendung an den Arbeitnehmer; andererseits müsse diese Zuwendung gerade *wegen* der Existenz des Arbeitsverhältnisses zwischen dem Arbeitgeber und seinem Arbeitnehmer erfolgt sein.[62] Aus Sicht des Arbeitgebers komme es zunächst darauf an, dass der Arbeitgeber den Vertrag nicht mit jeder beliebigen Person schließt. Vielmehr müsse sich der Vertrag dadurch auszeichnen, dass der Arbeitgeber ihn nicht eingegangen wäre, wenn mit dem Arbeitnehmer kein Arbeitsverhältnis bestünde.[63] Der Arbeitgeber wolle subjektiv explizit seine Arbeitnehmer für die Zugehörigkeit zum Betrieb, aber auch für ihre dort eingebrachte Arbeitsleistung belohnen.[64] Diese Belohnung drücke sich nicht nur dadurch aus, dass der Arbeitgeber überhaupt mit dem Arbeitnehmer kontrahiert, sondern dass der Vertrag besonders günstige Konditionen unterhalb des

---

58 Siehe beispielsweise: *Hartung*: Die Gewährung konzernweiter Leistungen und ihr Schicksal beim Betriebsübergang auf einen konzernfremden Dritten, S. 21 ff.; *Lützeler*, Aktienoptionen bei einem Betriebsübergang, S. 116 ff.

59 Staudinger/*Annuß*: § 613 a BGB, Rn. 162; Schaub ArbR-HdB/*Ahrendt*: § 18, Rn. 8.

60 *Willemsen* in: Wank (Hrsg.) Festschrift für Herbert Wiedemann zum 70. Geburtstag: Einbeziehung nicht-arbeitsrechtlicher Verträge in das Arbeitsverhältnis, S. 645 ff.

61 *Willemsen*, FS Herbert Wiedemann, S. 650 ff.

62 *Willemsen*, FS Herbert Wiedemann, S. 648 ff.

63 *Willemsen*, FS Herbert Wiedemann, S. 648 f.; *Hartung*, Konzernweite Leistungen, S. 21 ff.

64 BAG, 05.08.2009 – 10 AZR 666/08, NZA 2009, 1135, 1135 f.; BAG, 24.10.2007 – 10 AZR 825/06, NZA 2008, 40, 43; BAG, 28.03.2007 – 10 AZR 261/06, NZA 2007, 687, 688; *Willemsen*, FS Herbert Wiedemann, S. 649 ff.; *Salamon*, NZA 2010, 314, 315.

Marktniveaus enthält. Diese Sonderkonditionen seien dabei dem Arbeitnehmer vorbehalten. Er erspare sich dadurch anderenfalls anfallende Aufwendungen. Würden diese Vergünstigungen hingegen jeder Person gewährt, so handele es sich in Wirklichkeit nicht mehr um eine besondere Vergünstigung und der Zusammenhang zum Bestand des Arbeitsverhältnisses würde fehlen.[65]

Die rechtliche Grundlage dieses wirtschaftlichen Vorteils liegt nach *Willemsen* im Arbeitsverhältnis und nicht in der „nicht-arbeitsrechtlichen" Vereinbarung. Im Falle eines Betriebsübergangs führe dies dazu, dass die Verpflichtung zur Gewährung der Vergünstigung, nicht jedoch die „nicht-arbeitsrechtliche" Vereinbarung insgesamt auf den Erwerber übergeht.[66]

3. *Stellungnahme*

a) *Vorzugswürdigkeit der Berücksichtigung des Zuwendungselements*

Die Übergangsfähigkeit einzelner Leistungsverpflichtungen nach § 613 a Abs. 1 S. 1. BGB anhand der Überprüfung der Eigenständigkeit des konstituierenden Rechtsgrundes zu entscheiden, bringt einige gewichtige Vorteile. So ist es nur notwendig, sich das Arbeitsverhältnis zwischen Arbeitnehmer und Arbeitgeber anzusehen und sämtliche „nicht-arbeitsrechtliche" Vereinbarungen auszusortieren. Dies wirft keine besonderen Schwierigkeiten auf.

Diese Trennung zwischen Arbeitsverhältnis und „nicht-arbeitsrechtlichem" Rechtsverhältnis ist zudem jedenfalls systemgerecht. Allein die Tatsache, dass das zusätzliche Vertragsverhältnis *„wegen"* des Arbeitsverhältnisses existiert, führt nicht zu einer arbeitsrechtlichen Charakterisierung desselben. Vielmehr verbleibt es entsprechend des Grundsatzes der Relativität der Schuldverhältnisse separat neben dem Arbeitsverhältnis bestehen. Daraus ergibt sich, dass Rechtspositionen aus solchen Vereinbarungen nicht unter § 613 a Abs. 1 S. 1 BGB subsumiert werden können. Das entspricht sowohl dem Wortlaut als auch dem Zweck der Vorschrift, die nur arbeitsrechtliche Rechte und Pflichten erfasst.

Dennoch darf diese grundsätzliche Regel nicht starr durchgeführt werden, indem man die Existenz eines Arbeitsverhältnisses neben der Begründung eines weiteren Schuldverhältnisses gänzlich unbeachtet lässt. Zwar ist es richtig, dass die Motivlage bei der Eingehung von Rechtsverhältnissen rechtlich irrelevant ist. Ist jedoch der Bestand des Arbeitsverhältnisses bei der „nicht-arbeitsrechtlichen"

---

65 *Willemsen,* FS Herbert Wiedemann, S. 649 ff.; *Hartung,* Konzernweite Leistungen, S. 21 ff.

66 *Willemsen,* FS Herbert Wiedemann, S. 652 ff.

Vereinbarung berücksichtigt worden und manifestiert sich diese Berücksichtigung in einer besonderen Vergünstigung, dann ist diese Vergünstigung tatsächlich nicht auf die „nicht-arbeitsrechtliche" Vereinbarung zurückzuführen, sondern auf das Arbeitsverhältnis selbst.

Dieser „arbeitsrechtlichen Überlagerung"[67] ist durch die Einordnung (nur) dieser besonderen Vergünstigung als „arbeitsrechtlich" Rechnung zu tragen. Sie ist eine besondere Zuwendung und erfüllt alle Merkmale, die an die Einordnung einer Leistung als Vergütung gestellt werden: Der Arbeitnehmer erhält durch die vergleichsweise geringere Gegenleistungspflicht passiv eine Leistung des Arbeitgebers. Diese wird ihm nur wegen seiner Eigenschaft als Arbeitnehmer gewährt, sodass damit sowohl seine Arbeitsleistung als auch der Bestand des Arbeitsverhältnisses selbst honoriert wird. Ihre Höhe bemisst sich in der Differenz zwischen der Normal- und der Vorzugskondition. Darüber hinaus kann von der Qualifizierung einer arbeitgeberseitigen Leistung als Vergütung auf die Qualifizierung der der Leistung zugrundeliegenden Rechtsposition als „aus dem Arbeitsverhältnis" geschlossen werden.[68] Die im Rahmen der „nicht-arbeitsrechtlichen" Vereinbarung übernommene Verpflichtung, eine besondere Vergünstigung zu gewähren, ist damit Teil des Arbeitsverhältnisses. Diese Einordnung ist letztlich Ausdruck einer besonderen Sachnähe zwischen der „nicht-arbeitsrechtlichen" Vereinbarung und dem Arbeitsverhältnis.[69]

Diese Einordnung verstößt auch nicht gegen die Systematik des BGB. Die besondere Zuwendung beschreibt lediglich die Leistung an den Arbeitnehmer, ohne dass es auf die Verortung des Kausalgeschäfts ankommt. Zwar würde ohne „nicht-arbeitsrechtliche" Vereinbarung überhaupt keine Leistung vorgenommen werden. Gleiches gilt allerdings mit Blick auf die besondere Zuwendung auch für das Arbeitsverhältnis. Hier erlaubt das Trennungsprinzip, dieselbe Leistung aufzuspalten und ihren rechtlichen Grund sowohl außerhalb (hinsichtlich des „Ob" der Leistung) als auch innerhalb des Arbeitsverhältnisses (hinsichtlich des „Wie" der Leistung) einzuordnen, denn dem Grunde nach bedarf es überhaupt keines Kausalgeschäfts für eine Verfügung. Folglich muss bei Vorliegen von mehreren möglichen Rechtsgründen für ein Verfügungsgeschäft dieses auch nicht vollständig einer Seite – d.h. innerhalb oder außerhalb des Arbeitsverhältnisses – zugeschlagen werden.

---

67 *Lembke,* BB 2001, 1469, 1474.

68 So *Fuchs,* Betriebliche Sozialleistungen, S. 54 ff.; a.A. *Gulbins*: Unternehmensspezifische Vergütungsregelungen beim Betriebsübergang, S. 37 ff.

69 *Gulbins,* Unternehmensspezifische Vergütungsregelungen, S. 36 ff.

Dieses Ergebnis wird durch einen Vergleich mit der Systematik des § 2 Abs. 1 Nr. 4 bzw. Abs. 3 ArbGG bestätigt,[70] obgleich die Regelungen verschiedentlich als verwirrend und misslungen kritisiert werden.[71] Auch das Arbeitsprozessrecht kennt eine „Brücke", zwischen „arbeitsrechtlichen" und „nicht-arbeitsrechtlichen" Ansprüchen: Die Arbeitsgerichte sind auch bei Ansprüchen, die in unmittelbar wirtschaftlichem Zusammenhang mit dem Arbeitsverhältnis stehen, ausschließlich zuständig. Diese Ansprüche beruhen nicht auf einer arbeitsrechtlichen Vereinbarung, sondern auf einer gesonderten schuldrechtlichen Vereinbarung zwischen Arbeitnehmer und Arbeitgeber. Ein unmittelbarer wirtschaftlicher Zusammenhang liegt vor, wenn das streitige Rechtsverhältnis zwar nicht aus dem Arbeitsverhältnis rührt, ohne dieses allerdings auch nicht bestehen würde.[72] Die Verbindung zwischen beiden Rechtsverhältnissen darf also nicht rein zufällig sein, sondern muss vielmehr aus einem einheitlichen Lebenssachverhalt herrühren.[73] Der Gesetzgeber beabsichtigte dies explizit für Ansprüche aus einer betrieblichen Altersversorgung.[74] Im Ergebnis können damit auch strittige Ansprüche, die sich außerhalb des arbeitsvertraglichen Synallagmas befinden und nicht auch aus einer Verletzung von Nebenpflichten des Arbeitsverhältnisses resultieren, am Ende in den Zuständigkeitsbereich der Arbeitsgerichte fallen.[75] Die Rechtsprechung hat das verschiedentlich bestätigt[76] und zwar insbesondere, wenn die „nicht-arbeitsrechtliche"

---

70 Vgl. *Willemsen*, FS Herbert Wiedemann, S. 645 ff.; dieser Ansatz wurde (teilweise) mit Schwerpunkt auf § 2 Abs. 1 Nr. 3 a ArbGG durch *Gulbins*, Unternehmensspezifische Vergütungsregelungen, S. 33 ff. aufgegriffen.

71 Schwab/Weth/*Walker*: § 2 ArbGG, Rn. 146; GMP/*Schlewing/Dickerhof-Borello*: § 2 ArbGG, Rn. 83; GWBG/*Waas*: § 2 ArbGG, Rn. 66.

72 *Gift/Baur*: Das Urteilsverfahren vor den Gerichten für Arbeitssachen, Rn. 115; GWBG/*Waas*: § 2 ArbGG, Rn. 68; ErfK/*Koch*: § 2 ArbGG, Rn. 20; ArbGG-HK/*Rieker*: § 2 ArbGG, Rn. 36; Schwab/Weth/*Walker*: § 2 ArbGG, Rn. 150; GMP/*Schlewing/Dickerhof-Borello*: § 2 ArbGG, Rn. 85; BAG, 24.09.2004 – 5 AZB 46/04, NZA-RR 2005, 49.

73 Bezogen auf § 2 Abs. 3 ArbGG: BAG, 11.09.2002 – 5 AZB 3/02, NZA 2003, 62, 62; BAG, 23.08.2001 – 5 AZB 20/01, AP ArbGG § 2 1979 Nr. 76; BAG, 18.08.1997 – 9 AZB 15/97, NZA 1997, 1362, 1363; LAG Düsseldorf, 22.12.2011 – 11 Sa 916/11, juris (nicht veröffentlicht).

74 Vgl. Gesetzesentwurf der Bundesregierung vom 01.03.1978, BT-Drucks. 8/1567, S. 26.

75 ArbGG-HK/*Rieker*: § 2 ArbGG, Rn. 36.

76 BAG, 24.09.2004 – 5 AZB 46/04, NZA-RR 2005, 49, 49 f.; BAG, 23.02.1999 – 9 AZR 737/97, NZA 1999, 1212, 1213; LAG Schleswig-Holstein, 08.07.2013 – 5 Ta 110/13, DB 2013, 2340; LAG München, 02.01.2007 – 4 Ta 361/06, juris (nicht veröffentlicht); ArbG

Vereinbarung die Bindung des Arbeitnehmers an den Betrieb bezweckt oder der Bestand der nicht-arbeitsvertraglichen Vereinbarung vom Bestand eines Arbeitsvertrags abhängig gemacht wird.[77] Überträgt man diese Grundsätze auf die materielle Rechtslage, dann hat dementsprechend eine besondere Zuwendung, die nur, aber eben „*wegen*" des Arbeitsverhältnisses erbracht wird, arbeitsrechtlichen Charakter.

b) Rechtsfolgen im Betriebsübergang

Aus der arbeitsrechtlichen Qualifizierung der besonderen Zuwendung folgt, dass die Regeln des Betriebsübergangs auf das Zuwendungselement Anwendung finden.

(1) Übergang nur des Zuwendungselements im Betriebsübergang

Die unterschiedliche Einordnung der Verpflichtung in „nicht-arbeitsrechtlich" hinsichtlich des Leistungsaustauschs zu üblichen Konditionen und „arbeitsrechtlich" hinsichtlich der besonderen Zuwendung, führt dabei zu einer Art „Aufspaltung": § 613 a Abs. 1 S. 1 BGB findet zwar nicht auf die das Rechtsverhältnis begründende Vereinbarung Anwendung. Es bleibt zwischen Veräußerer und Arbeitnehmer vorbehaltlich modifizierender Klauseln unverändert bestehen.[78] Dagegen geht jedoch das besondere Zuwendungselement, welches man auch als Bindeglied zwischen Arbeitsverhältnis und weiterem Rechtsverhältnis bezeichnen könnte, aufgrund seiner arbeitsrechtlichen Natur nach § 613 a Abs. 1 S. 1 BGB auf den Erwerber über.[79]

Düsseldorf, 08.03.2013 – 11 Ca 6953/12, 313; OLG Karlsruhe, 28.01.1992 – 18 a U 149/91, NJW-RR 1992, 562, 562 f. Soweit ersichtlich hat noch kein Gericht über die arbeitsgerichtliche Zuständigkeit von Ansprüchen aus Aktienoptionen entschieden, sie ist jedoch anzunehmen, vgl. *Lembke*, BB 2001, 1469, 1476. Anderes gilt jedoch, sobald der Anspruch aus einem Optionsplan der Konzernmutter des Arbeitgebers herrührt, LAG Köln, 10.04.2006 – 6 Ta 50/06, juris (nicht veröffentlicht); LAG Hamm, 25.11.2009 – 2 Ta 275/09, juris (nicht veröffentlicht); LAG Hamm, 25.11.2009 – 2 Ta 464/09, juris (nicht veröffentlicht).

77 BAG, 24.09.2004 – 5 AZB 46/04, NZA-RR 2005, 49, 50.

78 Anders jedoch LAG Köln, 18.05.2000 – 10 Sa 50/00, NZA-RR 2001, 174; ähnlich auch *Seiter*, Betriebsinhaberwechsel, S. 78 f., der zwar grundsätzlich auch nach dem Rechtsgrund differenziert, aber in Ausnahmefällen bei einem „engen Zusammenhang mit dem Arbeitsverhältnis" eine unmittelbare oder analoge Anwendung des § 613 a BGB – wohl auf die gesamte Vereinbarung – zulassen möchte.

79 So bereits *Willemsen*, FS Herbert Wiedemann, S. 653 ff.

Eine derartige Trennung einer in der Praxis einheitlich eingegangenen Verpflichtung des Veräußerers mutet dabei auf den ersten Blick umständlich und künstlich an. Rechtsverhältnisse bestehen üblicherweise einheitlich als Ganzes zwischen zwei Personen und werden regelmäßig auch als Ganzes übertragen, sei es der Arbeitsvertrag im Fall des § 613 a BGB oder im Rahmen einer allgemeinen zivilrechtlichen Vertragsübernahme.

Zwingend ist dies allerdings nicht. Der Tatbestand von § 613 a Abs. 1 S. 1 BGB erfasst seinem Wortlaut nach gerade nicht einzelne Rechtsverhältnisse zwischen Arbeitgeber und Arbeitnehmer, sondern alle Rechte und Pflichten, die dem Arbeitsverhältnis als Schuldverhältnis im weiteren Sinne zugeordnet werden. Durch diese offene Formulierung ist der Teilübergang eines Rechtsverhältnisses denkbar. Maßgeblich ist zunächst die Zuordnung eines Rechtes / einer Pflicht als arbeitsrechtlich.[80] Diese Zuordnung ist nur dann möglich, wenn ein Rechtsverhältnis, welches aus arbeitsrechtlichen und „nicht-arbeitsrechtlichen“ Elementen besteht, aufteilbar ist, ohne dass die einzelnen Bestandteile isoliert betrachtet ihre Qualität als Rechtsverhältnis verlieren. Diese Anforderungen sind vorliegend erfüllt. Das „nicht-arbeitsrechtliche“ Rechtsverhältnis besteht hinsichtlich der marktüblichen Konditionen mit dem Veräußerer fort. Die besondere Zuwendung hingegen ist eine Teilleistung, deren arbeitsrechtlicher Rechtsgrund ebenso abtrennbar ist.

Für eine solche Lösung streitet auch der zentrale Zweck des § 613 a BGB: die Besitzstandwahrung. Sämtliche arbeitsrechtlichen Rechtspositionen sollen dem Arbeitnehmer erhalten bleiben.[81] Sind sie – und sei es nur zufällig – in einem Rechtsverhältnis verankert, das im Übrigen nicht dem Arbeitsrecht unterliegt, steht dieser Umstand der Überleitung auf einen Betriebserwerber nicht entgegen. Erst durch die Einbeziehung des Zuwendungselements im Betriebsübergang wird die Berücksichtigung des Bestands des Arbeitsverhältnisses bei der Gewährung der Vergünstigung ausreichend berücksichtigt. Nur auf diesem Wege ist es möglich, dem durchschnittlichen Arbeitnehmer, dem der Unterschied zwischen „im“ und „außerhalb“ des Arbeitsverhältnisses nicht zwingend bewusst sein wird, insoweit zu schützen, als dass er berechtigt darauf vertraut hat, dass sich seine rechtliche Stellung durch einen Betriebsinhaberwechsel grundsätzlich

---

80 ErfK/*Preis*: § 613 a BGB, Rn. 73; MüKo BGB/*Müller-Glöge*: § 613 a BGB, Rn. 89; *Gaul*, Betriebs- und Unternehmensspaltung, § 12, Rn. 164 ff.; WHSS/*Willemsen*: Teil G, S. 188 ff.

81 ErfK/*Preis*: § 613 a BGB, Rn. 2; MüKo BGB/*Müller-Glöge*: § 613 a BGB, Rn. 6; Staudinger/*Annuß*: § 613 a BGB, Rn. 7.

nicht verändert. Außerdem wird so der Versuchung für den Arbeitgeber vorgebeugt, möglichst viele Leistungsbestandteile aus dem Arbeitsverhältnis herauszuhalten.[82] Ansonsten bestünde eine erhebliche Gefahr der Umgehung der Rechtsfolge des Betriebsübergangs.

Schließlich sind auch außerhalb des Arbeitsrechts mehrere Fallgruppen, bei denen Rechtsverhältnisse in einzelne Teile aufgetrennt werden, anerkannt. Dies umfasst verschiedenste vertragliche Gestaltungen bei der Übertragung von Ansprüchen, wie beispielsweise die Abtretung eines Teils einer Kaufpreisforderung, § 398 ff. BGB[83], oder die teilweise Schuldübernahme, § 414 BGB.[84] Demnach ist eine solche Verfahrensweise im Zivilrecht weit weniger ungewöhnlich, als es zunächst den Anschein hat.

(2) Praktische Relevanz

Die Aufspaltung der Vereinbarung in einen „nicht-arbeitsrechtlichen" Teil und die besondere Zuwendung als arbeitsrechtlichen Teil hat immer dann große Bedeutung für den Arbeitnehmer, wenn er keinen zugrundeliegenden arbeitsrechtlichen Anspruch auf Abschluss der „nicht-arbeitsrechtlichen" Vereinbarung in ihrer Gesamtheit hat. In diesem Fall hat das besondere Zuwendungselement für den Arbeitnehmer einen wirtschaftlichen Wert, denn seine Rechtsposition wird durch Erhalt eines Anspruchs gestärkt. Der „Wert" des Zuwendungselements äußert sich darin, dass der Arbeitgeber sich durch den Vertragsschluss verpflichtet, dem Arbeitnehmer die Leistung zu den vereinbarten vergünstigten Konditionen zu gewähren. Umgekehrt formuliert erhält der Arbeitnehmer also einen Anspruch auf Einräumung der besonderen Vergünstigung. Es handelt sich also um eine Verschaffungspflicht des Arbeitgebers.[85]

Allerdings relativiert der Verbleib der „nicht-arbeitsrechtlichen" Vereinbarung im Rechtsverhältnis zwischen Veräußerer und Arbeitnehmer die Bedeutung des besonderen Zuwendungselements im Betriebsübergang erheblich: Dem Arbeitnehmer wird eine besondere Zuwendung nur bis zur Erfüllung der „nicht-arbeitsrechtlichen" Vereinbarung gewährt. Das Schuldverhältnis erlischt in der Folge, § 362 BGB. Das wiederum bedeutet, dass der Arbeitgeber mit Erfüllung der „nicht-arbeitsrechtlichen" Vereinbarung immer auch die arbeitsrechtliche Verschaffungsverpflichtung erfüllt.

---

82 *Gulbins*, Unternehmensspezifische Vergütungsregelungen, S. 36 ff.
83 Vgl. MüKo BGB/*Roth/Kieninger*: § 398 BGB, Rn. 63.
84 Staudinger/*Rieble*: § 414 BGB, Rn. 67.
85 *Willemsen*, FS Herbert Wiedemann, S. 652 f.; WHSS/*Willemsen*: Teil G, Rn. 171.

Darüber hinaus gibt es gegenüber dem Arbeitnehmer keine weiteren besonderen Zuwendungsverpflichtungen, sei es *wegen* des Arbeitsverhältnisses oder nicht. Damit gibt es nach der Erfüllung der „nicht-arbeitsrechtlichen" Vereinbarung kein besonderes Zuwendungselement mehr, welches auf den Betriebserwerber übergehen könnte. Diese Situation tritt bei allen „nicht-arbeitsrechtlichen" Vereinbarungen ein, bei denen nur ein punktueller Leistungsaustausch stattfindet (z.B. Kaufvertrag) und zwischen Verpflichtung und Erfüllung kein Betriebsübergang stattfindet. Kommt es dagegen vor der Erfüllung zum Betriebsübergang, richtet sich der Verschaffungsanspruch des Arbeitnehmers in Höhe der besonderen Zuwendung fortan gegen den Erwerber. Der Veräußerer haftet für diesen Teil hingegen zeitlich begrenzt unter den Voraussetzungen des § 613 a Abs. 2 BGB.

Handelt es sich hingegen um ein Rechtsverhältnis mit wiederkehrenden Leistungen (z.B. Darlehensvertrag), geht im Betriebsübergang die Verpflichtung zur Gewährung der besonderen Zuwendung auf den Erwerber über, soweit sie nicht in der Vergangenheit durch den Veräußerer erfüllt worden ist, § 362 BGB.

c) Verfassungsmäßigkeit der Lösung

Die Einordnung einer Leistungszusage als teilweise arbeitsrechtlich steht im Einklang mit Art. 12 bzw. Art. 14 GG. Bei der Differenzierung zwischen arbeitsrechtlichem und „nicht-arbeitsrechtlichem" Rechtsgrund in ihre unterschiedlichen Rechtsfolgenregime handelt es sich um eine verfassungskonforme Subsumption. Die grundrechtlich geschützte unternehmerische Entscheidungsfreiheit sowie das Eigentumsgrundrecht werden in zulässiger Weise beschränkt. Für den Veräußerer liegt das auf der Hand: Seine Zusage verpflichtet ihn zur Gewährung der gesamten Leistung, sowohl des „nicht-arbeitsrechtlichen" Teils, als auch der besonderen Zuwendung. Hieran würde sich nichts ändern, wenn die Leistung insgesamt als „nicht-arbeitsrechtlich" einzustufen wäre. Durch den Betriebsübergang wird er hinsichtlich des arbeitsrechtlichen Teils vorbehaltlich § 613 a Abs. 2 BGB von seiner Verpflichtung frei.

Hinsichtlich des Betriebserwerbers ist die Lage nicht ganz so eindeutig. Das Bundesverfassungsgericht hat in einer älteren Entscheidung aus den 1980er Jahren[86] zu einer ähnlichen Problematik einige Leitlinien vorgegeben. Hintergrund

---

86 BVerfG, 14.06.1983 – 2 BvR 88/80, NJW 1984, 1225, 1225. Die Billigung der Umwandlung der Sachleistung in eine Geldleistung nach den aktuellen Fassungen von § 9 Abs. 1 BVSG und dem Manteltarifvertrag durch die Arbeitsgerichte ist nach jüngerer Rechtsprechung des BVerfG hingegen nicht zu besanstanden, vgl. BVerfG,

des Beschlusses war § 9 Abs. 1 des Gesetzes über einen Bergmannsversorgungsschein im Land Nordrhein-Westfalen (BVSG) in der Fassung der Bekanntmachung vom 14. April 1971.[87] Danach hatten Inhaber der Versorgungsscheine *„zu denselben Bedingungen wie aktive Bergleute"* einen Anspruch auf Gewährung von Hausbrandkohlen vom *„bisherigen Bergbau-Arbeitgeber oder seinem Rechtsnachfolger"*. Der dazugehörige Manteltarifvertrag für die Arbeiter des Rheinisch-Westfälischen Steinkohlebergbaus von 1973 sah zudem vor, dass Anspruchsinhaber, die keine Verwendung für Hausbrandkohlen haben, stattdessen eine Geldleistung als Energiebeihilfe erhalten konnten. Das Gericht erkannte die Auslegung des § 9 Abs. 1 BVSG durch das LAG Hamm[88], wonach die Norm es den Tarifvertragsparteien überlasse, den Hausbrandkohlenanspruch als Sachleistungsanspruch in einen Geldleistungsanspruch überzuleiten, als verfassungswidrig. Der Gesetzgeber dürfe seine Normsetzungsbefugnis nicht in so großem Ausmaß außerstaatlichen Stellen überlassen, dass auch nicht tarifgebundene Arbeitgeber zu einer Leistung verpflichtet werden, weil er so *„schrankenlos der normsetzenden Gewalt der Tarifvertragsparteien ausgeliefert wird, die ihm gegenüber weder demokratisch noch mitgliedschaftlich legitimiert sind"*.[89] Dies gebiete das Rechtsstaatsprinzip. Für eine wirksame Erstreckung auf Außenseiter bedürfe es eines staatlichen Rechtsakts – zum Beispiel einer Allgemeinverbindlicherklärung des Manteltarifvertrags.

Übertragen auf das besondere Zuwendungselement ist damit vorgegeben, dass der Erwerber durch die Auslegung nicht einer Norm unterworfen werden darf, die nicht ausreichend demokratisch legitimiert ist. Dies ist hier auch nicht der Fall. Der hier einschlägige § 613 a BGB ist durch das Betriebsverfassungsgesetz[90] mit Wirkung vom 19. Januar 1972 in das BGB aufgenommen worden und damit das Ergebnis eines staatlichen Rechtssetzungsaktes. Die Vorschrift ist nach allgemeiner Ansicht verfassungsgemäß.[91] Der Eingriff in Art. 12 und 14 GG rechtfertigt sich durch das Sozialstaatsprinzip, das dem Arbeitnehmer im Falle

---

20.02.2020 – 1 BvR 2061/18, NZA 2020, 724. Hintergrund der Entscheidung ist das Ende des Steinkohleabbaus in Deutschland.

87 NRW GV S. 125.

88 LAG Hamm, 16.08.1977 – 11 Sa 407/77, nicht veröffentlicht.

89 BVerfG, 14.06.1983 – 2 BvR 88/80, NJW 1984, 1225, 1225.

90 BGBl. I 1972, 13, S. 40 f.

91 LAG Hamm, 08.11.1996 – 10 Sa 873/96, NZA-RR 1997, 245, 247; *Posth*: Arbeitsrechtliche Probleme beim Betriebsinhaberwechsel, S. 49 f.; *Schmidt*, BB 1971, 1999, 1200; APS Kündigungsrecht/*Steffan*: § 613 a BGB, Rn. 5; Staudinger/*Annuß*: § 613 a BGB, Rn. 10; *Seiter*, Betriebsinhaberwechsel, S. 37 ff.

eines Betriebsinhaberwechsels eine große Schutzbedürftigkeit zuerkennt.[92] Dies gilt notwendigerweise für alle Rechte und Pflichten aus dem Arbeitsverhältnis im Sinne von § 613 a BGB. Durch die Anerkennung der besonderen Zuwendungen „*wegen*" des Arbeitsverhältnisses als arbeitsrechtlich wird der Eingriff nicht unverhältnismäßig, denn das Schutzbedürfnis des Arbeitnehmers für arbeitsrechtliche Ansprüche ist unverändert hoch. Außerdem werden dem Erwerber die rechtlichen Folgen der Lehre vom Zuwendungselement nicht aufgedrängt, ohne dass er dies beeinflussen könnte. Vielmehr kann er selbst entscheiden, ob er den Betrieb erwirbt und damit in die arbeitsrechtliche Verpflichtung des Veräußerers gegenüber dem Arbeitnehmer eintritt, oder nicht. Außerdem steht es ihm frei, den durch die Übernahme der besonderen Vergütung entstehenden zusätzlichen Aufwand in die Verhandlungen mit dem Veräußerer einzustellen.

4. Denkbare Fallgestaltungen

Die Vereinbarungen, in denen ein besonderes Zuwendungselement im Rahmen einer „nicht-arbeitsrechtlichen" Vereinbarung zu finden sein kann, sind vielfältig. Es muss sich objektiv letztlich nur um einen Vertrag handeln, durch den sich der Arbeitgeber dazu verpflichtet, an den Arbeitnehmer einen näher bezeichneten Gegenstand zu leisten, während der Arbeitnehmer wirtschaftlich gesehen eine geringere Gegenleistung erbringen muss, als ein Dritter, der nicht Arbeitnehmer ist.

Als prominentes Beispiel kann hier der Bankangestellte herangezogen werden, der mit seinem Arbeitgeber einen Darlehensvertrag zu Vorzugskonditionen abschließt.[93] Erfolgt der Leistungsaustausch entsprechend dieser Konditionen, ist darin eine Zuwendung des Arbeitgebers zu erkennen, denn der Arbeitnehmer erspart sich Aufwendungen, die bei Vertragsschluss ohne Vorzugskonditionen anfallen würden. Sodann ist noch zu untersuchen, worauf diese Vertragsbedingungen zurückzuführen sind. War der Bestand des Arbeitsverhältnisses ausschlaggebend, enthält die „nicht-arbeitsrechtliche" Vereinbarung ein besonderes Zuwendungselement. Bewegt den Arbeitgeber hingegen die Tatsache, dass der Arbeitnehmer aufgrund seiner Anstellung eine hohe Kreditwürdigkeit vorweisen kann, zum Vertragsschluss zu günstigen Konditionen, spielt das Arbeitsverhältnis keine Rolle.[94] Die Konditionen sind hier nicht etwa deswegen so günstig, weil er Arbeitnehmer der Bank ist, sondern weil er durch sein

---

92 LAG Hamm, 08.11.1996 – 10 Sa 873/96, NZA-RR 1997, 245, 247.

93 Beispiel nach *Willemsen,* FS Herbert Wiedemann, S. 647 ff.

94 *Willemsen,* FS Herbert Wiedemann, S. 649 ff.

Einkommen als Arbeitnehmer Sicherheiten stellen kann; es kommt nicht darauf an, wer der Arbeitgeber ist. Es handelt sich dann um marktübliche Konditionen der Kreditvergabe. Genauso verhält es sich mit Werkmietverträgen nach § 576 Abs. 1 BGB: Ist der vereinbarte Mietzins geringer als üblich, weil der Mieter gleichzeitig Arbeitnehmer des Vermieters ist, wird dem Arbeitnehmer auch hier eine besondere Zuwendung gewährt.

Diese Berücksichtigung des Arbeitsverhältnisses im Rahmen der Zusage der Vergünstigung ist dabei kein notwendiges Tatbestandsmerkmal der Einordnung des Zuwendungselements als arbeitsrechtlich. Hierfür ist allein die wirtschaftliche Betrachtung maßgeblich, denn anderenfalls könnten die Arbeitsvertragsparteien selbstständig bestimmen, ob ein Anspruch arbeitsrechtlicher Natur ist oder nicht. Eine solche Lösung überlässt den Parteien zwar die im Zivilrecht grundsätzlich vorgesehene Privatautonomie, trägt aber dem Gedanken des Arbeitnehmerschutzes nicht ausreichend Rechnung. Wenn bereits bei § 611 a BGB die Einordnung eines Vertrags als Arbeitsvertrag nicht von der Parteivereinbarung abhängig ist, vgl. § 611 a Abs. 1 S. 6 BGB, dann muss dies ebenfalls für die Qualifizierung eines Vergünstigungsanspruchs als arbeitsrechtlich gelten.

Dennoch lohnt eine kurze Untersuchung der rechtlichen Bewertung dieser Berücksichtigung des Arbeitsverhältnisses, denn sie beeinflusst insbesondere die Möglichkeit der Anpassung der „nicht-arbeitsrechtlichen“ Vereinbarung nach einem Betriebsübergang. Das Arbeitsverhältnis kann sowohl als Geschäftsgrundlage für die Vergünstigung als auch als bloßes Motiv des Zuwendenden verstanden werden. Das liegt an den vielen unterschiedlichen Möglichkeiten einer Vertragspartei, ihre Beweggründe mit dem Inhalt eines Vertrags zu verbinden: So kann ihr Verhalten lediglich auf eine „innere Haltung“, also auf einseitige Erwartungen, Beweggründe und Motive zurückzuführen sein, die keinen Eingang in den Vertrag finden.[95] Tritt diese „innere Haltung“ dagegen nach außen hervor, kann sie gegebenenfalls die Geschäftsgrundlage für den Vertragsschluss bilden, wenn der Vertragspartner die gleichen Vorstellungen hat.

---

95 Vielmehr bedarf es gemeinsamer Vorstellungen der Vertragsparteien, vgl. für § 313 BGB: BGH, 27.06.2012 – XII ZR 47/09, NJW 2012, 2728, 2728; Grüneberg/*Grüneberg*: § 313 BGB, Rn. 9; MüKo BGB/*Finkenauer*: § 313 BGB, Rn. 57; HK-BGB/*Fries/Schulze*: § 313 BGB, Rn. 18; *Hartung*, Konzernweite Leistungen, S. 21 ff. Gleiches gilt für die besondere Zweckbestimmung einer Leistung, hier ist sogar eine Einigung der Vertragsparteien vonnöten, vgl. BGH, 10.11.2003 – II ZR 250/01, NJW 2004, 512, 513; BGH, 29.11.1965 – VII ZR 241/63, NJW 1966, 540, 541; Grüneberg/*Sprau*: § 812 BGB, Rn. 30.

Diese Vorstellungen werden beispielsweise durch Begriffe wie „Arbeitgeberdarlehen", oder „Werkmietwohnung" verdeutlicht. Doch auch vergünstigte Konditionen sind selbst ein deutlicher Hinweis darauf, dass dem Bestand des Arbeitsverhältnisses entscheidende Bedeutung beigemessen wird. Dadurch wird dem Arbeitnehmer verdeutlicht, dass er kraft seiner Arbeitnehmereigenschaft die Möglichkeit hat, eine „nicht-arbeitsrechtliche" Vereinbarung zu schließen. Beide Arbeitsvertragsparteien haben demnach eine gemeinsame Vorstellung, warum und zu welchen Konditionen diese „nicht-arbeitsrechtliche" Vereinbarung geschlossen wird. Demnach ist der Bestand des Arbeitsverhältnisses mindestens Geschäftsgrundlage für die „nicht-arbeitsrechtliche" Vereinbarung. In der Folge kann die „nicht-arbeitsrechtliche" Vereinbarung nach einem Betriebsübergang nach § 313 BGB angepasst werden.[96]

5. *Zwischenergebnis*

Der Betriebserwerber tritt nicht in Rechte und Pflichten aus einer „nicht-arbeitsrechtlichen" Vereinbarung ein. Sie existieren eigenständig und vom Arbeitsverhältnis unabhängig; entsprechend verbleiben sie zwischen Betriebsveräußerer und Arbeitnehmer. Allerdings enthält die Vereinbarung immer dann ein besonderes Zuwendungselement, wenn die Vereinbarung ohne Bestand des Arbeitsverhältnisses nicht geschlossen worden wäre und Vergünstigungen gewährt werden, die außenstehenden Dritten nicht zugänglich sind. Dieses besondere Zuwendungselement ist arbeitsrechtlich zu qualifizieren und geht gemäß § 613 a Abs. 1 S. 1 BGB auf den Betriebserwerber über, sofern zum Zeitpunkt des Betriebsübergangs die „nicht-arbeitsrechtliche" Vereinbarung noch nicht durch Erfüllung erloschen ist, § 362 Abs. 1 BGB. Praktische Relevanz hat dieses Zuwendungselement bei Dauerschuldverhältnissen.

III. Einzelne Arbeitgeberleistungen im Überblick

Sofern sie nach bisher herausgearbeiteten Grundsätzen übergangsfähig sind, tritt der Betriebserwerber grundsätzlich in die Verpflichtungen des bisherigen Arbeitgebers ein, ohne dass diese verändert werden. Inhaltlich kann der Arbeitgeber neben der Abgeltung erbrachter Arbeitsleistung in Euro auch weitere Leistungsgegenstände zusagen. Im Folgenden werden die in der Praxis gängigsten Arbeitgeberleistungen näher beschrieben und auf ihr Verhalten im Betriebsübergang untersucht.

---

96 Zu den Einzelheiten sieh unten, Kapitel 3:C.V.

1. Geldwerte Vorteile – Personalrabatte und Deputate

Ermöglicht der Arbeitgeber seinen Arbeitnehmern den Bezug von unternehmenseigenen Produkten oder Dienstleistungen unterhalb des Marktpreises (Personalrabatt) oder überlässt ihnen bestimmte Mengen seiner Waren frei Haus (Deputat), bedeutet dies einen geldwerten Vorteil für den Arbeitnehmer. Dieser geldwerte Vorteil ist Vergütung.[97] Im Betriebsübergang ist zwischen dem Anspruch auf Übergabe und Übereignung der Ware, § 433 Abs. 1 BGB, Herstellung des Werkes, § 631 Abs. 1 BGB oder Erbringung der Dienstleistung, § 611 Abs. 1 BGB und dem auf den Abschluss eines solchen Vertrages gerichteten Anspruch des Arbeitnehmers zu unterscheiden. Die rechtliche Grundlage von letzterem ist eine Zusage des Arbeitgebers, die typischerweise Teil der arbeitsrechtlichen Vereinbarungen zwischen den Parteien des Arbeitsverhältnisses ist. Ein derartiger Arbeitnehmeranspruch richtet sich damit nach einem Betriebsübergang fortan gegen den Erwerber.[98] Dies soll jedoch dahingehend einzuschränken sein, dass es nur zu einem Übergang komme, so lange der Erwerber die in Rede stehenden Waren bzw. Dienstleistungen weiter produziert bzw. erbringt.[99]

Hingegen stehen geschlossene Kauf-, Werk- oder Dienstverträge unabhängig von der Arbeitgeberzusage selbstständig neben dem Arbeitsverhältnis und unterfallen damit im Ergebnis nicht § 613 a Abs. 1 S. 1 BGB.[100] Ihr Abschluss ist insoweit nur ein notwendiger Zwischenschritt, ohne den der Arbeitgeber seine Leistungszusage nicht erfüllen kann.[101]

---

97 BAG, 13.12.2006 – 10 AZR 792/05, NZA 2007, 325, 326; BAG, 07.09.2004 – 9 AZR 631/03, NZA 2005, 941; BAG, 23.08.2001 – 5 AZB 20/01, AP ArbGG § 2 1979 Nr. 76; mittelbar LAG Düsseldorf, 22.01.1997 – 12 Sa 1367/96, juris (nicht veröffentlicht); *Hartung,* Konzernweite Leistungen, S. 33 ff.; *Fuchs,* Betriebliche Sozialleistungen, S. 130 ff.; ErfK/*Preis*: § 613 a BGB, Rn. 73.

98 BAG, 07.09.2004 – 9 AZR 631/03, NZA 2005, 941, 943; *Fuchs,* Betriebliche Sozialleistungen, S. 130 ff.; *Hartung,* Konzernweite Leistungen, S. 111 f.; *Fuhlrott/Fabritius,* BB 2013, 1592, 1594; *Gaul/Naumann,* NZA 2011, 121, 122 f.; *Sieg/Maschmann,* Unternehmensumstrukturierung, Rn. 255; ErfK/*Preis*: § 613 a BGB, Rn. 73.

99 Grundlegend BAG, 07.09.2004 – 9 AZR 631/03, NZA 2005, 941. Ob diese Auffassung tatsächlich haltbar ist, wird im Verlauf der Untersuchung eingehend in Kapitel 3:C. II.1 diskutiert werden.

100 BAG, 07.09.2004 – 9 AZR 631/03, NZA 2005, 941, 943; BAG, 26.05.1993 – 5 AZR 219/92, NZA 1993, 1029, 1029 f.; *Hartung,* Konzernweite Leistungen, S. 33 ff.; einen gemischten Vertrag annehmend: *Fuchs,* Betriebliche Sozialleistungen, S. 134 ff.

101 BAG, 07.09.2004 – 9 AZR 631/03, NZA 2005, 941, 943.

2. *Mitarbeiterkapitalbeteiligungen*

Eine weitere Vergütungsmöglichkeit ist die Beteiligung der Arbeitnehmer am Unternehmen. Sie wird entweder auf direktem Wege oder aber indirekt gewährt.

a) Direkt

Im Rahmen der direkten Beteiligung werden an die Belegschaft unmittelbar – allerdings mit Rücksicht auf das Arbeitsverhältnis vergünstigt – Unternehmensanteile ausgegeben. Je nach Anteilsart erfolgt sie entweder fremd- oder eigenkapitalbasiert. Die wichtigsten Formen sind Belegschaftsaktien, GmbH-Anteile und KG-Anteile als Eigenkapitalbeteiligung, sowie Schuldverschreibungen und Genussrechte als Fremdkapitalbeteiligung.[102] Obschon der Gesetzgeber im Jahr 2009 mit dem Mitarbeiterkapitalbeteiligungsgesetz[103] Anreize geschaffen hatte, bewegt sich die Kapitalbeteiligung der Arbeitnehmer am Arbeitgeberunternehmen mit zwei Prozent im Jahr 2011 auf recht niedrigem Niveau.[104] Rechtlich gesehen bildet nach überwiegender Auffassung[105] bei der direkten Beteiligung einerseits ein kaufrechtlicher Vertrag die schuldrechtliche Grundlage für den Anteilserwerb gegen eine Geldzahlung unterhalb des Kurses der Anteile. Dieser Vertrag ist vom Arbeitsverhältnis unabhängig und wird durch einen Betriebsinhaberwechsel nicht berührt.[106] Andererseits verhält es sich mit Arbeitgeberzusagen, die dem Arbeitnehmer einen Rechtsanspruch auf eine vergünstigte Beteiligung vermitteln, genau umgekehrt, denn der aus der Erfüllung des Anspruchs resultierende finanzielle Vorteil ist Vergütung. Derartige Ansprüche führen gemäß § 613 a Abs. 1 S. 1 BGB nach einem Betriebsübergang zu einer grundsätzlichen Verpflichtung des Erwerbers.

---

102 Vgl. die Übersicht bei *John/Stachel,* BB Beilage 2009 Nr. 1, 17, 17.

103 BGBl. I 2009, 451; dazu *Sieg,* AuA Sonderausgabe 2009, 61, 61 ff.

104 *Möller,* IAB-Forum 1/2003, 48, 49; absolute Zahlen finden sich bei *Sieg,* NZA 2015, 784.

105 *Tappert,* NZA 2002, 1188, 1189; *Bauer/Göpfert/Steinau-Steinrück,* ZIP 2001, 1129, 1130; *Lembke,* BB 2001, 1469, 1470; *Lingemann/Diller/Mengel,* NZA 2000, 1191, 1193; *Mauroschat*: Aktienoptionsprogramme, S. 204 ff.; *Willemsen/Müller-Bonanni,* ZIP 2003, 1177, 1182; *Moll,* FS 50 Jahre BAG, S. 62 ff. Zwar im Ergebnis ebenso, jedoch den Optionsvertrag als Verfügungsgeschäft, der die Arbeitnehmerzusage erfülle, einstufend und konsequent sachenrechtlich qualifizierend *Nehls/Sudmeyer,* ZIP 2002, 201, 202; a.A.: *Grimm/Walk,* BB 2003, 577, 579.

106 BFH, 17.06.2009 – VI R 69/06, NZA-RR 2010, 202, 204; BFH, 23.06.2005 – VI R 124/99, NZA-RR 2005, 536, 537.

b) Indirekt

Bei einer indirekten Mitarbeiterkapitalbeteiligung überträgt der Arbeitgeber nicht unmittelbar Anteile an die Arbeitnehmer, sondern gewährt ihnen das Recht, diese Unternehmensanteile unter bestimmten Voraussetzungen zu vorher festgesetzten Preisen zu erwerben.[107] Allgemein spricht man bei dieser Beteiligungsform von Optionsrechten. Die Aktienoption ist im Bereich der indirekten Kapitalbeteiligung herausragend wichtig und dementsprechend Gegenstand zahlreicher allgemeiner arbeitsrechtlicher[108] und auch speziell auf Strukturveränderungen des Arbeitgebers fokussierter[109] Untersuchungen gewesen.

Aktienoptionsrechte werden in aller Regel mit einem so genannten Aktienoptionsprogramm geregelt und über eine der in Kapitel 1 aufgeführten Vereinbarungen in das Arbeitsverhältnis eingeführt.[110] Diese Zusage bildet dabei die Grundlage für den Rechtsanspruch auf Teilnahme am Programm des Arbeitnehmers. Der konkrete Inhalt des Programms fußt dabei auf einem gesellschaftsrechtlichen Beschluss der Hauptversammlung des Unternehmens gemäß §§ 192 f. AktG.[111] Durch die Festlegung des Erwerbspreises besteht für den Arbeitnehmer bei Ausübungsreife der Option – also nach Ablauf von Warte-, Ausübungs- oder Sperrfristen[112] – die Möglichkeit, Unternehmensanteile bei guter Kursentwicklung zu einem günstigeren als dem aktuellen Börsenkurs zu erwerben. Optionsrechte der Arbeitgebergesellschaft sind damit nach quasi einhelliger Meinung sowohl arbeitsrechtlich[113] als auch

---

107 *Lützeler,* Aktienoptionen bei einem Betriebsübergang, S. 15 ff.

108 Siehe u.a.: *Grimm*: Mitarbeitervergütung durch Aktienoptionen; *Franken*: Die Vergütung mittels Aktienoptionen aus arbeitsrechtlicher Sicht; *Stiegel*: Aktienoptionen als Vergütungselement aus arbeitsrechtlicher Sicht; *Leuzinger*: Aktienoptionen im Arbeitsverhältnis; *Broer*: Die arbeitsrechtliche Behandlung von Aktienoptionen als Vergütungsbestandteil.

109 Z.B.: *Mauroschat,* Aktienoptionsprogramme; *Lützeler,* Aktienoptionen bei einem Betriebsübergang; *Lörcher*: Aktienoptionen bei Strukturveränderungen der Arbeitgebergesellschaft; *Rothenburg*: Aktienoptionen in der Verschmelzung.

110 Gute Überblicke über die Vor- und Nachteile einer Zusage mittels Betriebsvereinbarung, Tarifvertrag, Gesamtzusage, Individualvereinbarung und betriebliche Übung und daraus resultierende Rechte des Betriebsrats finden sich bei *Schanz,* NZA 2000, 626, 632 ff.; *Baeck/Diller,* DB 1998, 1405, 1406 f.

111 *Willemsen/Müller-Bonanni,* ZIP 2003, 1177, 1178.

112 Zur Ausgestaltung von derlei Optionsbedingungen siehe: *Franken,* Vergütung mittels Aktienoptionen, S. 30 ff.; *Stiegel,* Aktienoptionen als Vergütungselement, S. 373 ff.

113 BAG, 28.05.2008 – 10 AZR 351/07, NZA 2008, 1066, 1071; LAG Hessen, 14.08.2000 – 10 Sa 982/99, NJOZ 2001, 45; LG Stuttgart, 30.10.1997 – 5 KfH O 96/97, DB 1997,

steuerrechtlich[114] als Vergütung des Arbeitnehmers einzustufen. Auf die tatsächliche Ausübung der Option kommt es dabei nicht an, denn sie liegt vollständig in Händen des Arbeitnehmers, der seine Entscheidung vom Kurs abhängig machen wird. Allein in der durch die Optionsgewährung ermöglichten Chance des vergünstigten Erwerbs der Aktien liegt eine Zuwendung an den Arbeitnehmer. Durch die Qualifikation der Optionsrechte als Entgeltbestandteil tritt ein Betriebserwerber gemäß § 613 a Abs. 1 S. 1 BGB in die arbeitsrechtliche Zusage ein, die dem Arbeitnehmer einen Anspruch auf die Optionsrechte verschafft.[115] Zieht der Arbeitnehmer seine Optionsrechte, schließen Arbeitgeber und Arbeitnehmer einen – kaufrechtlichen[116] – so genannten Gewährungsvertrag ab, der den Arbeitgeber verpflichtet, dem Arbeitnehmer die Aktien zu übereignen. Er wird zusätzlich zu den arbeitsrechtlichen Vereinbarungen geschlossen und steht eigenständig daneben. Damit tritt der Erwerber nicht nach § 613 a Abs. 1 S. 1 BGB in diesen ein.

Weiterhin gibt es die indirekte Beteiligung in Form von Stock Appreciation Rights (SAR) – virtuelle Optionen, bei deren Ausübung der Arbeitnehmer die Differenz zwischen dem vereinbarten „Erwerbspreis" und dem Kurs bei Ausübung des Rechts ausgezahlt wird.[117] Der Arbeitnehmer wird also wirtschaftlich so gestellt, als hätte er die Option erhalten und ausgeübt. Bei SAR ist kein Abschluss einer „nicht-arbeitsrechtlichen" Vereinbarung erforderlich; vielmehr sind SAR eine Zusage des Arbeitgebers, den Arbeitnehmer im obigen Sinne

---

2603, 2604; *Tappert,* NZA 2002, 1188, 1189; *Bauer/Göpfert/Steinau-Steinrück,* ZIP 2001, 1129, 1130; *Lembke,* BB 2001, 1469, 1471; *Nehls/Sudmeyer,* ZIP 2002, 201, 202; *Grimm/Walk,* BB 2003, 577, 578; *Schnitker/Grau,* BB 2002, 2497, 2498; *Röder/Göpfert,* BB 2001, 2002, 2002; *Franken,* Vergütung mittels Aktienoptionen, S. 86 ff.; *Lörcher,* Aktienoptionen bei Strukturveränderungen, S. 42 ff.; *Mauroschat,* Aktienoptionsprogramme, S. 77 ff.; sehr weit *Lützeler,* Aktienoptionen bei einem Betriebsübergang, S. 127 ff.; *Hartung,* Konzernweite Leistungen, S. 36 ff.; ausführlich *Grimm,* Mitarbeitervergütung durch Aktienoptionen, S. 70 ff.; *Leuzinger,* Aktienoptionen im Arbeitsverhältnis, S. 73 ff.; *Stiegel,* Aktienoptionen als Vergütungselement, S. 196 ff.

114 Vgl. nur BFH, 19.06.2008 – VI R 4/05, DStR 2008, 1632, 1633; BFH, 03.05.2007 – VI R 36/05, NJW 2007, 3808.

115 *Grimm/Walk,* BB 2003, 577, 578 f.; *Tappert,* NZA 2002, 1188, 1189; *Bauer/Göpfert/Steinau-Steinrück,* ZIP 2001, 1129, 1129; *Willemsen,* FS Herbert Wiedemann, S. 646 ff.

116 Vgl. Fn. 105.

117 *Martens* in: Habersack (Hrsg.) Festschrift für Peter Ulmer zum 70. Geburtstag am 2. Januar 2003: Stand und Entwicklung im Recht der Stock-Options, S. 402 ff.

gleichzustellen. Diese Zusage gehört zu den Rechten und Pflichten im Sinne des § 613 a Abs. 1 S. 1 BGB.

3. *Erfolgsbeteiligungen und Boni*

Eine weitere Form der Vergütung ist die Erfolgsbeteiligung. Hier erhalten die Arbeitnehmer bei Erreichen bestimmter objektiver, im Voraus festgesetzter Betriebs- bzw. Unternehmenskennzahlen (Gewinn, Umsatz, Absatz) über den Arbeitslohn hinaus Geldleistungen. Üblich ist dabei die Vereinbarung von Prozentsätzen als Maßstab der Erfolgsbeteiligung.[118] Davon abzugrenzen sind Arbeitnehmeransprüche bei Erreichen subjektiver persönlicher Leistungen, die in einer so genannten Zielvereinbarung zwischen den Arbeitsvertragsparteien ausgehandelt wurden. Hierbei handelt es nicht um eine Erfolgsbeteiligung, sondern um einen Bonus.

Die vom Arbeitgeber jeweils in Aussicht gestellte Geldleistung setzt dabei (mindestens mittelbar) die Erbringung von Arbeitsleistung voraus, sodass sowohl Erfolgsbeteiligungen als auch Bonuszahlungen als erfolgsbezogener Vergütungsbestandteil anzusehen sind.[119] Entsprechende Beteiligungszusagen des Arbeitgebers sind damit Teil des Arbeitsverhältnisses. Für den Betriebsübergang hat dies zur Konsequenz, dass der Erwerber in entsprechende Zusagen des Veräußerers gemäß § 613 a Abs. 1 S. 1 BGB eintritt.[120]

---

118 *Borngräber,* Arbeitsverhältnis bei Betriebsübergang, S. 80 ff.

119 Zu Erfolgsbeteiligungen BAG, 08.09.1998 – 9 AZR 273/97, NZA 1999, 824, 824; LAG Düsseldorf, 22.12.2011 – 11 Sa 916/11, juris (nicht veröffentlicht); *Gaul,* Betriebs- und Unternehmensspaltung, § 13, Rn. 30; *Fuchs,* Betriebliche Sozialleistungen, S. 128 f.; *Borngräber,* Arbeitsverhältnis bei Betriebsübergang, S. 80 ff.; a.A. jedoch, solange nicht die Grenze zur Sittenwidrigkeit überschritten ist *Ricken,* NZA 1999, 236, 240 f.; MüKo BGB/*Müller-Glöge*: § 611 a BGB, Rn. 669. Zu Bonuszahlungen BAG, 12.04.2011 – 1 AZR 412/09, NZA 2011, 989, 990 f.

120 BAG, 12.10.2005 – 10 AZR 410/04, NJOZ 2006, 1763, 1765 f.; Schaub ArbR-HdB/*Ahrendt*: § 18, Rn. 7; *Fuchs,* Betriebliche Sozialleistungen, S. 128 f.; *Gaul,* Betriebs- und Unternehmensspaltung, § 13, Rn. 30; *Borngräber,* Arbeitsverhältnis bei Betriebsübergang, S. 80 ff.; *Fuhlrott/Fabritius,* BB 2013, 1592, 1594; *Gaul/Naumann,* NZA 2011, 121, 124.

4. *Überlassung auf Zeit*

a) *Wohnraum*

Überlässt der Arbeitgeber einem Arbeitnehmer Wohnraum, handelt es sich bei diesem entweder um eine Werkdienstwohnung oder eine Werkmietwohnung. Für den Betriebsübergang ist die Unterscheidung notwendig, um bestimmen zu können, welchen Pflichten der Erwerber fortan unterworfen ist. Um welchen Wohnungstypus es sich im Einzelfall handelt, ist durch Auslegung der Vereinbarungen zu ermitteln.[121]

Bei einer Werkdienstwohnung wird Wohnraum „*im Rahmen eines Dienstverhältnisses überlassen*“, § 576 b Abs. 1 BGB. Daraus wird allgemein geschlossen, dass die Vereinbarungen über die Wohnraumüberlassung kein eigenständiges Rechtsverhältnis ausmachen, sondern Teil der arbeitsvertraglichen Regelungen sind.[122] Diese Art von Wohnraumüberlassung ist mithin rechtlich unproblematisch. Auch gibt es keine zugrundeliegende Arbeitgeberzusage, die erst einen Anspruch auf Abschluss des „nicht-arbeitsrechtlichen“ Vertrags vermittelt, denn es wird gerade kein separater Mietvertrag geschlossen. Daraus folgt zwingend, dass sich der Überlassungsanspruch des Arbeitnehmers als Teil der Rechte und Pflichten aus dem Arbeitsverhältnis nach Übernahme des Betriebs gegen den Erwerber richten muss.[123]

---

121 LAG Köln, 04.03.2008 – 11 Sa 582/07, ZMR 2008, 963.

122 BAG, 02.11.1999 – 5 AZB 18/99, NZA 2000, 277, 277; BAG, 15.12.1992 – 1 AZR 308/92, WuM 1993, 353; BAG, 28.07.1992 – 1 ABR 22/92, NZA 1993, 272, 273; BAG, 24.01.1990 – 5 AZR 749/87, NZA 1990, 539, 540; BAG, 23.08.1989 – 5 AZR 569/88, NZA 1990, 191, 191; BAG, 03.06.1975 – 1 ABR 118/73, DB 1975, 1752; *Bruns*, NZM 2014, 535, 535; *Buch*, NZM 2000, 167, 167; *Schmitz-Justen*, WuM 2000, 582, 583; *Gaßner*, AcP 186/1986, 326, 328; *Willemsen*, FS Herbert Wiedemann, S. 648 ff.; ausführlich: *Rech*: Werkwohnungen, S. 109 ff.; Staudinger/*Rolfs*: § 576 b BGB, Rn. 4; Grüneberg/*Weidenkaff*: § 576 b BGB, Rn. 2; MüKo BGB/*Artz*: § 576 b BGB, Rn. 3.

123 *Rech*, Werkwohnungen, S. 168 f.; DKL AR/*Bayreuther*: § 613 a BGB, Rn. 58; *Fuhlrott/Fabritius*, BB 2013, 1592, 1595 f.; *Gaul*, Betriebs- und Unternehmensspaltung, § 13, Rn. 74; *Meyer*, DB 2000, 1174, 1175; *Hartung*, Konzernweite Leistungen, S. 102 ff.; MüKo BGB/*Müller-Glöge*: § 613 a BGB, Rn. 99; Staudinger/*Annuß*: § 613 a BGB, Rn. 192; ErfK/*Preis*: § 613 a BGB, Rn. 77; *Willemsen*, FS Herbert Wiedemann, S. 648 ff.; *Seiter*, Betriebsinhaberwechsel, S. 79 ff.; Schaub ArbR-HdB/*Ahrendt*: § 18, Rn. 12; *Picot/Schnitker*: Arbeitsrecht bei Unternehmenskauf und Restrukturierung, Teil I, Rn. 223; *Sieg/Maschmann*, Unternehmensumstrukturierung, Rn. 256; a.A. jedoch, sofern die Wohnungen nicht mitveräußert werden: *Posth*, Betriebsinhaberwechsel, S. 144 ff.; Hölters, Hdb. Unternehmenskauf/*Steinau-Steinrück/Thees*: Teil II, Rn. 6.200.

Bei einer Werkmietwohnung liegen die Dinge komplizierter, denn hier wird Wohnraum „*mit Rücksicht auf das Bestehen eines Dienstverhältnisses vermietet*", § 576 Abs. 1 BGB. Aus dem Begriff „*vermietet*" ergibt sich, dass Arbeitgeber und Arbeitnehmer neben dem Arbeitsverhältnis einen selbstständigen Mietvertrag schließen.[124] Die Unabhängigkeit des Mietverhältnisses vom Arbeitsverhältnis führt dazu, dass der Betriebsübergang das Mietverhältnis nicht berührt.[125] Es wird selbst dann nicht beeinflusst, wenn der Betriebserwerber die Wohnungen ebenfalls erwirbt. In diesem Fall tritt der Erwerber auch in die Rechte und Pflichten aus dem Mietvertrag ein, indes nicht nach § 613 a BGB, sondern gemäß § 566 Abs. 1 BGB.[126] Die grundsätzlich klare Trennung zwischen Arbeits- und Mietverhältnis verschwimmt, sobald dem Arbeitnehmer „*mit Rücksicht auf*" das Arbeitsverhältnis vergünstigte Konditionen gewährt werden. Die Vergünstigung ist eine besondere Zuwendung an den Arbeitnehmer. Es handelt sich um Vergütung, die entsprechend den allgemeinen Grundsätzen zum Arbeitsverhältnis gehört. Diese besondere Zuwendung fällt damit unter § 613 a Abs. 1 S. 1 BGB.[127] Wenn dem Werkmietvertrag das Verspechen des Arbeitgebers, einen Mietvertrag zu diesen (vergünstigten) Konditionen mit dem Arbeitnehmer zu schließen, zu Grunde liegt, dann ist diese Zusage Teil des

---

124 Allgemeine Meinung, BAG, 02.11.1999 – 5 AZB 18/99, NZA 2000, 277, 277; BAG, 15.12.1992 – 1 AZR 308/92, WuM 1993, 353; BAG, 28.07.1992 – 1 ABR 22/92, NZA 1993, 272, 273; BAG, 24.01.1990 – 5 AZR 749/87, NZA 1990, 539, 540; BAG, 03.06.1975 – 1 ABR 118/73, DB 1975, 1752; *Bruns*, NZM 2014, 535, 535; *Buch*, NZM 2000, 167, 167; *Schmitz-Justen*, WuM 2000, 582, 583; *Gaßner*, AcP 186/1986, 326, 328; *Willemsen*, FS Herbert Wiedemann, S. 648 ff.; ausführlich *Rech*, Werkwohnungen, S. 29 ff.; Staudinger/*Rolfs*: § 576 BGB, Rn. 5; Grüneberg/*Weidenkaff*: § 576 BGB, Rn. 3; MüKo BGB/*Artz*: § 576 BGB, Rn. 4; *Sieg/Maschmann*, Unternehmensumstrukturierung, Rn. 256.

125 *Fuchs*, Betriebliche Sozialleistungen, S. 143 ff.; *Rech*, Werkwohnungen, S. 165 f.; *Fuhlrott/Fabritius*, BB 2013, 1592, 1596; ErfK/*Preis*: § 613 a BGB, Rn. 77; Staudinger/*Annuß*: § 613 a BGB, Rn. 192; *Gaul*, Betriebs- und Unternehmensspaltung, § 13, Rn. 73; *Seiter*, Betriebsinhaberwechsel, S. 79 ff.; *Picot/Schnitker*, Unternehmenskauf und Restrukturierung, Teil I, Rn. 223.

126 DKL AR/*Bayreuther*: § 613 a BGB, Rn. 58; ErfK/*Preis*: § 613 a BGB, Rn. 77; *Rech*, Werkwohnungen, S. 165 ff.; WHSS/*Willemsen*: Teil G, Rn. 175; *Seiter*, Betriebsinhaberwechsel, S. 79 ff.; *Fuhlrott/Fabritius*, BB 2013, 1592, 1596.

127 DKL AR/*Bayreuther*: § 613 a BGB, Rn. 58; *Willemsen*, FS Herbert Wiedemann, S. 648 f.; im Ergebnis auch *Rech*, Werkwohnungen, S. 166 f.; *Hartung*, Konzernweite Leistungen, S. 102 ff.

Arbeitsverhältnisses, sodass sich der Anspruch auf Abschluss eines Mietvertrags fortan gegen den Erwerber richtet.[128]

b) Bewegliche Sachen

Weiter kann der Arbeitgeber einem Arbeitnehmer bewegliche Sachen wie Kraftfahrzeuge, Laptops, Mobiltelefone und oder Ähnliches zur Nutzung überlassen. Hierbei sind unterschiedliche rechtliche Ausgestaltungen möglich, je nachdem ob der Arbeitgeber die private Nutzung des Gegenstands gestattet oder nicht. Wird sie dem Arbeitnehmer zur ausschließlich dienstlichen Nutzung überlassen, existiert kein eigenständiges Rechtsverhältnis, das das Nutzungsrecht des Arbeitnehmers begründet. Die Sache ist dann lediglich ein reines Betriebsmittel, über das der Arbeitgeber frei verfügen kann.[129] Dem Arbeitnehmer kann die Sache jederzeit wieder entzogen werden. Es handelt sich also nicht um eine Leistung an den Arbeitnehmer und somit auch nicht um Vergütung.[130] Diese Art von Überlassung spielt damit im Ergebnis bei einem Betriebsübergang überhaupt keine Rolle.

Wird hingegen die private Nutzung gestattet, kommt es darauf an, ob es sich gleichwohl um ein Betriebsmittel handelt, das dienstlich und privat genutzt wird, oder ob der Arbeitgeber dem Arbeitnehmer (miet- oder leih-) vertraglich ein alleiniges Nutzungsrecht an der Sache eingeräumt hat. Im ersten Fall gelten die gleichen Grundsätze wie für Werkdienstwohnungen. Hier beschafft der Arbeitgeber den Gegenstand, beispielsweise ein Kraftfahrzeug, durch Kauf, Leasing etc. und gibt ihn an den Arbeitnehmer weiter. Dieser erspart sich damit private Aufwendungen. Der so entstehende geldwerte Vorteil ist unstreitig Vergütung in Form von Sachbezug, § 107 Abs. 2 S. 1 GewO.[131] Die Überlassung an

---

128 Staudinger/*Annuß*: § 613 a BGB, Rn. 192; *Gaul*, Betriebs- und Unternehmensspaltung, § 13, Rn. 73; *Seiter*, Betriebsinhaberwechsel, S. 79 ff.; *Fuchs*, Betriebliche Sozialleistungen, S. 142 ff.; *Hartung*, Konzernweite Leistungen, S. 102 ff.; *Sieg/Maschmann*, Unternehmensumstrukturierung, Rn. 256.

129 *Nägele*, NZA 1997, 1196, 1199; *Gaul*, Betriebs- und Unternehmensspaltung, § 13, Rn. 32.

130 *Löhr-Müller*, DAR 2007, 133, 133.

131 BAG, 21.03.2012 – 5 AZR 651/10, NZA 2012, 616, 616; BAG, 14.12.2010 – 9 AZR 631/09, NJW 2011, 1469, 1470; BAG, 24.03.2009 – 9 AZR 733/07, NZA 2009, 861, 862; BAG, 16.11.1995 – 8 AZR 240/95, NZA 1996, 415, 416; BAG, 23.06.1994 – 8 AZR 537/92, NZA 1994, 1128, 1129; *Löhr-Müller*, DAR 2007, 133, 134; *Nägele*, NZA 1997, 1196, 1199; *Dombrowski/Zettelmeyer*, NZA 1995, 155, 155 f.; *Fuchs*, Betriebliche Sozialleistungen, S. 126 f.

den Arbeitnehmer wird dabei indes nicht in einem eigenständigen Vertrag geregelt; vielmehr gehen die Vereinbarungen über die Nutzung und deren Bedingungen in den Arbeitsvertrag ein.[132] In der Konsequenz gehen sie als Teil der arbeitsvertraglichen Rechte und Pflichten bei einer Betriebsveräußerung auf den Erwerber über.[133]

Alternativ kann der Arbeitgeber mit dem Arbeitnehmer auch separate Verträge neben dem Arbeitsverhältnis schließen. Durch diese erhält der Arbeitnehmer ein ausschließliches Recht zum Besitz, ohne dass der Bestand eines Arbeitsverhältnisses zwingend erforderlich ist. Hier ist die Sache kein Betriebsmittel des Arbeitgebers.

Diese Miet- bzw. Leihverträge verhalten sich wie Mietverträge über Werkmietwohnungen. Durch die rechtliche Unabhängigkeit vom Arbeitsverhältnis werden derartige Verträge nicht vom Betriebsübergang erfasst.[134] Der Erwerber tritt lediglich in Zusagen des Arbeitgebers ein, die dem Arbeitnehmer einen Rechtsanspruch auf Abschluss derartiger Verträge einräumen. Enthalten geschlossene (Miet- bzw. Leih-) Verträge hingegen eine Vergünstigung „*wegen*" des Arbeitsverhältnisses, die einem außenstehenden Dritten nicht zugänglich ist, liegt in der Vergünstigung eine besondere Zuwendung, welche Vergütung ist. Diese Zuwendung ist dem Arbeitsverhältnis zugehörig und wird von § 613 a Abs. 1 S. 1 BGB erfasst.

5. *Gratifikationen*

Gratifikationen sind Geldleistungen an Arbeitnehmer, die anlässlich bestimmter Gelegenheiten wie Weihnachten, Dienstjubiläum, Urlaub oder schlicht als „Jahressonderzahlung"[135] erbracht werden. Die Höhe des Betrags kann entweder absolut zugesagt, oder in das Ermessen des Arbeitgebers gestellt werden.[136]

---

132 *Löhr-Müller,* DAR 2007, 133, 134; *Dombrowski/Zettelmeyer,* NZA 1995, 155, 155.

133 *Gaul,* Betriebs- und Unternehmensspaltung, § 13, Rn. 32; *Hartung,* Konzernweite Leistungen, S. 102 ff.; *Fuchs,* Betriebliche Sozialleistungen, S. 126 f.; Hölters, Hdb. Unternehmenskauf/*Steinau-Steinrück/Thees*: Teil II, Rn. 6.206; DKL AR/*Bayreuther*: § 613 a BGB, Rn. 55.

134 Ebenso *Hartung,* Konzernweite Leistungen, S. 102 ff.

135 Vgl. die Begrifflichkeit in § 20 des Tarifvertrags für den öffentlichen Dienst der Länder (TV-L), abrufbar unter: https://www.tdl-online.de/fileadmin/downloads/rechte_Navigation/A._TV-L__2011_/01_Tarifvertrag/TV-L__i.d.F._des_%C3%84TV_Nr._12_VT.pdf, zuletzt eingesehen am 10.05.2022.

136 Ein Überblick hierzu findet sich bei *Lingemann/Pfister/Otte,* NZA 2015, 65; zur Rolle des Betriebsrats bei vorbehaltenem Ermessen siehe BAG, 23.08.2017 – 10 AZR 136/17, NZA 2018, 44.

Rechtlich handelt es sich bei einer Gratifikation um eine zusätzliche Vergütung des Arbeitnehmers – entweder ausschließlich für die erbrachte Arbeitsleistung oder für weitere Umstände wie z.B. Betriebstreue – und nicht um eine Schenkung.[137] Ein diesbezüglicher Anspruch des Arbeitnehmers ergibt sich aus einer der in Kapitel 1:A. besprochenen Vereinbarungen. Durch den Vergütungscharakter wird indes (unabhängig davon, ob die Höhe der Geldleistung im Ermessen des Arbeitgebers liegt) deutlich, dass nach einem Inhaberwechsel der Erwerber in die individualarbeitsrechtlich wirkenden Zusagen gemäß § 613 a Abs. 1 S. 1 BGB eintritt.[138] Ebenso ist er grundsätzlich[139] zahlungspflichtig für bereits vor dem Betriebsübergang fällige Gratifikationsleistungen, die der Veräußerer bisher nicht erbracht hat.[140]

6. *Arbeitgeberdarlehen*

Auch bei Darlehen des Arbeitgebers stellt sich die Frage nach den Auswirkungen des Betriebsinhaberwechsels auf die diesbezüglichen Vereinbarungen zwischen Arbeitnehmer und Veräußerer. Zunächst ist hierfür erforderlich, dass überhaupt ein „echtes" Arbeitgeberdarlehen gewährt worden ist. Dafür bedarf es einer Kapitalüberlassung zur vorübergehenden Nutzung von einem Arbeitgeber an seinen Arbeitnehmer mit Rücksicht auf das Arbeitsverhältnis.[141] Konkret muss der an den Arbeitnehmer geleistete Geldbetrag (1.) über den arbeitsvertraglichen Lohn hinausgehen, (2.) der Arbeitnehmer den Betrag nicht durch die Erbringung von Arbeitsleistung tilgen und (3.) der Arbeitgeber das Darlehen zu

---

137 Ständige Rechtsprechung, vgl. BAG, 18.01.2012 – 10 AZR 612/10, NZA 2012, 561; BAG, 07.12.1989 – 6 AZR 324/88, NZA 1990, 490, 491; BAG, 10.05.1962 – 5 AZR 452/61, NJW 1962, 1537, 1538; BAG, 04.10.1956 – 2 AZR 213/54, NJW 1956, 1853, 1854; BAG, 29.06.1954 – 2 AZR 13/53, NZA 1954, 1343, 1343.

138 Allgemeine Ansicht, siehe BAG, 18.04.2012 – 10 AZR 47/11, NZA 2012, 791; BAG, 04.06.2008 – 4 AZR 421/07, NZA 2008, 1360; DKL AR/*Bayreuther*: § 613 a BGB, Rn. 54; *Moll,* NJW 1993, 2016, 2017; *Fuchs,* Betriebliche Sozialleistungen, S. 129 ff.; ErfK/*Preis*: § 613 a BGB, Rn. 73; Schaub ArbR-HdB/*Ahrendt*: § 18, Rn. 7; MüKo BGB/*Müller-Glöge*: § 613 a BGB, Rn. 90; *Gaul,* Betriebs- und Unternehmensspaltung, § 13, Rn. 28; Staudinger/*Annuß*: § 613 a BGB, Rn. 159.

139 Anderes kann sich bei einer Betriebsveräußerung aufgrund Insolvenz ergeben. Einzelheiten bei Staudinger/*Annuß*: § 613 a BGB, Rn. 356 ff.

140 *Gaul,* Betriebs- und Unternehmensspaltung, § 13, Rn. 28; *Fuchs,* Betriebliche Sozialleistungen, S. 129 ff.

141 BAG, 21.01.2010 – 6 AZR 556/07, NJOZ 2010, 1449, 1451; BAG, 19.03.2009 – 6 AZR 557/07, NZA 2009, 896, 899.

günstigeren Konditionen gewähren, als er es einem beliebigen Dritten (der nicht sein Arbeitnehmer ist) gewähren würde.

In den ersten beiden Voraussetzungen liegt der Unterschied zum bloßen (Gehalts-) Vorschuss, bei dem der Arbeitgeber letztlich nur bezüglich seiner arbeitsvertraglichen Hauptleistungspflicht in Vorleistung tritt.[142] Etwaige zwischen Arbeitgeber und Arbeitnehmer vereinbarte Regelungen bilden keinen Darlehensvertrag im Sinne des § 488 BGB, sondern modifizieren lediglich die Fälligkeit der arbeitgeberseitigen Pflicht zur Vergütung (im engeren Sinne[143]).[144] Solche Vorschüsse sind Teil des Arbeitsverhältnisses und werden von einem Betriebsübergang erfasst.[145]

Die Erfüllung der dritten Voraussetzung unterscheidet schließlich das „echte" Arbeitgeberdarlehen von einem gewöhnlichen Darlehensvertrag, dessen Beteiligte nur zufällig auch Vertragspartner eines Arbeitsverhältnisses sind. Die Einräumung von Vorzugskonditionen *wegen* des Bestands des Arbeitsverhältnisses bedeutet für den Arbeitnehmer einen geldwerten Vorteil – mit anderen Worten: Vergütung (im weiteren Sinne).[146] Dennoch wird (wie auch bei einem „gewöhnlichen" Darlehensvertrag) ein Vertrag nach den §§ 488 ff. BGB abgeschlossen, in welchem die gegenseitigen Zahlungs- und Rückzahlungsverpflichtungen konstitutiv normiert sind. Dieser Darlehensvertrag steht nach zutreffender Ansicht des Bundesarbeitsgerichts[147] und des überwiegenden Teils der Literatur[148] unabhängig neben dem Arbeitsverhältnis und wird durch einen Betriebsübergang nicht berührt.

---

142 So schon LAG Düsseldorf, 14.07.1955 – 2a SA 158/55, DB 1955, 1020; ausführlich zum Begriff: *Jesse/Schellen*: Arbeitgeberdarlehen und Vorschuß, S. 10 ff.

143 Siehe zur Abgrenzung der verschiedenen Vergütungsformen unten, Kapitel 3:C.I.2.

144 Vgl. LAG Düsseldorf, 14.07.1955 – 2a SA 158/55, DB 1955, 1020; ähnlich auch *Hartung*, Konzernweite Leistungen, S. 30 ff.

145 BAG, 21.01.1999 – 8 AZR 373/97, juris (nicht veröffentlicht); DKL AR/*Bayreuther*: § 613 a BGB, Rn. 55; Hölters, Hdb. Unternehmenskauf/*Steinau-Steinrück/Thees*: Teil II, Rn. 6.186; ErfK/*Preis*: § 611 a BGB, Rn. 426; *Beseler/Düwell*: Betriebsübergang und Umstrukturierung von Unternehmen, S. 96 ff.

146 *Gaul*, Betriebs- und Unternehmensspaltung, § 13, Rn. 71; *Hartung*, Konzernweite Leistungen, S. 30 ff.; *Fuchs*, Betriebliche Sozialleistungen, S. 117 ff.

147 BAG, 19.01.2011 – 10 AZR 873/08, NZA 2011, 1159, 1160; BAG, 23.02.1999 – 9 AZR 737/97, NZA 1999, 1212, 1213; BAG, 21.01.1999 – 8 AZR 373/97, juris (nicht veröffentlicht); a.A. jedoch LAG Köln, 18.05.2000 – 10 Sa 50/00, NZA-RR 2001, 174, 175.

148 *Fuchs*, Betriebliche Sozialleistungen, S. 117 ff.; *Lützeler*, Aktienoptionen bei einem Betriebsübergang, S. 84 f.; *Hartung*, Konzernweite Leistungen, S. 31 ff.; *Wendling*,

Hingegen wird, soweit der Darlehensvertrag zu besonders günstigen Konditionen unterhalb des Marktpreises geschlossen wird, eine in der Vergünstigung liegende besondere Zuwendung als Teil des Arbeitsverhältnisses von § 613 a Abs. 1 S. 1 BGB erfasst. Genauso verhält es sich mit einer dem Darlehen zugrundeliegenden Zusage des Veräußerers, der den Arbeitnehmern einen Rechtsanspruch auf den Abschluss entsprechender vergünstigter Darlehensverträge einräumt. In diese Zusage tritt der Erwerber Kraft § 613 a Abs. 1 S. 1 BGB ein.

7. Vollmachten und Status

Vollmachten (z.B. Prokura) werden einem Arbeitnehmer durch einen gesonderten Rechtsakt, regelmäßig nach §§ 164 ff. BGB und §§ 48 ff. HGB erteilt. Für eine Erteilung ist der Bestand eines Arbeitsverhältnisses überhaupt nicht erforderlich; vielmehr kann der Arbeitgeber auch Dritte mit der Vertretung betrauen.[149] Entsprechend ist allgemein anerkannt, dass solche Rechtsbeziehungen nicht Teil des Arbeitsverhältnisses werden und von § 613 a BGB nicht berührt werden.[150] Indes ist das weitere Schicksal einer Handlungsvollmacht bzw. Prokura nach einem Betriebsübergang nicht unumstritten.[151]

Betriebsübergang und Arbeitsverhältnis, S. 122 ff.; *Mösenfechtel/Schmitz,* RdA 1976, 108, 109; *Borngräber,* Arbeitsverhältnis bei Betriebsübergang, S. 90 ff.; *Willemsen,* FS Herbert Wiedemann, S. 646 ff.; *Fuhlrott/Fabritius,* BB 2013, 1592, 1595; ErfK/*Preis*: § 613 a BGB, Rn. 73; WHSS/*Willemsen*: Teil G, Rn. 174; Staudinger/*Annuß*: § 613 a BGB, Rn. 168; MüKo BGB/*Müller-Glöge*: § 613 a BGB, Rn. 91; wohl auch DKL AR/*Bayreuther*: § 613 a BGB, Rn. 55; a.A.: *Posth,* Betriebsinhaberwechsel, S. 147 ff.; *Seiter,* Betriebsinhaberwechsel, S. 78 ff.; *Gaul,* Betriebs- und Unternehmensspaltung, § 13, Rn. 71; Schaub ArbR-HdB/*Ahrendt*: § 18, Rn. 8; Hölters, Hdb. Unternehmenskauf/*Steinau-Steinrück/Thees*: Teil II, Rn. 6.186.

149 *Gaul,* Betriebs- und Unternehmensspaltung, § 13, Rn. 147.

150 Ausführlich: *Köhler,* BB 1979, 912; *Gaul,* Betriebs- und Unternehmensspaltung, § 13, Rn. 148; *Fuhlrott/Fabritius,* BB 2013, 1592, 1596; *Moll,* NJW 1993, 2016, 2018; Staudinger/*Annuß*: § 613 a BGB, Rn. 154; ErfK/*Preis*: § 613 a BGB, Rn. 78; MüKo BGB/*Müller-Glöge*: § 613 a BGB, Rn. 92; WHSS/*Willemsen*: Teil G, Rn. 171; *Sieg/Maschmann,* Unternehmensumstrukturierung, Rn. 243; *Beseler/Düwell,* Betriebsübergang, S. 98 ff.

151 Richtigerweise ist der Arbeitnehmer nach dem Betriebsübergang weiter bevollmächtigt, den *Veräußerer* zu vertreten, bis dieser die Erteilung der Vollmacht widerruft und ggf. in das Handelsregister eintragen lässt, vgl. auch *Sieg/Maschmann,* Unternehmensumstrukturierung, Rn. 243; *Gaul,* Betriebs- und Unternehmensspaltung, § 13, Rn. 148; a.A.: *Moll,* NJW 1993, 2016, 2018.

Status (z.B. Titel) sind hingegen Ausdruck der Rangstellung im jeweiligen Unternehmen. Durch sie werden weder Rechte noch Pflichten konstituiert. Sie unterstreichen lediglich deklaratorisch die Position, die die Arbeitnehmer bekleiden. In der Konsequenz hat ein Betriebsübergang für Status keine Relevanz.

8. *Sonstige Rechte*

Mit sonstigen Rechten sind Umstände gemeint, die das Arbeitsverhältnis begleiten. Sie sind nicht Ansprüche oder Gestaltungsrechte, sondern lösen diese erst aus beziehungsweise beeinflussen sie und werden dementsprechend auch „arbeitsrechtlicher Besitzstand“ genannt.[152] Für den Arbeitnehmer am wichtigsten sind hier die Dauer der Betriebszugehörigkeit und Vordienstzeiten. Sie verfallen durch den Inhaberwechsel nicht, sondern bleiben bestehen und beeinflussen dabei sowohl verschiedene Fristen (z.B. § 1 Abs. 1 KSchG) als auch Ansprüche des Arbeitnehmers (z.B. Urlaub).[153] Darüber hinaus ist die Dauer der Betriebszugehörigkeit oft maßgeblich für die Begründung von Arbeitnehmeransprüchen auf Leistungen des Arbeitgebers, sowie deren Höhe (z.B. bei Jahressonderzahlungen). Dieser „arbeitsrechtliche Besitzstand“ geht durch den Betriebsinhaberwechsel nicht verloren. Alles andere verstieße gegen den Schutzzweck von § 613 a BGB, der das Arbeitsverhältnis in seinem Bestand trotz Vertragspartnerwechsel erhalten will.

Schließlich ist noch zwischen der Betriebszugehörigkeit und der Anwendbarkeit des Kündigungsschutzgesetzes nach § 23 Abs. 1 S. 2 KSchG zu unterscheiden. Die Betriebsgröße ist der zutreffenden Rechtsprechung des BAG zufolge kein übergangsfähiges Recht aus dem Arbeitsverhältnis;[154] auch zählt es nicht zum Besitzstand des Arbeitnehmers, sondern ist lediglich abstrakt als Voraussetzung für die Anwendbarkeit des KSchG einzuordnen. Der Arbeitnehmer

---

152 Vgl. den Begriff bei WHSS/*Willemsen*: Teil G, Rn. 170.

153 BAG, 24.10.2013 – 2 AZR 1057/12, NZA 2014, 725, 729; BAG, 05.02.2004 – 8 AZR 639/02, NZA 2004, 845, 846; BAG, 27.06.2002 – 2 AZR 270/01, NZA 2003, 145, 146; DKL AR/*Bayreuther*: § 613 a BGB, Rn. 61; Staudinger/*Annuß*: § 613 a BGB, Rn. 153; MüKo BGB/*Müller-Glöge*: § 613 a BGB, Rn. 97; HWK/*Willemsen/Müller-Bonanni*: § 613 a BGB, Rn. 236; ErfK/*Preis*: § 613 a BGB, Rn. 76; *Beseler/Düwell*, Betriebsübergang, S. 95 ff.

154 BAG, 15.02.2007 – 8 AZR 397/06, NZA 2007, 739, 740; DKL AR/*Bayreuther*: § 613 a BGB, Rn. 60; jedoch sind die Beschäftigungszeiten der übernommenen Arbeitnehmer bei der Berechnung im Rahmen von § 23 Abs. 1 S. 2, 3 KSchG mit einzubeziehen, vgl. BAG, 23.05.2013 – 2 AZR 54/12, NZA 2013, 1197; ausführlich ebenso *Houben*, NJW 2010, 125, 125 ff.

kann sich also nicht auf § 23 KSchG berufen, wenn der Betrieb sich infolge eines Betriebsteilübergangs verkleinert und deshalb den Schwellenwert unterschreitet.

B. Ansprüche des Arbeitnehmers gegenüber Dritten

Neben Leistungszusagen des Arbeitgebers haben in den letzten Jahrzenten Zusagen zunehmend an Bedeutung gewonnen, die nicht vom Arbeitgeber, sondern von einem konzernverbundenen Unternehmen – meist der Konzernmutter – stammen. Im Gegensatz zum Rechtsverhältnis Arbeitgeber – Arbeitnehmer ist der Dritte nicht Teil des Arbeitsverhältnisses, auch wenn er ebenfalls mit Rücksicht auf den Bestand des Arbeitsverhältnisses (mit seiner Konzerntochter) leistet. Geht nun der Betrieb, in dem der Arbeitnehmer beschäftigt ist, nach § 613 a BGB auf ein konzernfremdes Unternehmen über, stellt sich die Frage nach dem Schicksal der dieser Leistung zugrundeliegenden Zusage. Hier kommt es entscheidend darauf an, wer die Leistung zugesagt hat.

I. Eigene Verpflichtung des Dritten

Der Dritte kann sich zunächst eigenständig zur Leistungserbringung verpflichtet haben. In Konstellationen, in denen der Dritte die Leistung wegen des Bestands des Arbeitsverhältnisses zwischen Arbeitgeber und Arbeitnehmer zusagt, führt die Anwendung der allgemeinen Grundsätze über das Schicksal von Leistungszusagen des Arbeitgebers nach einem Betriebsübergang nicht unmittelbar weiter, da der Dritte nicht Teil des Arbeitsverhältnisses ist. Entsprechend kann eine Verpflichtung des Dritten gegenüber dem Arbeitnehmer grundsätzlich nicht Teil des Arbeitsverhältnisses sein. Fraglich ist in diesen Sachverhalten, wie die Zusage eines Dritten im Betriebsübergang zu behandeln ist.

Gemäß § 18 Abs. 1 S. 1 AktG besteht ein Konzern aus einem herrschenden und einem oder mehreren abhängigen Unternehmen unter einheitlicher Leitung des herrschenden Unternehmens. Erforderlich ist dabei die rechtliche Selbstständigkeit der beteiligten Unternehmen, § 15 AktG. Dieses Merkmal hat jedoch keinerlei größere Bedeutung, sondern dient vielmehr der Klarstellung, dass die einzelnen Unternehmen als Vermögenseinheiten unterschiedlichen Rechtsträgern zuzuordnen sind.[155] Welche Art von Rechtspersönlichkeit den

155 ErfK/*Oetker*: § 15 AktG, Rn. 6; Koch AktG/*Koch*: § 15 AktG, Rn. 20; Spindler/Stilz, AktG/*Schall*: § 15 AktG, Rn. 56; Hölters/Weber AktG/*Hirschmann*: § 15 AktG, Rn. 10; KK-AktG/*Koppensteiner*: § 15 AktG, Rn. 94; MüKo AktG/*Bayer*: § 15 AktG,

Konzernunternehmen zukommt ist damit nicht erheblich, lediglich ist erforderlich, dass ihnen Rechte und Pflichten zugeordnet werden können.[156] Geradezu prädestiniert sind – wie oben bereits angesprochen – Leistungsversprechen in Konzernen.

Die Tatsache, dass unterschiedliche Rechtsträger bei der Konzernbildung verbunden werden, schlägt auch auf das Arbeitsrecht durch. Wäre es möglich, einen Konzern innerhalb eines Rechtsträgers zu formieren, dann wäre der Arbeitgeber sowohl Partei des Arbeitsverhältnisses mit dem Arbeitnehmer, als auch „Dritter" im Sinne eines Leistungsversprechenden. Diese Dopplung ist durch § 15 AktG ausgeschlossen, denn nach dieser Vorschrift stehen (konzern-) verbundene Unternehmen lediglich im Verhältnis zueinander in Mehrheitsbesitz, ohne dabei ihre rechtliche Selbstständigkeit zu verlieren. Das führt im Ergebnis dazu, dass eine Konzernmutter oder ein anderes, mit dem Arbeitgeberunternehmen konzernverbundenes Unternehmen, arbeitsrechtlich immer als „Dritter" zu qualifizieren ist. Dies führt zu Problemstellungen hinsichtlich der arbeitsrechtlichen Bindung des Dritten und auch den Konsequenzen eines Betriebsübergangs in diesen Fällen. In der Literatur[157] haben sich im Hinblick auf die Behandlung der Gewährung von Aktienoptionen durch Dritte im Betriebsübergang zwei gegensätzliche Theorien entwickelt: die Trennungstheorie und die Zurechnungstheorie.

Die dort entwickelten Grundsätze lassen sich auf alle Leistungsgegenstände bzw. deren Zusagen von konzernverbundenen Dritten verallgemeinern.[158]

Rn. 49; MüHdb GesellschaftsR/*Krieger*: § 69 AktG, Rn. 15; Emmerich/Habersack Aktien-/GmbH-KonzernR/*Emmerich*: § 15 AktG, Rn. 24.

156 KK-AktG/*Koppensteiner*: § 15 AktG, Rn. 55 ff.; Spindler/Stilz, AktG/*Schall*: § 15 AktG, Rn. 56.

157 *Lingemann/Diller/Mengel*, NZA 2000, 1191; *Lembke*, BB 2001, 1469; *Schnitker/Grau*, BB 2002, 2497; *Annuß/Lembke*, BB 2003, 2230; *Lipinski/Melms*, BB 2003, 150; *Willemsen/Müller-Bonanni*, ZIP 2003, 1177; *Steinau-Steinrück*, NZA 2003, 473; *Junker*, WuB IX. § 613 a BGB 1.03, 849; *Urban-Crell/Manger*, NJW 2004, 125; *Gaul/Naumann*, NZA 2011, 121; *Fuhlrott/Fabritius*, BB 2013, 1592; *Willemsen*, FS Herbert Wiedemann, S. 654 ff.; *Gulbins*, Unternehmensspezifische Vergütungsregelungen, S. 47 ff.; *Lützeler*, Aktienoptionen bei einem Betriebsübergang, S. 113 ff.; *Hartung*, Konzernweite Leistungen, S. 45 ff.; *Picot/Schnitker*, Unternehmenskauf und Restrukturierung, Teil I, Rn. 217; *Gaul*, Betriebs- und Unternehmensspaltung, § 13, Rn. 51; MüKo BGB/*Müller-Glöge*: § 613 a BGB, Rn. 92; WHSS/*Willemsen*: Teil G, Rn. 179; ErfK/*Preis*: § 613 a BGB, Rn. 73.

158 So auch, jedoch ohne Begründung: *Annuß/Lembke*, BB 2003, 2230, 2234; *Lembke*, BB 2003, 1071, 1072.

Ausganspunkt der Überlegung ist, dass sich sämtliche Leistungszusagen in einem Punkt gleichen: Sie alle werden aus der Motivation des Dritten gegeben, dem Arbeitnehmer des Tochterunternehmens einen Anreiz zu setzen, seine Produktivität zu steigern. Er soll durch seine größere Arbeitsleistung zu einer Verbesserung des Unternehmensergebnisses der Konzerntochter und somit mittelbar zur Umsatzsteigerung des Dritten als Konzernmutter beitragen. Des Weiteren einen alle Zusagen die Vorschriften, nach denen es zur rechtsgeschäftlichen Verpflichtung kommt. Der allgemeine Teil des BGB und des Schuldrechts kommt zur Anwendung, insbesondere bedarf es immer eines Angebots und einer Annahme, §§ 145 f. BGB. Es handelt sich stets um eine Vereinbarung zwischen dem Arbeitnehmer und dem Dritten – und zwar unabhängig von der in ihr zugesagten Leistung.

1. Trennungstheorie

Die ganz herrschende Meinung vertritt die so genannte Trennungstheorie.[159] Sie orientiert sich an einer strikten Trennung der Rechtsbeziehung des Arbeitnehmers mit dem Dritten von dem mit dem Arbeitgeber eingegangenen Arbeitsverhältnis. Dem Dogma der Relativität der Schuldverhältnisse folgend, habe das zur Konsequenz, dass eigenständig vom Dritten eingegangene Verpflichtungen keinerlei Einfluss auf das Arbeitsverhältnis haben, sondern rechtlich neben ihm stehen. Dies gelte auch, wenn die Verpflichtung (wie in der Praxis ausnahmslos) mit Rücksicht auf das Bestehen des Arbeitsverhältnisses eingegangen wird.

---

159 BAG, 16.01.2008 – 7 AZR 887/06, NZA 2008, 836; BAG, 12.02.2003 – 10 AZR 299/02, NZA 2003, 487; LAG München, 12.02.2009 – 3 Sa 833/08, NZG 2009, 1238; LAG Hessen, 19.11.2001 – 16 Sa 971/01, NZA-RR 2003, 316; LAG Düsseldorf, 03.03.1998 – 3 Sa 1452/97, NZA 1999, 981–913; DKL AR/*Bayreuther*: § 613 a BGB, Rn. 57; *Lingemann/Diller/Mengel,* NZA 2000, 1191, 1198; *Schnitker/Grau,* BB 2002, 2497, 2499; *Annuß/Lembke,* BB 2003, 2230, 2230 f.; *Willemsen/Müller-Bonanni,* ZIP 2003, 1177, 1180; *Piran,* DB 2003, 1065, 1067; *Junker,* WuB IX. § 613 a BGB 1.03, 849, 850 f.; *Steinau-Steinrück,* NZA 2003, 473, 474; *Driver-Polke/Melot de Beauregard,* BB 2004, 2350, 2350; *Urban-Crell/Manger,* NJW 2004, 125, 126; *Fuhlrott/Fabritius,* BB 2013, 1592, 1594 f.; *Mauroschat,* Aktienoptionsprogramme, S. 105 f.; *Franken,* Vergütung mittels Aktienoptionen, S. 218 f.; *Hartung,* Konzernweite Leistungen, S. 43 ff.; *Lützeler,* Aktienoptionen bei einem Betriebsübergang, S. 129 ff.; *Gulbins,* Unternehmensspezifische Vergütungsregelungen, S. 48 f.; *Picot/Schnitker,* Unternehmenskauf und Restrukturierung, Teil I, Rn. 217; WHSS/*Willemsen*: Teil G, Rn. 179; *Sieg/Maschmann,* Unternehmensumstrukturierung, Rn. 254; *Leuzinger,* Aktienoptionen im Arbeitsverhältnis, S. 319 ff.; *Stiegel,* Aktienoptionen als Vergütungselement, S. 71 f.

Die erste höchstrichterliche Entscheidung, in der die Trennungstheorie vertreten wurde, ist das so genannte „*Nokia-Urteil*" des BAG.[160] Das Gericht befasste sich mit der Frage, welche Konsequenzen sich aus einer Betriebsveräußerung durch die Konzerntochter auf Ansprüche aus einem Aktienoptionsplan, der von der Konzernmutter aufgelegt wurde, ergeben. Danach gehen die Ansprüche nicht auf den Betriebserwerber über. Zur Begründung wird ausgeführt, dass die Vereinbarung zwischen Arbeitnehmer und der Konzernmutter geschlossen werde, ohne dass die Tochtergesellschaft bzw. der Arbeitgeber beteiligt sei. Der Arbeitgeber wird also nicht selbst zur Leistungserbringung verpflichtet. Folglich ist eine Leistungszusage der Konzernmutter ohne Beteiligung des Arbeitgebers nicht Teil des Arbeitsverhältnisses, Ansprüche hieraus können nicht auf den Betriebserwerber übergeleitet werden.[161] Im Vorfeld sowie später gab es ähnliche Entscheidungen der Instanzgerichte und des BAG, in denen dieselbe Auffassung vertreten wird.[162]

2. *Zurechnungstheorie*

Die andere Ansicht vertritt die so genannte Zurechnungstheorie.[163] Ihr zufolge ist die Leistung durch eine Konzernmutter Arbeitsentgelt in Form einer Sonderzuwendung. Es wird argumentiert, dass der Arbeitsvertrag als Rechtsgrundlage anzusehen sei, was zur Folge habe, dass sowohl der Leistungsanspruch arbeitsrechtlicher Natur, als auch die gewährte Leistung als Arbeitsentgelt zu qualifizieren sei.[164] Es komme also zu einer Zurechnung des erhaltenen geldwerten Vorteils zur Tochtergesellschaft.[165] Diese Zurechnung sei geboten, da die Zuwendung überhaupt nur im Hinblick auf die Existenz des Arbeitsverhältnisses mit der Tochtergesellschaft erfolge.

---

160 BAG, 12.02.2003 – 10 AZR 299/02, NZA 2003, 487.

161 BAG, 12.02.2003 – 10 AZR 299/02, NZA 2003, 487, 489.

162 LAG Düsseldorf, 03.03.1998 – 3 Sa 1452/97, NZA 1999, 981–913; LAG Hessen, 19.11.2001 – 16 Sa 971/01, NZA-RR 2003, 316; BAG, 16.01.2008 – 7 AZR 887/06, NZA 2008, 836; LAG München, 12.02.2009 – 3 Sa 833/08, NZG 2009, 1238; wohl a.A., jedoch ohne Begründung: LAG Hessen, 14.08.2000 – 10 Sa 982/99, NJOZ 2001, 45, 48.

163 *Lipinski/Melms,* BB 2003, 150, 152 f.; Fitting BetrVG/*Fitting*: § 87 BetrVG, Rn. 424.

164 *Lipinski/Melms,* BB 2003, 150, 152.

165 *Franken,* Vergütung mittels Aktienoptionen, S. 217 ff.; *Annuß/Lembke,* BB 2003, 2230, 2231.

Begründet wird dies mit dem Argument, dass der Vertrag, der zwischen Konzernmutter und Arbeitnehmer geschlossen wird, nicht das Kausalgeschäft, sondern das Verfügungsgeschäft sei. Es würde gegen das Abstraktionsprinzip verstoßen, würde man diesen Vertrag (auch) als Kausalgeschäft ansehen. Da aber jedes Verfügungsgeschäft eines Rechtsgrunds bedarf, sei dieser der Arbeitsvertrag.[166]

3. *Stellungnahme*

Die Trennungstheorie ist allein schon deshalb dogmatisch überzeugend, weil es nicht zu einer Vermischung der verschiedenen Parteien und deren Verpflichtungen kommt. Der Betriebsveräußerer wird ohne sein Zutun nicht durch den Gewährungsvertrag verpflichtet, er muss sich das Verhalten seiner Konzernmutter nicht zurechnen lassen und der Vertrag ist nicht Teil des Arbeitsverhältnisses. Es ist nicht möglich, den Rechtsgrund für eine Leistung des konzernverbundene Dritten an den Arbeitgeber „weiterzureichen“. Anderenfalls würde es sich um einen unzulässigen Vertrag zu Lasten Dritter handeln und der Arbeitnehmer könnte sich bei Leistungszusagen der Konzernmutter letztlich trotzdem an seinen Arbeitgeber wenden. Schließlich ist dieser der Vertragspartner des Arbeitnehmers und hat in dieser Funktion die Pflichten aus dem Arbeitsverhältnis zu erfüllen. Im Ergebnis wäre dann die Leistungszusage des Dritten aber nur die Erfüllung einer arbeitsrechtlichen Pflicht. Dies geht jedoch an der Realität vorbei, denn die Leistungszusage durch eine Konzernmutter resultiert aus ihrer eigenständigen Verpflichtung, anderenfalls würde gar kein Drittbezug entstehen. Es bedarf keiner weiteren Ableitung.[167]

Im Betriebsübergang sind Leistungszusagen eines Dritten daher auch irrelevant. § 613 a BGB bewirkt nur den Übergang von Leistungsansprüchen, zu deren Erfüllung sich der Veräußerer bereits verpflichtet hatte. Es verstößt sowohl gegen den Grundsatz der Relativität der Schuldverhältnisse, als auch gegen den Zweck von § 613 a BGB, wenn den Erwerber Pflichten treffen würden, die der Veräußerer nicht hatte. Nichts anderes würde aber geschehen, würde man mit dem Betriebsübergang Verpflichtungen der Konzernmutter aus dem Gewährungsvertrag dem Erwerber aufbürden.

Dieses Ergebnis wird auch durch einen Vergleich mit Leistungen von vollkommen unbeteiligten Dritten gestützt. Eine solche Leistung ist beispielsweise

---

166 *Lipinski/Melms,* BB 2003, 150, 152.

167 So auch *Franken,* Vergütung mittels Aktienoptionen, S. 220 ff.; *Annuß/Lembke,* BB 2003, 2230, 2231; *Driver-Polke/Melot de Beauregard,* BB 2004, 2350, 2350.

das Trinkgeld, § 107 Abs. 3 GewO. Es handelt sich um eine Zuwendung des Kunden/Gasts, welcher ebenso ein Interesse an der Arbeitsleistung hat und diese gesondert honorieren möchte. Diese wird nicht durch Anweisung des Arbeitgebers getätigt, sondern aufgrund eigener Initiative; der Arbeitgeber kann die Zuwendung somit auch gar nicht verhindern.[168] Diese Zuwendung wird kein Teil der Gesamtvergütung, da anerkannt ist, dass Trinkgelder auch nicht aufgrund einer Verpflichtung des Arbeitgebers gegeben werden und folglich nicht Teil des Arbeitsverhältnisses sind.[169] Dass die Zuwendung gemäß § 107 Abs. 3 GewO „*ohne rechtliche Verpflichtung*" des Dritten getätigt wird, hindert die Vergleichbarkeit nicht. Genauso wie niemand auf die Idee käme, den Betriebserwerber nach dem Kauf eines Hotels oder Restaurants zur Gewährung von Trinkgeldern zu verpflichten, kann auch der Betriebserwerber nicht durch § 613 a BGB zur Gewährung von Leistungen gezwungen werden, die die Konzernmutter des Veräußerers zuvor aus Eigeninitiative erbracht hat.[170]

Auch die Tatsache, dass die Leistung als geldwerter Vorteil aus nichtselbstständiger Arbeit der Einkommenssteuerpflicht unterliegt,[171] also steuerrechtlich Entgelt ist, ändert nichts. Die Wertung des Steuerrechts, wonach eine Besteuerung mehrerer Rechtsverhältnisse unter dem Gesichtspunkt der wirtschaftlichen Leistungsfähigkeit vorgenommen wird, ist für das Zivilrecht nicht passend. Mit der steuerlichen Bewertung ist noch keine Aussage darüber getroffen, ob die Leistung arbeitsrechtliche Vergütung ist. Insbesondere kann die gesetzlich

---

168 *Willemsen*, FS Herbert Wiedemann, S. 659 ff.; *Mauroschat*, Aktienoptionsprogramme, S. 105 ff.

169 BAG, 28.06.1995 – 7 AZR 1001/94, NZA 1996, 252, 252 f.; ErfK/*Preis*: § 611 a BGB, Rn. 511. Eine Ausnahme hiervon ist nur dann zu machen, wenn der Arbeitslohn so niedrig ist, dass der Arbeitnehmer auf den Erhalt von Trinkgeldern angewiesen ist und diese bei der Bemessung der Höhe des Arbeitslohns vom Arbeitgeber berücksichtigt wurde, sowie wenn der Arbeitgeber das Trinkgeld selbst aufgrund besonderer arbeitsvertraglicher Vereinbarung schuldet. Steuerrechtlich wertet der BFH Trinkgelder als Teil der Gesamtvergütung, BFH, 24.10.1997 – VI R 23/94, DstR 1997, 2016.

170 *Annuß/Lembke*, BB 2003, 2230, 2231.

171 BFH, 24.01.2001 – I R 119/98, NZA-RR 2001, 376; BFH, 23.07.1999 – VI B 116/99, NZA 2000, 135; BFH, 21.03.1975 – VI R 55/73, BStBl II 1975, 690; BFH, 10.03.1972 – IV R 278/68, BStBl II 1972, 596; *Neyer*, BB 1999, 130, 130 f.; *Haupt*, GWR 2009, 258, 258; *Schanz*, NZA 2000, 626, 631.

angeordnete Besteuerung einer Aktienoption bei Ausübung[172] den fehlenden schuldrechtlichen Verpflichtungsgrund im Arbeitsverhältnis nicht ersetzen.

Hinzu kommt, dass – wie bereits oben ausgeführt[173] – auch in Fällen, in denen der Arbeitgeber dem Arbeitnehmer Leistungen aufgrund eigener Verpflichtung gewährt, zwischen dem arbeitsrechtlichen Anspruch auf Abschluss eines „nicht-arbeitsrechtlichen" Vertrags und diesem Vertrag selbst, unterschieden werden muss. Dieser Grundsatz ist auch auf Leistungszusagen konzernverbundener Unternehmen anwendbar. Hier ist die Vereinbarung schon allein deswegen „nicht-arbeitsrechtlich", weil sie nicht zwischen den Parteien des Arbeitsverhältnisses geschlossen worden ist. Insofern ist der Übergang von Verpflichtungen von konzernverbundenen Unternehmen im Betriebsübergang ausgeschlossen.[174]

Weiter werden auch die Bedenken, der Schutzmechanismus von § 613 a BGB würde umgangen,[175] wenn die Ansprüche aus dem „nicht-arbeitsrechtlichen" Vertrag nicht Teil des Betriebsübergangs seien, entkräftet. Der Vertrag ist rechtlich als neben dem Arbeitsverhältnis stehend einzuordnen und nicht Teil dessen Rechte und Pflichten. Was gar nicht erst Teil der Rechte und Pflichten im Sinne von § 613 a BGB ist, auf das findet die Vorschrift auch keine Anwendung. Außerdem kann aus einer Ausgestaltung des Vertrags ohne Bindung zum Arbeitsverhältnis nicht gefolgert werden, dass § 613 a BGB umgangen werden soll.[176]

Letztlich steht dieses Ergebnis auch nicht im Widerspruch zur oben vertretenen Lehre vom Zuwendungselement.[177] Zwar befindet sich wie auch im dortigen Zweipersonenverhältnis zwischen Arbeitgeber und Arbeitnehmer die vertragliche Verpflichtung außerhalb des Arbeitsverhältnisses. Auch verpflichtet sich der Dritte nur, weil zwischen dem Arbeitgeber und dem Arbeitnehmer ein Arbeitsverhältnis besteht. Allerdings hat die Personenverschiedenheit zwischen Arbeitgeber als Partei des Arbeitsvertrags und Drittem als Partei des „nicht-arbeitsrechtlichen" Vertrags zur Folge, dass Leistungszusagen des Dritten, selbst wenn sie zu vergünstigten Konditionen gegeben werden, nicht Teil

---

172 BAG, 12.02.2003 – 10 AZR 299/02, NZA 2003, 487, 489; *Urban-Crell/Manger*, NJW 2004, 125, 126; *Annuß/Lembke*, BB 2003, 2230, 2231; a.A.: *Lipinski/Melms*, BB 2003, 150, 153.

173 Siehe oben, Kapitel 2:A.II.3.

174 Für den Optionsvertrag *Franken*, Vergütung mittels Aktienoptionen, S. 218 ff.

175 So jedoch: *Lipinski/Melms*, BB 2003, 150, 153 f.

176 BAG, 12.02.2003 – 10 AZR 299/02, NZA 2003, 487, 489; *Urban-Crell/Manger*, NJW 2004, 125, 126.

177 Siehe oben, Kapitel 2:A.II.2. und 3.

des Arbeitsverhältnisses werden – gerade weil sie von einem Dritten abgegeben worden sind. Um eine Verpflichtung jedoch als arbeitsrechtlich zu qualifizieren, muss sie notwendigerweise von einer Partei des Arbeitsverhältnisses (im weiteren Sinne) eingegangen worden sein. Anders als im Zweipersonenverhältnis ist der Dritte hier jedoch überhaupt nicht Teil des Arbeitsverhältnisses, weswegen von ihm eingegangene Leistungsverpflichtungen nie arbeitsrechtlicher Natur sein können.[178]

Im Ergebnis ist die Trennungstheorie klar vorzugswürdig. Sie bietet eine dogmatisch überzeugende, klare Abgrenzungsmöglichkeit bei Leistungen Dritter aufgrund eigener Verpflichtung. Da der Dritte nicht Teil des Arbeitsverhältnisses ist, kann eine durch ihn eingegangene Leistungsverpflichtung nicht Teil der Rechte und Pflichten aus dem Arbeitsverhältnis im Sinne des § 613 a BGB sein. Sie steht vielmehr losgelöst neben dem Arbeitsverhältnis. Dementsprechend tritt der Erwerber eines Betriebs nicht in durch einen Dritten zugesagte Leistungen ein. Die Verpflichtung verbleibt beim Dritten.

II. Gleichzeitige Verpflichtung des Arbeitgebers und des Dritten

Neben der alleinigen Verpflichtung des Dritten ist weiter denkbar, dass dieser sich zusätzlich zum Veräußerer gegenüber dem Arbeitnehmer verpflichtet. In diesem Fall kann es zur Durchbrechung der Trennungstheorie kommen. Hierzu hat das Bundesarbeitsgericht bereits in seinem Grundsatzurteil im Jahr 2003 einschränkend ausgeführt, dass „*Ansprüche aus dieser Vereinbarung [dem Aktienoptionsplan]* ***grundsätzlich*** *nur gegenüber dem vertragsschließendem Konzernunternehmen geltend gemacht werden […]*“ können.[179] Das Gericht erkannte demnach die Möglichkeit, dass Aktienoptionen trotzdem als Teil der arbeitsvertraglich geschuldeten Vergütung zu qualifizieren sind.

Einen Fall der Mitverpflichtung hatte das BAG im Jahr 2008 zu entscheiden: Der Kläger nahm seinen (ehemaligen) Arbeitgeber auf Leistungen aus einem von der Konzernmutter des Arbeitgebers aufgelegten Aktienoptionsplan in Anspruch. Der Arbeitgeber hatte infolge eines Betriebsübergangs gewechselt. Sein Rechtsvorgänger hatte dem Kläger mitgeteilt, ihm aufgrund des Aktienoptionsplans unentgeltlich Bezugsrechte aus dem Aktienoptionsplan der Konzernmutter zu gewähren. Obwohl die Klage letztlich an der Wirksamkeit von im Optionsplan festgeschriebenen Bindungs-, Ausgleichs- und Verfallsklauseln

---

178 *Franken,* Vergütung mittels Aktienoptionen, S. 218 ff.

179 BAG, 12.02.2003 – 10 AZR 299/02, NZA 2003, 487, 489. Die Hervorhebung ist durch den Autor erfolgt.

scheiterte, ist bereits im 4. Orientierungssatz festgehalten, dass Bezugsrechte, die *„dem Arbeitsnehmer nicht ausschließlich von der emittierenden Muttergesellschaft, sondern jedenfalls auch vom Arbeitgeber“* zugesagt worden sind, *„Bestandteil der arbeitsvertraglichen Vergütung“* sind.[180] Jedoch war zwischen den Beteiligten zu keinem Zeitpunkt streitig, ob es sich um Ansprüche aus dem Arbeitsverhältnis handelt, weswegen es an weitergehenden Ausführungen des Senats zu dieser Frage fehlt. Wann eine gleichzeitige Verpflichtung von Arbeitgeber und Drittem existiert, blieb damit offen. Klar ist indes, dass keine Vermutung für eine (Mit-) Verpflichtung des Arbeitgebers in tatsächlicher oder rechtlicher Hinsicht besteht.[181] Vielmehr ist eine konkrete Vereinbarung zwischen Arbeitgeber und Arbeitnehmer erforderlich, aus der sich eine (Mit-) Einbeziehung des Arbeitgebers in die Zusage des konzernverbundenen Dritten ergibt. Eine bloß gewöhnliche Involvierung des Arbeitgebers im notwendigen Umfang der Verpflichtung des Dritten reicht hier noch nicht aus.[182]

In welchen Sachverhalten eine solche Vereinbarung anzunehmen ist, bestimmt sich anhand der allgemeinen Grundsätze und hängt vom Einzelfall ab.[183] Allgemein gesprochen kommt es maßgeblich darauf an, zwischen einer reinen Information bzw. Absichtserklärung und einer Zusage zu differenzieren. Das Kernelement, das die rechtsverbindliche Zusage ausmacht, ist der Rechtsbindungswille des Zusagenden. Das Vorliegen ist durch Auslegung der Erklärung des Zusagenden gemäß §§ 133, 157 BGB zu ermitteln. Maßgeblich ist der wahre Wille des Erklärenden, wobei alle tatsächlichen Begleitumstände sowie der Empfängerhorizont zu berücksichtigen sind.[184] Ein Beispiel für eine übliche Involvierung des Arbeitgebers, aus der sich keine Verpflichtung entnehmen lässt, ist die Aufnahme des Geldwerts der Ausübung der Aktienoption in die Gehaltsabrechnung des Arbeitnehmers zum Zwecke der Lohnsteuerabrechnung.[185] Komplizierter hingegen sind Schreiben des Arbeitgebers, in denen auf einen Aktienoptionsplan hingewiesen, über einen solchen informiert oder

180 BAG, 28.05.2008 – 10 AZR 351/07, NZA 2008, 1066.

181 BAG, 12.02.2003 – 10 AZR 299/02, NZA 2003, 487, 489.

182 Ebenso *Lembke,* BB 2003, 1071, 1072.

183 *Annuß/Lembke,* BB 2003, 2230, 2232; *Franken,* Vergütung mittels Aktienoptionen, S. 221 ff.

184 BAG, 26.09.2002 – 6 AZR 434/00, NZA 2003, 435, 435 f.

185 Dies begründet sich dadurch, dass – wie oben ausgeführt – das Arbeitsentgelt aus arbeitsrechtlicher Sicht gänzlich anders zu behandeln ist, als aus steuerrechtlicher Sicht. Siehe auch LAG München, 12.02.2009 – 3 Sa 833/08, NZG 2009, 1238; BAG, 03.05.2006 – 10 AZR 310/05, NZA-RR 2006, 582, 586.

vorgeschaltet, die Absicht, ein bestehendes Bonussystem durch einen Aktienoptionsplan zu ersetzen, bekannt gemacht wird.

Die Rechtsprechung hat bislang entschieden, dass weder eine arbeitsvertragliche Formulierung, nach der *vorgesehen* ist, ein Carried-Interest-Modell einzuführen[186], noch ein Schreiben des Arbeitgebers, in dem über tatsächliche Umstände, Meinungen oder Rechtsansichten zu Aktienoptionen *informiert* wird[187] eine Verpflichtung des Arbeitgebers konstituieren. Gleiches gilt für so genannte „*Notification Sheets*", die (sogar) von der Konzernmutter verfasst worden sind.[188] Die Schwelle zur Zusage ist also dann nicht überschritten, wenn deutlich wird, dass es sich um eine Information oder eine Absichtserklärung des Arbeitgebers handelt und der Arbeitnehmer die Erklärung nicht als rechtsverbindlich verstehen konnte.[189] In diesen Fällen bleibt es bei der alleinigen Verpflichtung des Dritten, die nicht zu den Rechten und Pflichten aus dem Arbeitsverhältnis im Sinne von § 613 a BGB gehört. Gelangt man nach Auslegung der Erklärung zum gegenteiligen Ergebnis, so werden die Ansprüche aus der Vereinbarung mit dem Dritten durch die zusätzliche Verpflichtung des Arbeitgebers mit in das Arbeitsverhältnis „hineingezogen". In diesem Fall richtet sich das Schicksal der Leistungsverpflichtung im Betriebsübergang nach den Grundsätzen, die für Arbeitgeberzusagen gelten.

Der Einbezug des Arbeitgebers bewirkt damit, dass die Leistungszusage grundsätzlich übergangsfähig wird und vom Erwerber – vorbehaltlich anderer ausdrücklicher Vereinbarungen, einer Leistungsbefreiung aufgrund Unmöglichkeit oder Vertragsanpassung nach § 313 BGB – zu erfüllen ist. Der Betriebsübergang beeinflusst die Verpflichtung des Dritten dabei nicht.

III. Zwischenergebnis

Sagt ein Dritter dem Arbeitnehmer eine Leistung zu, ist strikt zwischen dem Arbeitsverhältnis und dem Rechtsverhältnis zwischen Drittem und Arbeitnehmer zu trennen. Hat sich der Dritte alleinig zur Leistungsgewährung an den Arbeitnehmer verpflichtet, so berührt ein etwaiger Betriebsübergang

186 BAG, 03.05.2006 – 10 AZR 310/05, NZA-RR 2006, 582, 585.

187 LAG München, 12.02.2009 – 3 Sa 833/08, NZG 2009, 1238. Im Fall handelte es ich um ein (auf Englisch verfasstes) Schreiben, in dem die Gewährung von Optionen der Konzernmutter mit dem Wort „advise" angekündigt wurde. Für das Gericht bedeutete dies im Zusammenhang mit dem Schreiben „informieren".

188 LAG München, 12.02.2009 – 3 Sa 833/08, NZG 2009, 1238.

189 *Hartung*, Konzernweite Leistungen, S. 47 ff.

diese Leistungsverpflichtung grundsätzlich nicht (Trennungstheorie). Da kein Arbeitsverhältnis zwischen dem Dritten und dem Arbeitnehmer besteht, kann es nicht zur Zurechnung der Zusage hierzu kommen. Da diese Verpflichtung nicht Teil des Arbeitsverhältnisses wird, gehören sie auch nicht zu den Rechten und Pflichten aus dem Arbeitsverhältnis nach § 613 a BGB. Sie geht im Betriebsübergang nicht auf den Erwerber über und spielt so für ihn keine Rolle. Von diesem Grundsatz ist eine Ausnahme zu machen, wenn sich der Arbeitgeber zusätzlich zur Leistungserbringung mitverpflichtet hat.

C. Zusammenfassung

Geht ein Betrieb vom Veräußerer auf den Erwerber über, ordnet § 613 a Abs. 1 S. 1 BGB an, dass sich die „*Rechte und Pflichten aus dem Arbeitsverhältnis*" nach einem Betriebsübergang gemäß § 613 a Abs. 1 S. 1 BGB gegen den Erwerber richten. In der Praxis werden Ansprüche des Arbeitnehmers gegen seinen Arbeitgeber ganz unterschiedlich hergeleitet: Zum einen können Ansprüche durch individualarbeitsrechtliche Vereinbarungen zwischen den Parteien des Arbeitsverhältnisses konstituiert werden. Zum anderen gibt es Ansprüche aus kollektivarbeitsrechtlichen Vereinbarungen, § 613 a Abs. 1 S. 2–4 BGB. Durch ihre normative Wirkung begründen diese Arbeitnehmeransprüche, ohne dass der Arbeitnehmer als Individuum Teil der Vereinbarung wird. Zudem kann der Arbeitnehmer auch Ansprüche aufgrund von Pflichtverletzungen des Arbeitgebers erhalten.

Verpflichtungen aus „nicht-arbeitsrechtlichen" Vereinbarungen sind dem Betriebsübergang grundsätzlich nicht zugänglich, da die Vereinbarung selbstständig und außerhalb des Arbeitsverhältnisses existiert. Falls Arbeitnehmer und Arbeitgeber sie indes wegen des Arbeitsverhältnisses zu vergünstigten Konditionen geschlossen haben, beinhaltet die Vereinbarung ein so genanntes besonderes Zuwendungselement. Dieser Teil der Vereinbarung ist unabhängig vom Rest als arbeitsrechtlich einzuordnen. Nur dieses Zuwendungselement geht bei einem Inhaberwechsel nach § 613 a Abs. 1 S. 1 BGB auf den Erwerber über. Damit erweisen sich zusätzlich zum Arbeitsverhältnis geschlossene Verträge zwischen Arbeitgeber und Arbeitnehmer, die auf einen kontinuierlichen Leistungsaustausch gerichtet sind, als besonders problematisch. Hierzu gehören insbesondere Miet-, Leih- und Arbeitgeberdarlehensverträge. Verträge mit nur punktuellem Leistungsaustausch (Kauf-, Werk- und Dienstverträge) sind hingegen unkomplizierter: Hat der Veräußerer den Anspruch daraus bereits erfüllt, gibt es kein übergangsfähiges besonderes Zuwendungselement mehr, das auf den Erwerber übergehen kann.

Hat nicht der Arbeitgeber, sondern ein Dritter dem Arbeitnehmer eine Leistung zugesagt, ist diese generell nicht als „nicht-arbeitsrechtliche" Vereinbarung anzusehen. Im Betriebsübergang kann sie daher auch nicht auf den Betriebserwerber übergehen. Dies gilt nicht, wenn sich Arbeitgeber und Dritter gemeinsam zu einer Leistung an den Arbeitnehmer verpflichtet haben.

Kapitel 3: Ausnahme: Die Befreiung des Erwerbers von der Leistungspflicht

Wie gezeigt, tritt der Erwerber mit der Übernahme des Betriebs grundsätzlich in alle übergangsfähigen Leistungsverpflichtungen des Veräußerers ein. Hiervon kann auf unterschiedliche Weise zu verschiedenen Zeitpunkten abgewichen werden:

1. Einerseits kann im Verhältnis Veräußerer – Arbeitnehmer die Einstandspflicht des Erwerbers durch die Aufnahme so genannter Verfallsklauseln bereits vor dem Betriebsübergang ganz verhindert werden (hierzu Kapitel 3:A.).
2. Andererseits kann die Leistungspflicht nach einem Betriebsübergang im Verhältnis Erwerber – Arbeitnehmer verändert werden (hierzu Kapitel 3:B).
3. Schließlich kann es an ausdrücklichen Vereinbarungen fehlen. Hier könnten sich gegebenenfalls Ausnahmen durch eine Auslegung der Arbeitgeberzusage oder aufgrund Gesetzes ergeben (hierzu Kapitel 3:C).

A. Vor dem Betriebsübergang: Verfallsklauseln

Die Vereinbarung einer Verfallsklausel ermöglicht es dem Arbeitgeber, bereits im Vorfeld und ohne konkreten Anlass Rahmenbedingungen im Arbeitsverhältnis vorzugeben, außerhalb derer ein durch eine Zusage entstandener Anspruch des Arbeitnehmers erlischt. Es handelt sich bei einer Verfallsklausel um eine auflösende Bedingung gemäß § 158 Abs. 2 BGB.[190] An welchen Bezugspunkt diese Bedingung ansetzt, ist dabei nicht zwingend vorgegeben. So ist es einerseits möglich, die Klausel allgemein zu formulieren (z.B. Nichtbestehen des Arbeitsverhältnisses zum maßgeblichen Zeitpunkt). Andererseits können auch bestimmte Ereignisse – z.B. der Betriebsinhaberwechsel – zum Gegenstand der Bedingung gemacht werden.

Führt der Betriebsinhaberwechsel dazu, dass die Bedingung einer Verfallsklausel eintritt und es zum Wegfall der Arbeitnehmeransprüche kommt, ist fraglich, ob dies gegen den Schutzzweck von § 613 a BGB verstößt. Das würde im

190 Vgl. BAG, 28.05.2008 – 10 AZR 351/07, NZA 2008, 1066, 1073; OLG München, 14.01.1998 – 3 U 3479/97, NJW-RR 1998, 1663, 1664.

Ergebnis auf eine generelle Unwirksamkeit derartiger Verfallsklauseln gemäß § 134 BGB hinauslaufen.

Hierzu finden sich unterschiedliche Auffassungen: Teilweise wird die Unwirksamkeit von Verfallsklauseln damit begründet, dass es für § 613 a BGB auf das Arbeitsverhältnis ankomme. In dieses würde anlässlich des Vertragspartnerwechsels zweckwidrig eingegriffen, ließe man Verfallsklauseln zu.[191] Für die Zulässigkeit solcher präventiv wirkenden Klauseln gebe es keinen sachlichen Grund; außerdem beweise die Unwirksamkeit von nachträglichen Erlassvereinbarungen bereits das Gegenteil.[192] Andere Stimmen gehen hingegen im Zusammenhang von Aktienoptionszusagen davon aus, dass Verfallsklauseln wirksam vereinbart werden können.[193] Im Folgenden wird allgemein untersucht werden, welche Auswirkungen § 613 a Abs. 1 S. 1 BGB auf die Vereinbarkeit von derartigen Klauseln hat. Dabei kommt es insbesondere darauf an, worauf sich die Verfallsklausel bezieht. Einerseits kann die Klausel den Verfall von Ansprüchen aus dem Arbeitsverhältnis im Sinne des § 613 a BGB anordnen. Auf der anderen Seite kann sich die Klausel auch innerhalb einer „nicht-arbeitsrechtlichen" Vereinbarung, die der Erfüllung des arbeitsrechtlichen Anspruchs dient, befinden.

I. Verfallsklauseln in der „nicht-arbeitsrechtlichen" Vereinbarung

In der Praxis spielen Verfallsklauseln in Gewährungsverträgen über Aktienoptionen eine überragende Rolle. Der Gewährungsvertrag gehört nicht zu den Rechten und Pflichten aus § 613 a BGB,[194] sodass hier auch kein Konflikt entsteht. § 613 a BGB wird nicht unzulässig umgangen.[195] Die Verfallsklausel verbleibt als Teil des Gewährungsvertrags im Rechtsverhältnis zwischen dem Veräußerer und dem Arbeitnehmer. Gleiches gilt für alle „nicht-arbeitsrechtlichen" Vereinbarungen.

---

191 *Tappert,* NZA 2002, 1188, 1192 f.; *Nehls/Sudmeyer,* ZIP 2002, 201, 205.

192 *Tappert,* NZA 2002, 1188, 1193; *Nehls/Sudmeyer,* ZIP 2002, 201, 205 f.

193 *Bauer/Göpfert/Steinau-Steinrück,* ZIP 2001, 1129, 1132; *Willemsen/Müller-Bonanni,* ZIP 2003, 1177, 1182; *Lembke,* BB 2001, 1469, 1474; *Schnitker/Grau,* BB 2002, 2497, 2502 f.; *Mechelm/Melms,* DB 2000, 1614; *Urban-Crell/Manger,* NJW 2004, 125, 127 f.

194 Siehe oben, Kapitel 2:A.III.2.b).

195 LAG München, 06.06.2007 – 10 Sa 1349/06, juris (nicht veröffentlicht); *Hartung,* Konzernweite Leistungen, S. 118 ff.; *Fach*: Die Zulässigkeit von Bindungsklauseln im Rahmen von Aktienoptionsprogrammen, S. 225 f.; *Urban-Crell/Manger,* NJW 2004, 125, 127 f.; *Willemsen/Müller-Bonanni,* ZIP 2003, 1177, 1182.

Die Wirksamkeit von darin enthaltenen Verfallsklauseln bemisst sich dann unabhängig vom Betriebsübergang an den §§ 305 ff. BGB, sofern sie als allgemeine Geschäftsbedingung zu qualifizieren sind.[196] Das wird regelmäßig der Fall sein. Der Maßstab der Kontrollfähigkeit ergibt sich aus § 307 Abs. 3 S. 1 BGB. Nur Klauseln, durch die von Rechtsvorschriften abweichende oder diese ergänzende Regelungen vereinbart werden, unterliegen der Inhaltskontrolle. Regelt eine AGB dagegen die vertraglichen Hauptleistungspflichten, wie zum Beispiel Arbeitsleistung, -zeit, oder Vergütung, handelt es sich um so genannte leistungsbestimmende bzw. leistungsbeschreibende Klauseln. Sie sind der AGB-Kontrolle entzogen.[197] Ohne sie könnte nämlich ein wirksamer Vertragsschluss nicht mehr angenommen werden.[198] Bestimmungen, die die Hauptleistungspflichten einschränken oder modifizieren, ohne dass hierfür gesetzliche Vorschriften bestehen, gehören indessen nicht mehr zu einer leistungsbeschreibenden Klausel.[199] Sie sind voll kontrollfähig.

Ausdrückliche Verfallsklauseln für Leistungszusagen des Arbeitgebers sind nicht als rein leistungsbeschreibende Klauseln zu werten. Sie dienen dazu, eine separat statuierte Leistungsverpflichtung unter eine auflösende Bedingung zu stellen, deren Eintritt bei Abschluss des Vertrages ungewiss ist. Damit unterliegen sie uneingeschränkt der Inhaltskontrolle. Hierbei werden die Klauselverbote des § 309 BGB nicht relevant. Allerdings lohnt sich ein kritischer Blick auf die §§ 308 Nr. 4 bzw. 307 Abs. 1 und 2 BGB. Während bei einem Änderungsvorbehalt ein Recht des Verwenders, von seinem Leistungsversprechen abzuweichen vereinbart wird, stellt § 307 Abs. 1 und 2 BGB auf eine unangemessene Benachteiligung nach Treu und Glauben ab. Dabei ist nicht vollständig geklärt, in welchem Verhältnis beide Vorschriften zueinander stehen.[200] Auf eine Entscheidung kommt es allerdings nicht an, wenn § 308 Nr. 4 BGB hier ohnehin nicht einschlägig ist. Die Verfallsklausel ist als auflösende Bedingung kein

---

196 Siehe insbesondere ausführlich *Mauroschat*, Aktienoptionsprogramme, S. 167 ff.; *Hartung*, Konzernweite Leistungen, S. 118 f.; *Urban-Crell/Manger*, NJW 2004, 125, 128.

197 BAG, 31.08.2005 – 5 AZR 545/04, NZA 2006, 324, 328; BGH, 30.06.1995 – V ZR 184/94, NJW 1995, 2637, 2638; ErfK/*Preis*: §§ 305–310 BGB, Rn. 36; MüKo BGB/*Wurmnest*: § 307 BGB, Rn. 13; *Preis/Deutzmann*, NZA Beilage 2017, 101, 103; GvW AGB-Klauselwerke/*Thüsing*: Arbeitsverträge, Rn. 70.

198 BGH, 30.06.1995 – V ZR 184/94, NJW 1995, 2637, 2638.

199 BAG, 31.08.2005 – 5 AZR 545/04, NZA 2006, 324, 328; MüKo BGB/*Wurmnest*: § 307 BGB, Rn. 13.

200 Zu den Einzelheiten: ErfK/*Preis*: §§ 305–310 BGB, Rn. 53; *Mauroschat*, Aktienoptionsprogramme, S. 171 f.

Änderungsvorbehalt im Sinne des § 308 Nr. 4 BGB, da der Arbeitgeber nicht das Recht erhält, von seinem Versprechen abzuweichen, sondern einen Weg sucht, sich ganz von der Verpflichtung lösen zu können.[201] Eine auflösende Bedingung beeinflusst den Anspruch dagegen dahingehend, dass der frühere Rechtszustand wieder eintritt.[202] Demnach ist die Wirksamkeit der AGB an § 307 BGB zu messen. Geht es um Aktienoptionen, ist bei der Interessenabwägung die häufig vertretene[203] Abgrenzung zwischen den einzelnen Stadien der Aktienoption (Wartezeit, Ausübungszeitraum, Sperrfrist) von entscheidender Bedeutung.

II. Verfallsklauseln in arbeitsrechtlichen Vereinbarungen

1. AGB-Kontrolle

Geht es um einen Anspruch, der Teil der Rechte und Pflichten aus dem Arbeitsverhältnis ist und sich somit nach dem Inhaberwechsel gegen den Erwerber richtet, ist die Vereinbarkeit einer Verfallsklausel ebenfalls an den §§ 305 ff. BGB zu messen. Hinsichtlich der Inhaltskontrolle der Klausel gemäß § 307 BGB ist zwischen formellen[204] und inhaltlichen Anforderungen zu trennen. Insbesondere darf eine Klausel inhaltlich nicht so weitgehend sein, dass der Arbeitnehmer durch sie unangemessen benachteiligt wird. Die Frage, wann eine unangemessene Benachteiligung vorliegt, beantwortet die ständige Rechtsprechung beim Widerrufsvorbehalt wie folgt:[205] Das BAG hält Widerrufsvorbehalte für unzulässig, die – sofern es sich um Vergütung im engeren Sinne[206] handelt – 25 % der Gesamtvergütung des Arbeitnehmers ausmachen. Bei Vergütung im weiteren Sinne erhöht sich die Grenze auf 30 %. Widerrufsvorbehalte,

---

201 *Mauroschat,* Aktienoptionsprogramme, S. 172 ff.; ähnlich auch *Binder*: Bindungs- und Verfallklauseln in der Mitarbeiterkapitalbeteiligung, S. 95 f.

202 Grüneberg/*Ellenberger*: § 158 BGB, Rn. 2.

203 *Fach,* Die Zulässigkeit von Bindungsklauseln, S. 221 ff.; *Mechelm/Melms,* DB 2000, 1614; *Willemsen/Müller-Bonanni,* ZIP 2003, 1177, 1182; *Schnitker/Grau,* BB 2002, 2497, 2502 f.; *Bauer/Göpfert/Steinau-Steinrück,* ZIP 2001, 1129, 1132.

204 Hiermit sind insbesondere Fragen der Formulierung und Ausführlichkeit der Klausel gemeint. Diese Seite der AGB-Kontrolle wird noch eingehend unten behandelt, siehe Kapitel 3:C.II.1.c)bb).

205 BAG, 24.01.2017 – 1 AZR 772/14, NZA 2017, 931, 932 f.; BAG, 24.01.2017 – 1 AZR 774/14, NZA 2017, 777, 778; BAG, 21.03.2012 – 5 AZR 651/10, NZA 2012, 616, 617; BAG, 11.10.2006 – 5 AZR 721/05, NZA 2007, 87, 89; BAG, 12.01.2005 – 5 AZR 364/04, NZA 2005, 465, 467; vgl. dazu auch *Bayreuther,* ZIP 2007, 2009.

206 Siehe dazu eingehend unten, Kapitel 3:C.I.2.

die darüber hinausgehen, greifen in so starkem Maße in den Kernbereich des Arbeitsverhältnisses ein, dass sie den Arbeitnehmer über das zumutbare Maß hinaus benachteiligen, weil sie das Wirtschaftsrisiko einseitig auf den Arbeitnehmer verschieben.[207] Hier stehen das Interesse des Arbeitgebers, bei Fortfall des Betriebs von seiner Leistungspflicht befreit zu werden sowie das Interesse an einer Flexibilisierung der Vergütungsstruktur zurück.

Diese Grundsätze lassen sich auf Verfallsklauseln in arbeitsrechtlichen Vereinbarungen übertragen. Auch hier handelt es sich um eine Klausel, die für den Arbeitnehmer den teilweisen Verlust seines Vergütungsanspruchs bestimmt. Entsprechend ist ihm auch hier ein Mindestmaß an Schutz zu gewähren. Dieses Mindestmaß ist – wie auch beim Widerruf – der Kernbereich des Arbeitsverhältnisses, in den nicht ohne (Änderungs-)Kündigung eingegriffen werden darf.[208] Klauseln, die hierin eingreifen sind nach § 134 BGB nichtig.

2. *Vereinbarkeit mit § 613 a BGB*

Weil die Klausel in einer arbeitsrechtlich einzuordnenden Vereinbarung enthalten ist, ist ihre Wirksamkeit zusätzlich an § 613 a BGB zu überprüfen. Die Vorschrift dient der Besitzstandswahrung[209] des Arbeitnehmers. Wirtschaftlich betrachtet wird dieser Zweck verfehlt, wenn Arbeitnehmeransprüche verfallen. Das kann auch nicht mit einem Vergleich mit der Zulässigkeit von Verfallsklauseln bei bloßem Nichtbestehen des Arbeitsverhältnisses gerechtfertigt werden.[210] Es spricht viel dafür, Verfallsklauseln für Betriebsübergänge generell abzulehnen, denn das Arbeitsverhältnis zerfällt nach dem Telos des § 613 a BGB gerade nicht in verschiedene Abschnitte, in denen jeweils Veräußerer und Erwerber Vertragspartner sind.[211] Vielmehr *tritt* der Erwerber in das Arbeitsverhältnis mit dem Arbeitnehmer *ein*. Es kommt zu einer gesetzlichen Überleitung auf den Erwerber.[212] Er ist damit an alle Zusagen, die der Veräußerer

---

207 BAG, 24.01.2017 – 1 AZR 772/14, NZA 2017, 931, 933; BAG, 11.10.2006 – 5 AZR 721/05, NZA 2007, 87, 89.

208 BAG, 21.04.1993 – 7 AZR 297/92, NZA 1994, 476, 476.

209 ErfK/*Preis*: § 613 a BGB, Rn. 2; MüKo BGB/*Müller-Glöge*: § 613 a BGB, Rn. 6; Staudinger/*Annuß*: § 613 a BGB, Rn. 7.

210 So aber wohl *Hartung*, Konzernweite Leistungen, S. 119 ff.

211 WHSS/*Willemsen*: Teil G, Rn. 179; *Tappert*, NZA 2002, 1188, 1190; *Schnitker/Grau*, BB 2002, 2497, 2498; a.A. *Bauer/Göpfert/Steinau-Steinrück*, ZIP 2001, 1129.

212 DKL AR/*Bayreuther*: § 613 a BGB, Rn. 1; ErfK/*Preis*: § 613 a BGB, Rn. 3; MüKo BGB/*Müller-Glöge*: § 613 a BGB, Rn. 6; Staudinger/*Annuß*: § 613 a BGB, Rn. 3.

gegenüber der Belegschaft gemacht hat, gebunden. Aus dieser Perspektive ist es für das Bestehen von Arbeitnehmeransprüchen aus den Zusagen – überspitzt formuliert – vollkommen unerheblich, ob es überhaupt einen Betriebsinhaberwechsel gegeben hat. Es ändert sich lediglich die Identität des Forderungsadressaten. Ließe man Verfallsklauseln zu, würde damit mittelbar doch zwischen der Zeit vor und nach dem Betriebsübergang differenziert.[213]

Andererseits kann dieser Konflikt noch nicht zur Entziehung jeglicher Dispositionsbefugnis über einmal gegebene Leistungszusagen führen. Vielmehr ist auch zu berücksichtigen, dass Verfallsklauseln, soweit sie den Erwerber betreffen, präventive Wirkung entfalten sollen. Der Arbeitnehmeranspruch verfällt nicht erst, nachdem der Erwerber zum Schuldner geworden ist, sondern der Erwerber soll nie Schuldner des Anspruchs werden, weil der Anspruch bereits in dem Moment verfällt, in dem das Arbeitsverhältnis zum Veräußerer endet. Daraus folgt, dass bei Verfallsklauseln das Differenzierungsverbot des § 613 a BGB nicht unmittelbar Anwendung finden kann. Doch kann auch die subjektiv angestrebte präventive Wirkung der Klausel nicht allein maßgeblich sein. Vielmehr kommt es in objektiver Hinsicht darauf an, ob die Verfallsklausel die in § 613 a BGB angeordnete Rechtsfolge umgeht. Das ist bei missbräuchlicher Gestaltung, also bei Fehlen eines sachlichen Grundes für den Verfall des Anspruchs gegeben.[214] Dafür ist weder Absicht noch eine bewusste Missachtung des § 613 a BGB erforderlich, vielmehr kommt es auf die objektive Funktionswidrigkeit an.[215] Entsprechend können auch Verfallsklauseln für den Betriebsübergang rechtswidrig sein, denn maßgeblich ist allein die sachlich nicht gerechtfertigte Vereitelung des Regelungszwecks von § 613 a BGB. Es bedarf im Umkehrschluss also einer sachlichen Rechtfertigung.

Fraglich ist, wann eine solche anzunehmen ist. Teilweise wird in der Literatur hierzu auf die noch näher zu untersuchende Rechtsprechung des BAG[216] verwiesen und vertreten, dass, wenn der Anspruch ohnehin durch Auslegung wegfallen würde, von einer Rechtfertigung auszugehen sei.[217] Das vermag nicht zu überzeugen, denn damit würde die Vereinbarung einer Verfallsklausel im

213 *Tappert,* NZA 2002, 1188, 1192 f.

214 BAG, 19.03.2009 – 8 AZR 722/07, NZA 2009, 1091, 1093; BAG, 07.11.2007 – 5 AZR 1007/06, NZA 2008, 530, 531.

215 BAG, 19.03.2009 – 8 AZR 722/07, NZA 2009, 1091, 1093; BAG, 07.11.2007 – 5 AZR 1007/06, NZA 2008, 530, 531.

216 BAG, 07.09.2004 – 9 AZR 631/03, NZA 2005, 941. Siehe dazu ausführlich unten, Kapitel 3:C.II.1.

217 *Hartung,* Konzernweite Leistungen, S. 119 ff.

Ergebnis redundant. Sie würde letztlich nur deklaratorisch die Rechtslage wiedergeben. Der entscheidende sachliche Grund für einen ersatzlosen Verfall von Leistungsansprüchen nach einem Inhaberwechsel hängt vielmehr mit dem Ziel des Betriebsübergangs zusammen. Immer, aber auch nur dann, wenn der Betriebsübergang das endgültige Fehlschlagen des Leistungszwecks bewirkt, ist eine Verfallsklausel sachlich gerechtfertigt. Die Klausel muss also in erster Linie der Vermeidung einer mit dem Betriebsübergang eintretenden Unzweckmäßigkeit der Zusage dienen.[218] Mit der Anknüpfung an den Leistungszweck steht auch sogleich eine weitere Grenze fest: Die Vereinbarung einer Verfallsklausel ist nur möglich, wenn mit der Leistung über die reine Abgeltung der Arbeitsleistung hinausgehende Zwecke verfolgt werden. Anderenfalls kann der Leistungszweck unabhängig von der Identität des Betriebsinhabers immer erfüllt werden, es geht nämlich (nur) um die Gegenleistung für erbrachte Arbeit. Hier kann lediglich die Vergütungsform, also das „Wie" problematisch werden.[219]

Im Ergebnis kann damit eine Verfallsklausel in arbeitsrechtliche Vereinbarungen aufgenommen werden, wenn ansonsten bei Betriebsübergang das endgültige Fehlschlagen des Leistungszwecks eintreten würde, sodass es nach dem Betriebsinhaberwechsel zu einer Leistungsstörung käme und der Anteil der betroffenen Vergütung nicht mehr als 30 % der Gesamtvergütung ausmacht.

B. Nach dem Betriebsübergang

Nach einem Betriebsübergang ist eine individualarbeitsrechtliche Veränderung der Leistungspflichten des Arbeitgebers nur in dem Umfang möglich, in dem sie auch dem Veräußerer möglich war.[220] Ganz ähnlich sind Veränderungen der Arbeitsbedingungen mittels der Änderungskündigung allenfalls unter

---

218 Ähnlich auch *Lembke*, BB 2001, 1469, 1474.

219 Siehe dazu unten, Kapitel 3:C.IV.1.

220 Mit Bezug auf Art. 3 Abs. 1 RL 77/187/EWG, der insoweit durch die RL 2001/23/EG nicht verändert wurde: EuGH, 10.02.1988 – 324/86, Slg. 1988, 739 [Daddy's Dance Hall]; EuGH, 06.11.2003 – C-4/01, NZA 2003, 1325 [Martin]; BAG, 12.09.2013 – 6 AZR 512/12, NZA-RR 2014, 154, 156; ebenso BAG, 07.11.2007 – 5 AZR 1007/06, NZA 2008, 530, 531; BAG, 18.08.2005 – 8 AZR 523/04, NZA 2006, 145, 147; BAG, 12.05.1992 – 3 AZR 247/91, NZA 1992, 1080, 1081; *Sieg/Maschmann*, Unternehmensumstrukturierung, Rn. 286 f.; MüKo BGB/*Müller-Glöge*: § 613 a BGB, Rn. 89.

Beachtung des § 613 a Abs. 4 BGB zulässig.[221] Mit Rücksicht auf die Schwerpunktsetzung dieser Untersuchung wird hier von einer eingehenderen Betrachtung abgesehen.

C. Keine ausdrückliche Vereinbarung

Fehlt es an einer ausdrücklichen Vereinbarung über das Schicksal der Leistungszusage bei einem Betriebsinhaberwechsel, könnten sich Abweichungen aus der Auslegung oder auch der Natur der Leistungszusage selbst ergeben. Ob eine solche Konstellation vorliegt, hängt maßgeblich vom Inhalt der Leistungszusage ab.

I. Die Ermittlung des Inhalts der Zusage

Um bestimmen zu können, wozu der Veräußerer sich genau verpflichtet hat und welche Rechtsfolgen sich daraus ergeben, ist durch Auslegung nach §§ 133, 157 BGB zu ermitteln, wie eng die zugesagte Leistung mit dem Veräußererunternehmen verknüpft ist[222] und ob es sich um Entgelt im engeren oder im weiteren Sinne handelt. Dabei ist auf den Willen der Vertragsparteien zum Zeitpunkt der Zusage abzustellen.[223] Entsprechend ist der (damalige) Wille des Veräußerers entscheidend.

1. Der Unternehmensbezug

a) Die unternehmensbezogene Leistung

Die Leistungszusage kann so gestaltet werden, dass sie mit dem Veräußererunternehmen verknüpft ist. Es handelt sich dann um eine unternehmensbezogene Leistung. In der Literatur findet sich für eine so verknüpfte Leistung auch der Begriff „unternehmensspezifisch“.[224] Sie liegt vor, wenn der Leistungsgegenstand hinreichend konkretisiert wurde, es sich also um einen Gegenstand handelt, der

---

221 Die Kündigung darf dann nicht „wegen“ des Betriebsübergangs ausgesprochen worden sein, es bedarf also eines anderen Kündigungsgrundes, vgl. auch BAG, 20.04.1989 – 2 AZR 431/88, NZA 1990, 32, 33. Zur Kausalitätsproblematik siehe eingehend *Lipinski,* NZA 2002, 75.

222 Ähnlich auch *Moll,* FS 50 Jahre BAG, S. 67 ff.

223 *Fuchs,* Betriebliche Sozialleistungen, S. 130 ff.

224 *Fuhlrott/Fabritius,* BB 2013, 1592, 1594; *Gaul/Naumann,* NZA 2011, 121; *Rech,* Werkwohnungen, S. 167 ff.; *Willemsen,* FS Herbert Wiedemann, S. 652 ff.; *Moll,* FS 50 Jahre BAG, S. 67 ff.; *Picot/Schnitker,* Unternehmenskauf und Restrukturierung, Teil I, Rn. 210; *Gulbins,* Unternehmensspezifische Vergütungsregelungen.

auf die Gegebenheiten beim Veräußerer „zugeschnitten" ist und den nur der Veräußerer aus eigenen Mitteln überlassen kann.[225] Allein diesem fällt der entsprechende Herstellungsaufwand zu, umgekehrt zieht aber auch nur er einen wirtschaftlichen Vorteil daraus. Die Zusage erfolgt mit Rücksicht auf und zu den Bedingungen des gewährenden Unternehmens[226] und bietet dem Arbeitnehmer wirtschaftliche Vorteile im Vergleich zu auf dem Markt erhältlichen Preisen der Leistung. Der Zusage liegen bestimmte Umstände und Erwartungen zugrunde. Hierzu zählen beispielsweise die Identifikation des Arbeitnehmers mit dem Unternehmen, Absatz- und Umsatzsteigerungen, wirtschaftliche Stärkung des Unternehmens oder ein geringerer Erfüllungsaufwand durch eigene Herstellung des Leistungsgegenstands.

Beim Unternehmensbezug handelt es sich also nicht um ein eigenständiges Tatbestandsmerkmal, das im Betriebsübergang zu berücksichtigen ist, sondern um eine Auslegungsregel zur Ermittlung des Inhalts der Veräußererzusage. Dementsprechend ist der Unternehmensbezug im konkreten Einzelfall festzustellen. Aus dem Gegenstand und den Begleitumständen der Zusage muss sich eindeutig eine Verknüpfung zum Unternehmen ergeben. Anhaltspunkte für unternehmensbezogene Leistungen finden sich immer in der jeweiligen Zusage. Dies können beispielsweise abstrakte Begriffe, wie „Firmenangehörigengeschäft" sein. Weiterhin kann sich der Unternehmensbezug auch anhand des Konkretisierungsgrads der Zusage ergeben: Wird dem Arbeitnehmer ein genau bezeichneter Leistungsgegenstand zugesagt, den der Veräußerer selbst herstellt, ist kein anderer Gegenstand zur Erfüllung der Zusage geeignet. Begrifflich ist der Unternehmensbezug nicht mit betrieblichen Sozialleistungen zu verwechseln. Bei diesen handelt es sich um die Leistungen selbst, welche entweder Unternehmensbezug aufweisen oder nicht.

Weist eine Veräußererzusage nach diesen Grundsätzen Unternehmensbezug auf, ist die sich daraus ergebende Konsequenz mit einer statischen Bezugnahmeklausel[227] im Betriebsübergang vergleichbar. Der Unternehmensbezug sorgt für eine statische Wirkung der Leistungszusage. Sie ist weiterhin auf einen

---

225 BAG, 07.09.2004 – 9 AZR 631/03, NZA 2005, 941, 943; *Fuhlrott/Fabritius*, BB 2013, 1592, 1592.

226 Bezüglich Mitarbeiterbeteiligungen *Borngräber*, Arbeitsverhältnis bei Betriebsübergang, S. 89 ff.; *Tappert*, NZA 2002, 1188, 1190.

227 Ein guter Überblick über die Systematik der Bezugnahmeklauseln findet sich bei *Giesen*, NZA 2006, 625. Zur aktuellen Entwicklung im Lichte der Rechtsprechung des EuGH siehe *Bayreuther*, NJW 2017, 2158.

Leistungsgegenstand gerichtet, der beim Veräußerer hergestellt, erbracht etc. wird, nicht aber beim Erwerber, sofern der übernommene Betrieb nicht genau diesen arbeitstechnischen Zweck verfolgt. Ist dies nicht der Fall, liegen die damit verbundenen Schwierigkeiten auf der Hand: Dem Grundsatz nach tritt der Erwerber in eine Leistungspflicht nach § 613 a Abs. 1 S. 1 BGB ein, obwohl er die Leistung nicht selbst vorrätig hat. Der Erwerber könnte den Leistungsgegenstand höchstens am Markt erwerben und dann seinem Arbeitnehmer überlassen. Er ist jedenfalls aber nicht imstande, die Leistung unter denselben wirtschaftlichen und ideellen Rahmenbedingungen zu gewähren, wie der Veräußerer.[228]

b) Die nicht unternehmensbezogene Leistung

Das Gegenstück bilden solche Zusagen des Arbeitgebers, die „*unabhängig von irgendwelchen unternehmensbezogenen Verhältnissen*“[229] gegeben werden. Das kann einerseits an der Natur der zugesagten Leistung liegen. Dies betrifft beispielsweise alle Leistungsansprüche des Arbeitnehmers, die auf die Zahlung eines Geldbetrags gerichtet sind. Andererseits handelt es sich auch dann um eine ungebundene Zusage, wenn sie so abstrakt formuliert ist, dass ihre Auslegung nicht den Rückschluss einer Beschränkung auf unternehmenseigene Leistungen zulässt. In diesen Fällen kommt es nicht auf die Herstellereigenschaft des Arbeitgebers an, sodass damit verbundene Faktoren nicht zu berücksichtigen sind. Die Zusage wirkt „dynamisch“: Sie hat weiter denselben Leistungsgegenstand zum Inhalt, der Erwerber ist hier indes in der Lage, durch die Leistung weiterhin die ursprünglich verfolgten Zwecke der Zusage zu erreichen. Angesichts dieser Charakteristika scheinen damit auf den ersten Blick keinerlei Schwierigkeiten infolge eines Betriebsübergangs aufzutreten: Der Erwerber tritt in die Zusage des Veräußerers gemäß § 613 a Abs. 1 S. 1 BGB ein und wird uneingeschränkt leistungspflichtig. Gleichwohl können auch hier Probleme auftreten, insbesondere dann, wenn die vom Erwerber übernommene Leistungsverpflichtung nicht seiner wirtschaftlichen Leistungsfähigkeit entspricht.

2. Die Vergütungsform

Der Arbeitgeber kann mit der Leistungszusage mehrere Zwecke verfolgen. Je nach Zweck handelt es sich dann entweder um Vergütung im engeren Sinne oder um Vergütung im weiteren Sinne. Die Leistung kann entweder allein zur Erfüllung

228 *Moll,* FS 50 Jahre BAG, S. 68 ff.
229 *Moll,* FS 50 Jahre BAG, S. 67 ff.

der Hauptleistungspflichten aus dem Arbeitsverhältnis dienen und damit das Gegenstück zur Arbeitspflicht des Arbeitnehmers bilden. Darüber hinaus kann der Arbeitnehmer auch weitere Zwecke, wie zum Beispiel eine stärkere Bindung des Arbeitnehmers an den Arbeitgeber, verfolgen. In jedem Fall handelt es sich jedoch um eine Gegenleistung für eine Dienst- bzw. Arbeitsleistung des Arbeitnehmers und damit um Vergütung, §§ 611 a Abs. 2 BGB. Die Differenzierung ist für die Bestimmung der Rechtsfolgen nach einem Betriebsübergang erforderlich, da beide Vergütungsformen unterschiedlich stark geschützt sind. So ist beispielsweise eine Verfallsklausel für den Betriebsübergang, die die Vergütung im engeren Sinne umfasst, unzulässig.[230]

a) Vergütung im engeren Sinne

Vergütung bzw. Entgelt im engeren Sinne bildet die arbeitgeberseitige Hauptleistungspflicht eines Arbeitsvertrags.[231] Getreu der Maxime „Lohn für Arbeit“[232] ist Vergütung im engeren Sinne die Arbeitgeberleistung, die im direkten Austausch (Synallagma) zu den arbeitnehmerseitigen Hauptleistungspflichten des Arbeitsvertrags,[233] also zur Arbeitsleistung, steht. Dies bedeutet umgekehrt, dass Leistungen des Arbeitgebers nur dann als Vergütung im engeren Sinne zu qualifizieren sind, wenn sie allein der Entlohnung für die vom Arbeitnehmer erbrachte Arbeitsleistung dient und kein anderes Ziel verfolgt wird.[234] Vergütung im engeren Sinne ist damit vor allem das laufend ausbezahlte Gehalt des Arbeitnehmers. Allerdings kann der Arbeitgeber innerhalb der Grenzen des § 107 Abs. 2 S. 1 GewO auch in der Form des Naturallohns vergüten. Es ist zulässig, einen Teil des Arbeitsentgelts in Sachbezügen zu gewähren, sofern dies im Interesse des Arbeitnehmers oder in der Eigenart des Arbeitsverhältnisses liegt. Hierunter fällt die Vergütung des Arbeitnehmers, die nicht als Geldzahlung – in bar oder bargeldlos – geleistet wird.[235]

---

230 Siehe oben, Kapitel 3:A.II.2.

231 Staudinger/*Richardi/Fischinger*: § 611 a BGB, Rn. 1357.

232 Oder umgekehrt: „Ohne Arbeit kein Lohn“, BAG, 16.05.2012 – 5 AZR 347/11, NZA 2012, 939, 941; MüKo BGB/*Müller-Glöge*: § 611 a BGB, Rn. 7.

233 Vgl. MüKo BGB/*Müller-Glöge*: § 611 a BGB, Rn. 73; ErfK/*Preis*: § 611 a BGB, Rn. 1; *Lembke*, NJW 2010, 257, 259.

234 BAG, 07.09.2004 – 9 AZR 631/03, NZA 2005, 941, 942 f.; BAG, 24.10.1990 – 6 AZR 156/89, NZA 1991, 318, 319 f.; BAG, 23.10.1990 – 3 AZR 553/89, BB 1991, 2085, 2087; auch auf europäischer Ebene wird zwischen „üblichen Grund- oder Mindestlöhne und Gehälter“ und „sonstigen Vergütungen“ differenziert, vgl. Art. 157 Abs. 2 AEUV.

235 MüKo BGB/*Müller-Glöge*: § 611 a BGB, Rn. 620.

b) Vergütung im weiteren Sinne

Vergütung im weiteren Sinne umfasst im Gegensatz zur Vergütung im engeren Sinne auch Leistungen des Arbeitgebers, die nicht bloß den Kern der Hauptleistungspflicht des Arbeitgebers umfassen. Sie werden zusätzlich zum laufenden Arbeitsentgelt (im engeren Sinne) gewährt. Gesetzgeberisch ist diese Entgeltform unter dem Begriff der Sondervergütung legaldefiniert, § 4 a S. 1 EFZG. In der Praxis werden derartige Leistungen regelmäßig auch als Zusatz- oder Sonderleistungen bezeichnet.

Indes besteht auch bei Vergütung im weiteren Sinne eine Verknüpfung zum Arbeitsverhältnis, weswegen diese Zuwendungen nicht als Schenkungen im Sinne der §§ 516 ff. BGB einzuordnen sind, sondern Entgeltcharakter haben.[236] Der Arbeitgeber erbringt die Leistung ebenfalls für die Erbringung von Arbeitsleistung und nicht etwa unentgeltlich. Über diesen Entlohnungszweck hinaus kann er, im Unterschied zum Entgelt im engeren Sinne, weitere Motive verfolgen.[237] Klassische Beispiele für solche Motive sind die Belohnung für vergangene Betriebstreue, aber auch die zukünftige Bindung des Arbeitnehmers an das Unternehmen[238] sowie die Schaffung eines Anreizes für den Arbeitnehmer, besonders gute Arbeitsleistungen zu erbringen.[239] Mögliche Motive des Arbeitgebers für eine zusätzliche Vergütung sind zudem die Attraktivitätssteigerung des Arbeitgeberunternehmens oder die Anwerbung von Personal mit hervorragenden Qualifikationen.

---

236 Dies ist insbes. bei Sondervergütungen relevant: BAG, 28.05.2008 – 10 AZR 274/07, NZA 2008, 941, 943; BAG, 23.10.2002 – 10 AZR 48/02, NZA 2003, 557, 559; MüKo BGB/*Müller-Glöge*: § 611 a BGB, Rn. 683.

237 Entweder ausschließlich oder zusätzlich zur Vergütung der Arbeitsleistung. In letzterem Fall hat die Zuwendung Mischcharakter, vgl. am Beispiel von Sonderzahlungen: *Schiefer*, NZA-RR 2000, 561, 564; BAG, 18.01.2012 – 10 AZR 612/10, NZA 2012, 561, 562; *Lembke*, NJW 2010, 257, 259; ErfK/*Preis*: § 611 a BGB, Rn. 532 ff.

238 BAG, 26.09.2007 – 10 AZR 657/06, NZA 2007, 1426, 1426 f.; BAG, 28.03.2007 – 10 AZR 261/06, NZA 2007, 687, 688; BAG, 07.12.1989 – 6 AZR 324/88, NZA 1990, 490, 491; BAG, 18.01.1978 – 5 AZR 685/7, DB 1978, 1504, 1504; dazu *Schiefer*, NZA-RR 2000, 561, 564.

239 Am Beispiel der Vergütung mittels Aktienoptionen: *Lembke*, BB 2001, 1469, 1469.

II. Unternehmensbezogene Leistungen, die Entgelt im weiteren Sinne sind

Ergibt die Auslegung der Veräußererzusage, dass es sich um eine unternehmensbezogene Leistung handelt, die Entgelt im weiteren Sinne ist, stellt sich die Frage nach den Auswirkungen des Unternehmensbezugs auf die Einstandspflicht nach § 613 a BGB. Der Erwerber wird die zugesagte Leistung aufgrund des Unternehmensbezugs nicht, jedenfalls nicht so vorrätig haben, dass er durch eine tatsächliche Leistungserbringung den ursprünglich vom Veräußerer verfolgten, über die reine Abgeltung von Arbeitsleistung hinausgehenden Zweck vollumfänglich erreichen kann.

1. Konkludent vereinbarte Beschränkung der Leistungspflicht?

Um diesem Problem Herr zu werden, erkennt das Bundesarbeitsgericht in einer Zusage mit Unternehmensbezug durch Auslegung gemäß §§ 133, 157 BGB zusätzlich zum Unternehmensbezug selbst eine zwischen den Arbeitsvertragsparteien konkludent geschlossene Vereinbarung. Diese beinhalte eine Beschränkung der Leistungspflicht darauf, dass der Leistungsgegenstand auch im Erwerberunternehmen produziert bzw. die Dienstleistung dort weiterhin erbracht wird.[240] Dies gelte sowohl auf Unternehmensebene als auch auf Konzernebene.[241] Inwieweit diese Lösung tragfähig ist, wird im Folgenden exemplarisch anhand der wohl bedeutendsten Entscheidung des Bundesarbeitsgerichts zu diesem Thema untersucht werden.

a) Urteil des Bundesarbeitsgerichts vom 7. September 2004 – 9 AZR 631/03

Vereinfacht dargestellt machte der Kläger im Verfahren Schadens- bzw. Ausgleichsansprüche gegen seinen Arbeitgeber geltend, die daraus entstanden seien, dass der Arbeitgeber keine Vergünstigungen mehr auf Personaleinkäufe und unternehmensinterne Dienstleistungen, wie zum Beispiel Wartungsarbeiten, gewährte, obgleich sich der Veräußerer vor dem Betriebsübergang dazu verpflichtet hatte. In der Sache ging es um die von der Daimler-Benz AG durch Gesamtzusage angebotene Möglichkeit, von ihr hergestellte Autos preisgemindert zu erwerben, zu warten und vergünstigte Ersatzteile zu beziehen. Die rechtliche Grundlage für diese Leistungen war zunächst individualarbeitsrechtlicher Natur, später jedoch auch Inhalt einer Konzernbetriebsvereinbarung

240 BAG, 07.09.2004 – 9 AZR 631/03, NZA 2005, 941.
241 BAG, 13.12.2006 – 10 AZR 792/05, NZA 2007, 325, 327.

der Daimler-Benz AG. Nachdem es durch Ausgliederung des Betriebs auf eine 100 %ige Tochtergesellschaft der Daimler-Benz AG zu einem Betriebsübergang gekommen war, wurden dem Kläger die Personalrabatte und Vergünstigungsmöglichkeiten weiter gewährt.[242] Etwa zehn Jahre später kam es durch einen Share Deal[243] zum Wechsel des Mehrheitsgesellschafters, die Arbeitgeber-GmbH wurde dadurch mehrheitlich die Tochter einer Tochter der Deutschen Telekom AG, wechselte also in die Telekommunikationsbranche. Nach diesem Branchenwechsel verweigerte der Arbeitgeber jede weitere Gewährung von Leistungen, die mit der früheren Automobilbranche im Zusammenhang standen. Den Wegfall begründete er insbesondere damit, dass das Unternehmen und der übergeordnete Konzern anders als das Veräußererunternehmen nicht mehr in der Automobilbranche tätig seien und somit auch keine Leistungen gewähren müssen, die nicht Gegenstand der Geschäftstätigkeit des Konzerns seien. Überdies wurde darauf verwiesen, dass auch nach Betriebsübergang vom Arbeitgeber Personalrabatte gewährt würden, nunmehr nicht im Bereich Automobile, sondern im Bereich der Telekommunikation.

Das Bundesarbeitsgericht gab in der Sache dem Arbeitgeber Recht.[244] Aus Sicht des Senats ist der individualarbeitsrechtliche Anspruch auf Personaleinkauf zwar grundsätzlich eine übergangsfähige Form der Vergütung und ist nicht auf Produkte, die der Betrieb selbst herstellt, beschränkt. Allerdings übernehme ein Betriebserwerber, der nicht die entsprechenden Produktionsbereiche gleichfalls erwirbt, nicht die Verpflichtung zur weiteren Gewährung von Zuwendungen in Form von Personalrabatten auf selbige Produkte. Vielmehr sei die Gewährung von vorneherein dahingehend beschränkt, dass die Produkte weiterhin im Unternehmen des Erwerbers hergestellt würden. Dies ergebe sich aus der Auslegung der Zusagen des Arbeitgebers gemäß §§ 133, 157 BGB. Konkret führt das Gericht hierzu aus, dass sich der Vorbehalt bereits aus dem Charakter der betrieblichen Sozialleistung ergebe, denn der Arbeitgeber schulde die Sachleistung nicht unmittelbar, sondern erst mit Abschluss des Kaufvertrags über

---

242 Insgesamt kam es im vorliegenden Sachverhalt zu mehreren Umstrukturierungen, nachdem die maßgebliche Übernahme des Betriebs erfolgt war. Alle nachgehenden Umstrukturierungen hatten gemeinsam, dass der Betrieb weiterhin zu 100 % im Unternehmen verblieben war und den Mitarbeitern der rabattierte Personaleinkauf und die Inanspruchnahme unternehmensinterner Dienstleistungen weiterhin angeboten wurde.

243 Zur Unterscheidung von Share Deal und Asset Deal siehe: *Beck/Klar*, DB 2007, 2819, 2819 f.; WHSS/*Willemsen*: Teil B, Rn. 6 ff., 119.

244 BAG, 07.09.2004 – 9 AZR 631/03, NZA 2005, 941, 943 f.

die vergünstigte Sache. Erst hieraus erwachse der vergütungsrelevante Vorteil für den Arbeitnehmer. Werde die Produktion jedoch aufgegeben, entfiele dieser Vorteil, zumal der Arbeitgeber die Gewährung nicht mehr aus eigenen Mitteln bewirken könne. Dieser Umstand liefe überdies auch den Interessen des Arbeitgebers zuwider. Er könne zusätzlich zur Vergütung und Motivation der Arbeitnehmer wirtschaftliche Vorteile durch gesteigerten Umsatz und Gewinn nur so lange erwirtschaften, wie die Produktherstellung im eigenen Unternehmen erfolge. Letztlich verweist der Senat noch auf den Umstand, dass der Arbeitgeber mit der Gewährung von Personalrabatten auf konzernfremde Produkte den Vergütungszweck der Mitarbeitermotivation nicht mehr erreichen könne und dass die Streichung der Vergünstigungen nicht auf dem Betriebsübergang, sondern auf der fehlenden unmittelbaren Verfügungsmacht über konzernweit hergestellte Produkte zurückzuführen sei. Kollektivarbeitsrechtliche Ansprüche auf Leistungsgewährung bestanden nach zutreffender Ansicht des Senats nicht.[245]

b) Die Ansicht der Literatur

In der Folge der Entscheidung des Bundesarbeitsgerichts wurde die Frage nach dem Schicksal unternehmensbezogener Leistungszusagen im Betriebsübergang in der Literatur nicht weiter vertieft. Dies mag zum einen daran liegen, dass einige Stimmen bereits vor dem Jahr 2004 einen ersatzlosen Verfall der Arbeitnehmeransprüche befürwortet und damit dem Bundesarbeitsgericht argumentativ den Weg zur seiner Entscheidung bereitetet hatten. So ist beispielsweise *Moll* der Ansicht, die Leistungsverpflichtung würde bereits durch die Beschränkung auf die eigene Produktion mit dem Betriebsinhaberwechsel aufgehoben, da die für den Arbeitnehmer erkennbaren Beweggründe (Motivation, Identifikation, Absatzförderung usw.) die Leistungspflicht auch ohne ausdrückliche Vereinbarung auf den Veräußerer beschränken würden.[246] Auch *Fuchs* sieht die Verpflichtung quasi „der Natur der Sache nach" auf eine Leistung, die aus dem Veräußererunternehmen stammt, limitiert.[247]

---

245 Begründet wurde dies damit, dass die Konzernbetriebsvereinbarung nicht in einer späteren Betriebsvereinbarung nach dem Branchenwechsel in die Liste der weiterhin im Betrieb geltenden kollektivrechtlichen Regelungen aufgenommen worden war. Im Übrigen spielt § 613 a BGB für spätere Betriebsvereinbarungen keine Rolle, da der Branchenwechsel des Arbeitgebers keinen Betriebsübergang herbeigeführt hatte, vgl. BAG, 07.09.2004 – 9 AZR 631/03, NZA 2005, 941, 944.

246 *Moll*, FS 50 Jahre BAG, S. 67 f.

247 *Fuchs*, Betriebliche Sozialleistungen, S. 130 ff.

Spätere Autoren schließen sich der Auffassung des Bundesarbeitsgerichts an.[248]

Ganz vereinzelt wird die Entscheidung des Bundesarbeitsgerichts indes kritisiert. So weist insbesondere *Bayreuther* darauf hin, dass der Betriebsübergang ohne ausdrückliche Vereinbarungen nicht zum automatischen Wegfall der Verpflichtung führt, sondern auf Seiten des Erwerbers vielmehr Unmöglichkeit vorliegt.[249]

c) Stellungnahme

Die Entscheidung des Bundesarbeitsgerichts ist unter verschiedenen Gesichtspunkten problematisch. Zwar ist methodisch an der Vertragsauslegung nichts zu beanstanden. Betrachtet man hingegen die wirtschaftlichen Folgen, erscheint es bereits in tatsächlicher Hinsicht abwegig, dass der Arbeitnehmer stillschweigend seine Zustimmung zum Wegfall der Leistungsverpflichtung gegeben haben soll.[250] Es wäre schließlich auch abwegig, dem Arbeitnehmer zu unterstellen, er würde unabhängig von einem Betriebsübergang konkludent zustimmen, dass der Arbeitgeber nur dann leistungspflichtig sein soll, wenn er die Leistung vorrätig hat. Weiter fehlt es im Zeitpunkt der Zusage an Klarheit über die Voraussetzungen, die zu einem Anspruchsverfall führen; die damit verbundenen Nachteile sind nicht ohne weiteres ersichtlich. Der durchschnittliche Arbeitnehmer wird als Verbraucher[251] angesichts dieser Informationslage das Angebot seines Arbeitgebers nicht annehmen. Ihm das durch Auslegung zu unterstellen, erscheint realitätsfern. Zwar ließe sich über das richtige Ergebnis der Auslegung noch streiten. Folgt man der Linie des BAG, ist dennoch zu berücksichtigen, dass Arbeitnehmer und Arbeitgeber sich konkludent über die Folge des Verlusts der Eigenproduktion geeinigt haben. Hierin könnte ein Verstoß gegen

---

248 *Meyer,* SAE 2006, 264, 265; *Hartung,* Konzernweite Leistungen, S. 108 ff.; MüKo BGB/*Müller-Glöge*: § 613 a BGB, Rn. 90; ErfK/*Preis*: § 613 a BGB, Rn. 73; Schaub ArbR-HdB/*Ahrendt*: § 18, Rn. 8; WHSS/*Willemsen*: Teil G, Rn. 178; *Schiefer/Worzalla,* DB 2008, 1566, 1569; *Gaul/Naumann,* NZA 2011, 121, 123; Hölters, Hdb. Unternehmenskauf/*Steinau-Steinrück/Thees*: Teil II, Rn. 6.207; *Sieg/Maschmann,* Unternehmensumstrukturierung, Rn. 255.

249 DKL AR/*Bayreuther*: § 613 a BGB, Rn. 56.

250 Ebenso *Tappert,* NZA 2002, 1188, 1191; *Gulbins,* Unternehmensspezifische Vergütungsregelungen, S. 168 ff.

251 BAG, 25.09.2008 – 8 AZR 717/07, NZA 2009, 370, 373; BAG, 14.08.2007 – 8 AZR 973/06, NZA 2008, 170, 172; BAG, 25.05.2005 – 5 AZR 572/04, NZA 2005, 1111, 1115; siehe auch BVerfG, 23.11.2006 – 1 BvR 1909/06, NZA 2007, 85.

§ 613 a BGB liegen. Außerdem ist die Vereinbarkeit einer solchen Regelung mit den §§ 305 ff. BGB zu untersuchen.

aa) Vereinbarkeit mit § 613 a BGB

Das BAG führte zur Vereinbarkeit mit § 613 a BGB aus, dass der Rechtsverlust nicht auf dem Betriebsübergang beruhe, sondern auf dem Verlust der unmittelbaren Verfügungsgewalt über die hergestellten Produkte. Im Ergebnis stünde der Wegfall der Leistungspflicht nicht in Konflikt mit § 613 a Abs. 1 S. 1 BGB.[252] Diese Ansicht ist für den konkreten Sachverhalt des Urteils zutreffend, denn der Arbeitgeber verweigerte die Gewährung von Personalrabatten erst nach dem Branchenwechsel. Dieser war allerdings gar nicht mit einem Betriebsübergang verbunden; der Inhaberwechsel erfolgte bereits Jahre zuvor, ohne dass in diesem Zuge das Personalrabattprogramm des Arbeitgebers eingestellt wurde.

Damit blieb ungeklärt, welche Rechtsfolge eintritt, wenn die Auslegung ergibt, dass die Beschränkung der Leistungspflicht nicht an die eigene Herstellung, sondern an den Bestand des Arbeitsverhältnisses zum Veräußerer geknüpft ist. Kann eine Gewährungszusage gleichwohl eine konkludent vereinbarte Anspruchsbeschränkung beinhalten, ohne gegen § 613 a BGB zu verstoßen?

Zur Beantwortung dieser Frage kann auf den Abschnitt zur Vereinbarkeit von ausdrücklichen Verfallsklauseln mit § 613 a BGB verwiesen werden.[253] Zwar ist die hier untersuchte Konstruktion nicht in ihren Voraussetzungen deckungsgleich, denn während die Bedingung, zu der die Verfallsklausel greifen soll, prinzipiell an jedes beliebige Ereignis – also auch an einen Betriebsübergang – geknüpft werden kann, gilt die konkludente Anspruchsbeschränkung für die Sachverhalte, in denen infolge eines Betriebsübergangs der Sinn des Unternehmensbezugs einer zugesagten Leistung nicht länger erreicht würde. Auch zeichnen sich Verfallsklauseln dadurch aus, dass der Leistungsanspruch automatisch entfällt, sofern die Bedingungen für den Verfall eingetreten sind. Die Auslegung des Bundesarbeitsgerichts zur Leistungszusage kommt dagegen zum Ergebnis, dass der Anspruch des Arbeitnehmers beim Erwerber nicht erst entsteht.

Beide Vereinbarungen haben jedoch die gleiche Wirkung auf den Anspruch des Arbeitnehmers.[254] Sie führen im Endeffekt dazu, dass der Arbeitnehmer keinen Leistungsanspruch mehr hat, sofern die Bedingung eingetreten ist (Verfallsklausel) bzw. die Reichweite der Zusage überschritten worden ist

---

252 BAG, 07.09.2004 – 9 AZR 631/03, NZA 2005, 941, 943.

253 Siehe oben, Kapitel 3:A.II.2.

254 So auch *Tappert,* NZA 2002, 1188, 1195.

(Anspruchsbeschränkung). Dass die Verfallsklausel einen bereits entstandenen Anspruch wieder beseitigt und hier durch Auslegung bereits kein Leistungsanspruch des Arbeitnehmers bei einem anderen als dem Veräußerer entsteht, hindert die Vergleichbarkeit nicht. Ob diese Konstruktion nun als Verfallsklausel oder als Zusage, die *„von vorneherein […] gegenständlich beschränkt“*[255] ist, bezeichnet wird, ist letztlich nur eine Frage der Formulierung. Für den Arbeitnehmer bedeutet es in beiden Varianten subjektiv und wirtschaftlich einen Anspruchsverlust, denn er erhält fortan keine Vergütung mehr.

Die verglichen mit einer Verfallsklausel enger gefasste Anknüpfung der Zusage an die Erhaltung des Unternehmensbezugs führt ebenfalls nicht dazu, dass ein anderer Maßstab an § 613 a BGB zu legen wäre, auf den es beim Betriebsübergang ankommt. Unter dem Gesichtspunkt des Arbeitnehmerschutzes sollen dem Arbeitnehmer alle Rechtspositionen auch nach dem Inhaberwechsel erhalten bleiben. Stellt sich nun heraus, dass eine Leistungszusage gerade mit dem Ziel beschränkt wird, im Falle eines Betriebsübergangs die Leistung fortfallen zu lassen, liegt in der Beschränkung eine unzulässige Umgehung des § 613 a BGB. Derartige Vereinbarungen sind aufgrund des Verstoßes gegen ein gesetzliches Verbot gemäß § 134 BGB unwirksam.[256] Dient die Beschränkung dagegen ausschließlich dem Zweck, Leistungsstörungen nach dem Betriebsübergang zu vermeiden und handelt es sich bei der Leistung nur um Entgelt im weiteren Sinne, verstößt die Vereinbarung nicht gegen den zwingenden[257] § 613 a BGB. Im Ergebnis sind damit an die Vereinbarkeit der konkludenten Beschränkung mit § 613 a BGB die gleichen Maßstäbe anzulegen, wie an ausdrücklich für den Betriebsübergang aufgenommene Verfallsklauseln. Die Art und Weise, wie die Vereinbarung zustande kommt und welche Nebenbestimmungen sie enthalten muss, spielt für § 613 a BGB keine Rolle, sondern hat nur für die §§ 305 ff. BGB Bedeutung.

---

255 BAG, 07.09.2004 – 9 AZR 631/03, NZA 2005, 941, 943.

256 Ebenso *Tappert,* NZA 2002, 1188, 1191.

257 Ständige Rechtsprechung, vgl. BAG, 21.08.2014 – 8 AZR 655/13, NZA 2015, 94, 96; BAG, 20.03.2014 – 8 AZR 1/13, NZA 2014, 1095, 1097; BAG, 19.03.2009 – 8 AZR 722/07, NZA 2009, 1091, 1093; BAG, 12.05.1992 – 3 AZR 247/91, NZA 1992, 1080, 1081; BAG, 29.10.1975 – 5 AZR 444/74, NJW 1976, 535, 536; ebenso ErfK/*Preis*: § 613 a BGB, Rn. 82; HWK/*Willemsen/Müller-Bonanni*: § 613 a BGB, Rn. 247; MüKo BGB/*Müller-Glöge*: § 613 a BGB, Rn. 10; Staudinger/*Annuß*: § 613 a BGB, Rn. 25.

bb) (Un-) Vereinbarkeit mit den §§ 305 ff. BGB

Kommt man, wie das Bundesarbeitsgericht in der hier besprochenen Entscheidung, zu dem Ergebnis, dass der Arbeitgeberzusage konkludent eine Beschränkung auf die Eigenproduktion innewohnt, hat dies für den Arbeitnehmer bei Einstellung der Eigenproduktion zur Folge, dass er seinen Leistungsanspruch verliert. Unter Berücksichtigung des Umstands, dass dies für den Arbeitnehmer besonders wichtig ist, weil es sich um Vergütung (im weiteren Sinne) handelt, könnte die Klausel an der Kontrolle durch die §§ 305 ff. BGB scheitern, sofern es sich dabei um eine allgemeine Geschäftsbedingung handelt.[258] Konkret ist fraglich ob eine solche Beschränkung *konkludent* vereinbart werden kann.

Die Vorschriften der §§ 305 ff. BGB sind grundsätzlich auch auf Arbeitsverträge anzuwenden.[259] Die AGB-Kontrolle nach den §§ 305 ff. BGB setzt zunächst voraus, dass es sich um vorformulierte Vertragsbedingungen handelt, die für eine Vielzahl von Verträgen vom Verwender gestellt wurden. Durch die Einordnung des Arbeitgebers als Unternehmer gegenüber dem Arbeitnehmer als Verbraucher gelten die Vertragsbedingungen automatisch als gestellt, ferner reicht die einmalige Verwendungsbestimmung bereits aus, um den Bereich der AGB-Kontrolle zu eröffnen, § 310 Abs. 3 Nr. 1 und 2 BGB. Somit handelt es sich jedenfalls bei der im Sachverhalt gegebenen Gesamtzusage um eine allgemeine Geschäftsbedingung.[260] Durch das Unternehmer-Verbraucherverhältnis der Arbeitsvertragsparteien ist die AGB-Kontrolle indes nicht auf Vereinbarungen des Arbeitgebers mit Arbeitnehmergruppen beschränkt. Auch individualvertraglich begründete Vereinbarungen sind kontrollfähig, sofern sie nicht im Einzelnen von den Vertragsparteien ausgehandelt worden sind – in diesem Fall gilt § 305 b BGB.[261] Individuell ausgehandelte Abreden kommen in der Praxis allerdings kaum vor. Der Arbeitgeber wird regelmäßig – und sei es aus Gründen des allgemeinen Gleichbehandlungsgrundsatzes – mindestens einer ganzen Belegschaftsgruppe Ansprüche auf Vergütungsleistungen (im weiteren Sinne) einräumen. Dabei spielt es für die Anwendbarkeit der §§ 305 ff. BGB keine Rolle, wie die Ansprüche in das Vertragsverhältnis gelangen; maßgeblich ist, dass sie nicht für jeden Arbeitnehmer neu ausgehandelt wurden. Im Ergebnis

---

258 In diese Richtung bereits DKL AR/*Bayreuther*: § 613 a BGB, Rn. 56.

259 BAG, 27.07.2005 – 7 AZR 486/04, NZA 2006, 40, 45.

260 BAG, 20.08.2014 – 10 AZR 453/13, NZA 2014, 1333, 1334; BAG, 13.11.2013 – 10 AZR 848/12, NZA 2014, 368, 369; BAG, 29.09.2010 – 3 AZR 557/08, NZA 2011, 206, 209.

261 Däubler/Deinert/Walser/*Deinert*: § 305 BGB, Rn. 22.

sind Leistungsversprechen des Arbeitgebers also regelmäßig AGB im Sinne der §§ 305 ff. BGB. Eine gesonderte Einbeziehungskontrolle nach § 305 Abs. 2 BGB findet nicht statt, § 310 Abs. 4 S. 2 BGB. Entsprechend können auch konkludent geschlossene Vereinbarungen allgemeine Geschäftsbedingungen sein.[262]

In einem weiteren Schritt ist zu prüfen, in welchem Umfang die in Rede stehende Klausel überprüfbar ist. Grundsätzlich unterliegen nach § 307 Abs. 3 S. 1 BGB nur Klauseln, durch die von Rechtsvorschriften abweichende oder diese ergänzende Regelungen vereinbart werden, der Inhaltskontrolle. Hieraus ergibt sich, dass mit Rücksicht auf die Privatautonomie leistungsbestimmende Klauseln kontrollfrei bleiben.[263] Lediglich Klauseln, die die Hauptleistungspflichten einschränken oder modifizieren, ohne dass hierfür gesetzliche Vorschriften bestehen, sind voll kontrollfähig.[264] Nach diesem Maßstab handelt es sich bei einer Leistungszusage des Arbeitgebers, die in ihrem Umfang konkludent beschränkt ist, noch um eine Klausel, in der eine vertragliche Hauptleistungspflicht – namentlich die Vergütung – geregelt wird. So ist auch das Bundesarbeitsgericht der Auffassung, dass die Leistungszusage von vorne herein *„gegenständlich beschränkt“*[265] sei. Dadurch wird deutlich, dass es sich nicht um eine eigenständige, die Hauptleistungspflicht modifizierende Klausel, sondern um die Hauptleistungspflicht selbst handelt. Ohne diese Zusage würde insgesamt kein Vertrag über die Gewährung der unternehmensbezogenen Leistung zustande kommen. Die Inhaltskontrolle findet damit im Ergebnis nicht statt.

Allerdings gilt gemäß § 307 Abs. 3 S. 2 BGB sowohl für leistungsbestimmende als auch für modifizierende Klauseln die Transparenzkontrolle nach § 307 Abs. 1 S. 2 BGB.[266] Die Vorschrift bezweckt ein Mindestmaß an Transparenz bei der Preisgestaltung, ohne die kein funktionierender Wettbewerb möglich ist.[267] Für die hier untersuchte konkludent beschränkte Leistungszusage des

---

262 BAG, 29.08.2012 – 10 AZR 385/11, NZA 2013, 148, 150.

263 BAG, 31.08.2005 – 5 AZR 545/04, NZA 2006, 324, 328; ErfK/*Preis*: §§ 305–310 BGB, Rn. 36; MüKo BGB/*Wurmnest*: § 307 BGB, Rn. 13; GvW AGB-Klauselwerke/*Thüsing*: Arbeitsverträge, Rn. 70; *Preis/Deutzmann,* NZA Beilage 2017, 101, 103. Zum Begriff der leistungsbestimmenden Klausel siehe oben, Kapitel 3:A.I

264 BAG, 31.08.2005 – 5 AZR 545/04, NZA 2006, 324, 328; MüKo BGB/*Wurmnest*: § 307 BGB, Rn. 13.

265 BAG, 07.09.2004 – 9 AZR 631/03, NZA 2005, 941, 943.

266 BAG, 31.08.2005 – 5 AZR 545/04, NZA 2006, 324, 328; ErfK/*Preis*: §§ 305–310 BGB, Rn. 36; MüKo BGB/*Wurmnest*: § 307 BGB, Rn. 24; *Preis/Deutzmann,* NZA Beilage 2017, 101, 103.

267 MüKo BGB/*Wurmnest*: § 307 BGB, Rn. 24.

Arbeitgebers hat das zur Folge, dass sie trotz der Befreiung von der Inhaltskontrolle einer Transparenzkontrolle nach § 307 Abs. 1 S. 2 BGB zu unterziehen ist.

(1) Verstoß gegen das Transparenzgebot.

§ 307 Abs. 1 S. 2 BGB bestimmt, dass AGB, die nicht klar und verständlich sind, den Vertragspartner des Verwenders unangemessen benachteiligen können. Die unangemessene Benachteiligung führt zur Unwirksamkeit der Geschäftsbedingung, vgl. § 307 Abs. 1 S. 1 BGB. Fraglich ist hier also, wann eine AGB, die eine konkludent vereinbarte Beschränkung des Leistungsversprechens zum Inhalt hat, entsprechend dem Gebot von Treu und Glauben gegen das Transparenzgebot verstößt und ob dieser Verstoß den Vertragspartner des Verwenders unangemessen benachteiligt. Dabei muss auf die Besonderheiten des Arbeitsrechts Rücksicht genommen werden, § 310 Abs. 4 S. 2 Hs. 1 BGB.

Die Rechtsprechung setzt die Messlatte für eine unangemessene Benachteiligung wegen des Verstoßes gegen das Transparenzgebot recht hoch an. Ihr zufolge ist eine AGB nicht schon deshalb unwirksam, weil der Arbeitnehmer keine oder nur eine erschwerte Möglichkeit hat, die AGB zu verstehen. Vielmehr muss die Gefahr bestehen, dass der Arbeitnehmer aufgrund der unklaren Formulierung von der Wahrnehmung seiner Rechte abgehalten wird.[268] Nichtsdestotrotz ist der Verwender zur möglichst klaren und präzisen Darstellung der Rechte und Pflichten des Vertragspartners verpflichtet,[269] damit dieser weiß, „*was auf ihn zukommt*“.[270] Unklarheiten und Spielräume dürfen nicht über das unvermeidbare Maß hinaus bestehen bleiben.[271]

Der so durch die Rechtsprechung vorgegebene Rahmen eröffnet einen weiten Bewertungsspielraum, der auf eine stark einzelfallbezogene Prüfung der konkret zur Diskussion stehenden AGB hinausläuft. Gleichwohl sind hier auch abstrakte

---

268 Ständige Rechtsprechung, vgl. BAG, 20.08.2014 – 10 AZR 453/13, NZA 2014, 1333, 1335; BAG, 14.09.2011 – 10 AZR 526/10, NZA 2012, 81, 83; BAG, 29.09.2010 – 3 AZR 557/08, NZA 2011, 206, 209; BAG, 14.03.2007 – 5 AZR 630/06, NZA 2008, 45, 47; am Beispiel des Versicherungsvertrags bereits BGH, 23.11.1994 – IV ZR 124/93, NJW 1995, 589, 590.

269 Ständige Rechtsprechung, vgl. BGH, 25.02.2016 – VII ZR 156/13, NJW 2016, 1575, 1576; BGH, 03.12.2015 – VII ZR 100/15, NJW 2016, 401, 401 f.; BGH, 21.07.2010 – XII ZR 189/08, NJW 2010, 3152, 3154; ErfK/*Preis*: §§ 305–310 BGB, Rn. 44.

270 BAG, 18.11.2015 – 5 AZR 751/13, NZA 2016, 487, 489.

271 BAG, 24.08.2017 – 8 AZR 378/16, NZA 2018, 100, 102; BAG, 14.09.2011 – 10 AZR 526/10, NZA 2012, 81; BAG, 16.12.2010 – 5 AZR 517/09, NZA 2011, 575; BAG, 24.10.2007 – 10 AZR 825/06, NZA 2008, 40.

Ausführungen möglich, denn die hier untersuchte Arbeitgeberzusage zeichnet sich dadurch aus, dass die Beschränkung der Leistungspflicht überhaupt nicht ausdrücklich geregelt ist.

Die Annahme einer konkludent vereinbarten Beschränkung der Leistungspflicht verstößt gegen das Gebot der Verständlichkeit und Bestimmtheit von allgemeinen Geschäftsbedingungen, § 307 Abs. 1 S. 2 BGB. Als Maßstab sind nicht ausschließlich der Horizont des Arbeitnehmers, sondern auch die Umstände, die mit dem Vertragsschluss im Zusammenhang stehen, heranzuziehen.[272] Gerade weil es an einer ausdrücklichen Nennung der Beschränkungen fehlt, ist der Arbeitnehmer besonders schutzbedürftig. Für ihn ist nicht ohne weiteres erkennbar, warum eine Leistung durch eine einseitige unternehmerische Entscheidung des Arbeitgebers, auf die der einzelne Arbeitnehmer allenfalls mittelbar Einfluss hat, nicht geschuldet sein soll. Das gilt umso mehr, wenn die unternehmerische Entscheidung, den Betrieb zu veräußern, erst nach Beginn des Arbeitsverhältnisses getroffen wird. Insoweit ließe sich bereits daran zweifeln, ob der Arbeitnehmer einer solchen Regelung überhaupt zugestimmt hätte,[273] was jedoch angelehnt an das Auslegungsergebnis des Bundesarbeitsgerichts im Weiteren unterstellt wird.

Werden in der Zusage Begriffe wie beispielsweise „Firmenangehörigengeschäft" bzw. verallgemeinert „Personalrabatt" und die damit verbundenen näheren Bestimmungen, die die Voraussetzungen für den *Erhalt* von Vergütung im weiteren Sinne regeln, verwendet, ist dies im Grundsatz nicht zu beanstanden. Aus der Wortwahl selbst lässt sich allerdings nicht herauslesen, wie weit die Beschränkung der Zusage gehen soll, denn der Arbeitnehmer ist unabhängig von Identität und Branche des Arbeitgebers immer ein Firmenangehöriger bzw. Bestandteil des Personals. Das Bundesarbeitsgericht bezieht zur Bestimmtheit der Zusage nur am Rande Stellung: Der Arbeitnehmer dürfe nicht davon ausgehen, immer einen Anspruch auf *„stets dieselben Waren oder Dienste"*[274] zu haben. Das ist zweifellos richtig. Allerdings kann daraus weder allgemein, noch durch den betroffenen Arbeitnehmer der Umkehrschluss gezogen werden, dass der Arbeitnehmer seinen Leistungsanspruch überhaupt nur so lange erhalten soll, wie sich die Leistungen im Arbeitgeberunternehmen befinden.

Auch der Vergleich mit ausdrücklich formulierten Verfallsklauseln bestätigt die Intransparenz: Diese müssen die Verfallsbedingungen möglichst

---

272 Däubler/Deinert/Walser/*Bonin/Walser*: § 307 BGB, Rn. 160.

273 Siehe hierzu oben, Kapitel 3:C.II.1.c).

274 BAG, 07.09.2004 – 9 AZR 631/03, NZA 2005, 941, 943.

genau aufführen.[275] Diese Anforderung impliziert bereits, dass die Klausel mitsamt ihrer Bedingungen ausdrücklich in das Vertragsverhältnis aufzunehmen ist. Fehlt es daran, verstößt die Klausel gegen die Anforderungen des § 307 Abs. 1 S. 2 BGB, denn der Arbeitnehmer weiß nicht, welcher Umstand zum Anspruchsverfall führt. Wie bereits festgestellt, ist die hier untersuchte konkludente Beschränkung wirkungsgleich mit einer Verfallsklausel,[276] sodass auch hinsichtlich der Transparenz der Klausel dieselben Anforderungen wie an Verfallsklauseln zu stellen sind. Nur so ist der Arbeitnehmer in dieser Situation angemessen geschützt. Ließe man nämlich zu, dass es bereits dann zum Anspruchsverfall kommt, wenn gänzlich auf ausdrückliche Regelungen verzichtet wird, indem die Leistungszusage durch Vertragsauslegung beschränkt wird, läge darin eine ganz erhebliche Schlechterstellung derjenigen Arbeitnehmer, die keine ausdrücklichen Vereinbarungen getroffen haben. Es ist geboten, den Erwerber nicht bereits dadurch von seiner Leistungspflicht zu befreien, dass der Veräußerer keine ausdrücklichen Voraussetzungen für das Erlöschen der Verpflichtung in die Leistungszusage eingeführt hat und er die zugesagte Leistung nicht im eigenen Unternehmen herstellt.

Schließlich bestätigt das Ergebnis auch ein Vergleich mit den Anforderungen an eine wirksame Vereinbarung eines Widerrufsvorbehalts: Für die Wahrung des Transparenzgebots aus § 307 Abs. 1 S. 2 BGB muss geregelt sein, unter welchen Voraussetzungen der Arbeitgeber den Widerruf ausüben darf.[277] Viel grundlegender ist aber, dass dies eine ausdrückliche Vereinbarung und die Nennung der Widerrufsgründe erfordert. Es ist nicht möglich, ein Widerrufsrecht konkludent zu vereinbaren, da sich daraus die Voraussetzungen des Widerrufs nicht erschließen. Das Bundesarbeitsgericht hat dies in einer älteren Entscheidung erkannt und führte hierzu aus: „*Weder aus dem Begriff der Leistungszulage noch aus deren Höhe läßt sich zwingend folgern, ein einseitiges Widerrufsrecht sei dem Arbeitgeber als selbstverständlich auch ohne ausdrückliche Vereinbarung vorbehalten*“.[278] Das Erfordernis einer ausdrücklichen Regelung gilt nicht nur für die betriebliche

---

275 *Mauroschat,* Aktienoptionsprogramme, S. 174 ff.; *Gulbins,* Unternehmensspezifische Vergütungsregelungen, S. 168 f.

276 Siehe oben, Kapitel 3:C.II.1.c)aa).

277 BAG, 24.01.2017 – 1 AZR 772/14, NZA 2017, 931, 932; BAG, 11.10.2006 – 5 AZR 721/05, NZA 2007, 87, 89; BAG, 12.01.2005 – 5 AZR 364/04, NZA 2005, 465, 468; *Stoffels*: AGB-Recht, Rn. 1148; *Hümmerich,* NZA 2003, 753, 760; ErfK/*Preis*: §§ 305–310 BGB, Rn. 60.

278 BAG, 16.07.1976 – 5 AZR 270/75, AP BGB § 611 Lohnzuschläge Nr. 7.

Übung sowie die Gesamtzusage,[279] sondern für jede Art von individualarbeitsrechtlichen Arbeitgeberzusagen, die allgemeine Geschäftsbedingungen sind.

Sowohl bei einem Widerrufsvorbehalt als auch bei einer Verfallsklausel geht es um die Entbindung des Arbeitgebers von einer dem Arbeitnehmer gegebenen Zusage. Bei Vorliegen der Voraussetzungen ist beim Widerruf allerdings noch dessen wirksame Ausübung erforderlich, während die Verfallsklausel einen Automatismus enthält. Insoweit ist die Verfallsklausel das wesentlich schärfere Instrument. Wenn bei einem Widerruf sowohl eine ausdrückliche Vereinbarung als auch die konkrete Nennung der Bedingungen, unter denen der Wiederruf zulässig ist, erforderlich ist, kann nichts anderes für eine Verfallsklausel und in der Konsequenz auch für eine Vereinbarung, in der die Leistungspflicht beschränkt werden soll, gelten. Weder aus einer Leistungszusage noch aus deren Konkretisierung lässt sich schlussfolgern, eine Beschränkung der Zusage auf die Eigenproduktion sei selbstverständlich auch ohne ausdrückliche Vereinbarung impliziert.

Damit bedarf es im Ergebnis bei jedweder Gewährungszusage stets ausdrücklicher Regelungen zum Anspruchsverfall, sofern sie in ihrer Reichweite – insbesondere auf die Herstellung im eigenen Unternehmen – beschränkt werden soll. Die Anforderungen an die Transparenz einer leistungsbeschränkenden AGB dürfen nicht dadurch ausgehebelt werden, dass keine ausdrückliche Regelung getroffen wird und es durch eine Vertragsauslegung zum Wegfall des Anspruchs kommt.

(2) *Unangemessene Benachteiligung durch Verstoß gegen das Transparenzgebot*

Der Verstoß gegen das Transparenzgebot müsste den Arbeitnehmer zudem unangemessen benachteiligen. Ob die Intransparenz einer Klausel selbst bereits zur unangemessenen Benachteiligung führen kann, oder ob zusätzliche Umstände hinzutreten müssen, ist in der Literatur umstritten. Der Gesetzeswortlaut spricht in dieser Hinsicht zwar eher für eine direkte Benachteiligung durch die Intransparenz, wobei die Formulierung „*kann sich [...] ergeben*“ nicht zu diesem Ergebnis zwingt. Die herrschende Auffassung vertritt zutreffend, dass allein die Intransparenz einer ansonsten (noch) zulässigen Klausel noch nicht zur Unwirksamkeit einer AGB führt.[280] Vielmehr muss die Intransparenz den Vertragspartner

---

279 BAG, 14.06.1995 – 5 AZR 126/94, NZA 1995, 1194, 1194; zustimmend Däubler/Deinert/Walser/*Bonin/Walser*: § 308 Nr. 4 BGB, Rn. 21.

280 Staudinger/*Wendland*: § 307 BGB, Rn. 174; *Stoffels*, AGB-Recht, Rn. 564; Däubler/Deinert/Walser/*Bonin/Walser*: § 307 BGB, Rn. 151; Ulmer/Brandner/Hensen, AGB-Recht/

des Verwenders unangemessen im Sinne des § 307 Abs. 1 S. 1 BGB benachteiligen; erst diese Benachteiligung führt zur Unwirksamkeit.[281] Sie ist im Regelfall gegeben, wenn die Rechtswahrung erschwert wird.[282] Das Bundesarbeitsgericht stimmt der herrschenden Ansicht insoweit zu, als es ausführt, dass die Intransparenz erst dann zur Unwirksamkeit führen kann, wenn die Gefahr besteht, dass der Arbeitnehmer dadurch von der Ausübung seiner Rechte abgehalten wird.[283]

Diese nach der herrschenden Meinung aufgestellten Voraussetzungen sind bei der hier untersuchten konkludenten Beschränkung der Leistungszusage des Arbeitgebers erfüllt. Eine Bedingung, die Arbeitnehmeransprüche beschränkt, ohne dass der Arbeitnehmer davon ausdrücklich in Kenntnis gesetzt wird, birgt nicht nur die Gefahr, dass der Arbeitnehmer seine Rechte nicht wahrnehmen würde, sondern hat genau das zum Ziel. Dabei ist die Rechtsfolge vergleichsweise gravierend: Der Arbeitnehmeranspruch wird durch die Nichtausübung nicht nur nicht durchsetzbar – etwa aufgrund Verjährung – sondern entsteht gar nicht erst. Damit ist die Zusage, so wie sie das Bundesarbeitsgericht auslegt, aufgrund ihrer Intransparenz gemäß § 307 Abs. 1 S. 1 BGB unangemessen benachteiligend und somit teilweise unwirksam, § 306 Abs. 1 Alt. 2 BGB. Die Annahme einer vollständigen Unwirksamkeit würde das Ergebnis der Inhaltskontrolle ad absurdum führen, denn die Leistungszusage an sich begünstigt den Arbeitnehmer. Vielmehr ergibt der blue-pencil-Test[284], dass die Zusage an den Arbeitnehmer für sich genommen mitsamt ihrer Charakteristika – insbesondere also dem Unternehmensbezug – erhalten bleibt. Eine der Zusage innewohnende Beschränkung der Reichweite ist hingegen zu streichen. Die Trennbarkeit zwischen Unternehmensbezug und Beschränkung ergibt sich aus

---

Fuchs: § 307 BGB, Rn. 330 ff.; *Koch*, WM 2002, 2173, 2175; *Armbrüster*, DNotZ 2004, 437, 440; a.A. Grüneberg/*Grüneberg*: § 307 BGB, Rn. 24; unklar MüKo BGB/*Wurmnest*: § 307 BGB, Rn. 60.

281 Staudinger/*Wendland*: § 307 BGB, Rn. 174.

282 Staudinger/*Wendland*: § 307 BGB, Rn. 178; weitergehend eine unwiderlegliche Vermutung für die unangemessene Benachteiligung bei Intransparenz annehmend *Stoffels*, AGB-Recht, Rn. 564.

283 Ständige Rechtsprechung, s. BAG, 20.08.2014 – 10 AZR 453/13, NZA 2014, 1333, 1335; BAG, 14.09.2011 – 10 AZR 526/10, NZA 2012, 81, 83; BAG, 29.09.2010 – 3 AZR 557/08, NZA 2011, 206, 209; BAG, 14.03.2007 – 5 AZR 630/06, NZA 2008, 45, 47; vgl. am Beispiel des Versicherungsrechts auch BGH, 23.11.1994 – IV ZR 124/93, NJW 1995, 589, 590.

284 BAG, 21.04.2005 – 8 AZR 425/04, NZA 2005, 1053, 1054; BAG, 12.03.2008 – 10 AZR 152/07, NZA 2008, 700, 700.

ihren unterschiedlichen Wirkungsweisen: Der Unternehmensbezug beschreibt die Umstände der Leistungsgewährung selbst, insbesondere den mit der Zusage verfolgten Zweck; die Beschränkung soll präventiv die Rechtsfolge regeln, wenn der Zweck nicht länger erreicht werden kann.

d) Konsequenzen für die Vertragsgestaltung

Nachdem sich nunmehr konkludente Beschränkungen der Leistungszusage des Arbeitgebers als intransparent und damit unwirksam erwiesen haben, ist fraglich, welche Folgen das für die Praxis hat. An die Stelle einer unwirksamen AGB treten die gesetzlichen Vorschriften, § 306 Abs. 2 BGB, sodass sich der Blick auf das allgemeine Leistungsstörungsrecht richtet.[285] Angesichts der damit verbundenen tatsächlichen und rechtlichen Schwierigkeiten sollten die Parteien des Arbeitsverhältnisses, insbesondere aber der Arbeitgeber, nicht untätig bleiben. Vielmehr ist es möglich und ratsam, für den Fall des Betriebsübergangs bzw. des Endes der Eigenproduktion ausdrückliche Vereinbarungen zu treffen. Konkret wäre eine solche Vereinbarung als Verfallsklausel auszugestalten. Diese kann ohne die Transparenzproblematik der konkludenten Beschränkung der Leistungszusage unter Beachtung der zulässigen Grenzen wirksam vereinbart werden.[286] Damit können im Ergebnis die Folgen einer unzulässigen konkludenten Beschränkung der Leistungspflicht effektiv und mit einfachen Mitteln umgangen werden.

e) Zwischenergebnis

Eine Beschränkung von unternehmensbezogenen Arbeitgeberzusagen dahingehend, dass die Leistung im eigenen Unternehmen hergestellt bzw. erbracht wird, verstößt nicht gegen § 613 a BGB. Gleiches gilt, wenn zwar an den Bestand des Arbeitsverhältnisses zum Veräußerer angeknüpft wird, die Einschränkung jedoch rein präventive Wirkung erzeugt und der Verhinderung von Leistungsstörungen nach einem Inhaberwechsel dient. Beschränkte Leistungszusagen sind typischerweise als allgemeine Geschäftsbedingungen vereinbart und deshalb auf ihre Transparenz hin zu kontrollieren. Eine konkludente Vereinbarung ist intransparent und benachteiligt den Arbeitnehmer unangemessen im Sinne des § 307 Abs. 1 BGB. Die unternehmensbezogene Leistung ist dann unbeschränkt vereinbart. Damit erlöschen die Leistungspflichten nach einem

---

285 Dies wird in der weiteren Untersuchung näher beleuchtet, siehe unten, Kapitel 3:C. II.2.

286 Siehe dazu oben, Kapitel 3:A.

Betriebsübergang nicht, sondern bestehen beim Erwerber weiter fort. Dem Arbeitgeber steht es aber frei, die Leistungszusage ausdrücklich zu beschränken.

2. *Befreiung von der Leistungspflicht aufgrund Gesetzes?*

Sofern keine ausdrücklichen Regelungen für die Beschränkung der Leistungspflicht getroffen worden sind und der Betriebserwerber deshalb nach § 613 a Abs. 1 S. 1 BGB hierin eintritt, kommt eine Modifikation der Leistungszusage nach dem allgemeinen Leistungsstörungsrecht in Betracht. Übernimmt der Betriebserwerber die für die Erfüllung einer unternehmensbezogenen Veräußererzusage erforderlichen Mittel nicht, kann er die übernommene Verpflichtung nämlich nicht (so) erfüllen, wie der Veräußerer. In diesem Fall könnte es zu einer vollständigen Befreiung von der Leistungspflicht nach § 275 BGB kommen.

a) *Anwendbarkeit von § 275 Abs. 1 BGB*

§ 275 Abs. 1 BGB gilt für alle vertraglichen und gesetzlichen Schuldverhältnisse, mithin auch für das Dienstvertragsrecht, §§ 611 ff. BGB.[287] Bisher kaum geklärt ist jedoch die Rolle der Unmöglichkeitsregeln im Betriebsübergangsrecht. Der Bundesgerichtshof sah in einer älteren Entscheidung § 613 a BGB als Sonderregelung gegenüber § 275 BGB an, indes ohne diese Position zu begründen oder überhaupt näher auszuführen.[288] Möglicherweise könnte also der grundsätzlich im Arbeitsverhältnis anwendbare § 275 Abs. 1 BGB im Betriebsübergang von § 613 a BGB verdrängt werden.

Zunächst spricht die im Unmöglichkeitsrecht vorgesehene Rechtsfolge gegen die Anwendbarkeit von § 275 Abs. 1 BGB. Der Schuldner verliert infolge der Leistungsbefreiung nach § 275 Abs. 1 BGB seinen Anspruch auf die Gegenleistung, § 326 Abs. 1 S. 1 BGB. Die Vorschrift ist im Arbeitsrecht anwendbar.[289] Sie jedoch bereitet insbesondere dann Schwierigkeiten, wenn Schuldner im Sinne des § 326 BGB nicht der Arbeitnehmer, sondern der Arbeitgeber ist. Geht es – wie hier – um Vergütungsleistungen (im weiteren Sinne), handelt es sich bei der Gegenleistung unter anderem um die Arbeitsleistung des Arbeitnehmers. Ließe man hier die Befreiung der Leistungspflicht des Arbeitgebers zu, hieße das, dass der Arbeitnehmer gemäß § 326 Abs. 1 S. 1 BGB ebenfalls nicht mehr leisten muss.

---

287 Grüneberg/*Grüneberg*: § 275 BGB, Rn. 3; BeckOGK/*Riehm*: § 275 BGB, Rn. 27, 33.

288 BGH, 04.07.1985 – IX ZR 172/84, NJW 1985, 2643, 2644.

289 BAG, 23.09.2015 – 5 AZR 146/14, NZA 2016, 293, 294 f.; zur Vorgängerregelung (§ 324 Abs. 1 BGB a.F.): BAG, 24.11.1960 – 5 AZR 545/59, NJW 1961, 381; Schaub ArbR-HdB/*Linck*: § 49, Rn. 7; ErfK/*Preis*: § 611 a BGB, Rn. 678.

Da die vom Arbeitgeber zugesagte Leistung aber keinesfalls das Synallagma zur gesamten Arbeitsleistung ist, wäre der Anspruch nach § 441 Abs. 1 BGB analog – gegebenenfalls auch anhand einer Schätzung – anteilig zu kürzen. Die Umsetzung ist bei der Verpflichtung zur Arbeitsleistung aber schwierig bis unmöglich, denn der Wert der Arbeitsleistung wird in voller Höhe von der Vergütung im engeren Sinne repräsentiert. Der Arbeitnehmer wird jedoch bereits tätig um seinen Entgeltanspruch im engeren Sinne zu erfüllen. Für die Vergütung im weiteren Sinne sind zusätzliche Umstände, wie Motivation, Bindung an den Arbeitgeber usw. relevant. Ob der Arbeitnehmer sich deswegen besonders anstrengt, und damit einen höheren Gegenleistungswert erbringt, ist objektiv nicht feststellbar. Somit lässt sich hinsichtlich der Vergütung im weiteren Sinne gar nicht ermitteln, welchen Anteil an Arbeitsleistung sie abgelten soll – die Arbeitsleistung ist also, was Vergütung im weiteren Sinne angeht, weder aufteilbar, noch bestimmbar. Die Teilbarkeit der Gegenleistung ist aber für die entsprechende Anwendbarkeit von § 441 Abs. 3 BGB Voraussetzung.[290] Sie ist erst dann gegeben, wenn der fragliche Teil der Leistung eine eigenständige Teilfunktion besitzt und separat erfüllt werden kann.[291] Insoweit ist § 326 BGB auf Vergütung im weiteren Sinne nicht sinnvoll anwendbar. Es widerspricht allerdings Sinn und Zweck des Zusammenspiels zwischen Leistung und Gegenleistung, wenn nur § 275 BGB Anwendung findet, während die Gegenleistungspflicht unangetastet bleibt, ohne dass eine der Ausnahmen in § 326 Abs. 2 und 3 BGB einschlägig ist. Das ist hier offensichtlich nicht der Fall, denn weder ist der Arbeitnehmer für die Unmöglichkeit in irgendeiner Weise verantwortlich, noch kann er das stellvertretende Commodum herausverlangen.[292] Diese Schwierigkeiten bestünden nicht, würde der Arbeitgeber von vorneherein nicht von seiner Leistungspflicht gemäß § 275 Abs. 1 BGB befreit werden.

Weitere Bedenken ergeben sich aus der Rechtsnatur des § 613 a Abs. 1 S. 1 BGB: Da es sich um eine Vorschrift zum Schutz der Rechte des Arbeitnehmers handelt, ist sie nicht dispositiv.[293] Würde man dem Erwerber als neuen Arbeitgeber nun

290 MüKo BGB/*Ernst*: § 326 BGB, 31; für den Teilrücktritt siehe BGH, 16.10.2009 – V ZR 203/08, NJW 2010, 146, 147.

291 Sog. „funktionaler Teilleistungsbegriff", siehe ausführlich *Tillmanns*: Strukturfragen des Dienstvertrages, S. 258 ff.

292 Siehe dazu ausführlich unten, Kapitel 3:C.II.2.c)cc).

293 BAG, 20.03.2014 – 8 AZR 1/13, NZA 2014, 1095, 1097; BAG, 21.08.2014 – 8 AZR 655/13, NZA 2015, 94, 96; BAG, 19.03.2009 – 8 AZR 722/07, NZA 2009, 1091, 1093; BAG, 12.05.1992 – 3 AZR 247/91, NZA 1992, 1080, 1081; BAG, 29.10.1975 – 5 AZR 444/74, NJW 1976, 535, 536; ebenso ErfK/*Preis*: § 613 a BGB, Rn. 82; HWK/*Willemsen/*

die Befreiung von seiner Leistungspflicht ermöglichen, würde der Zweck, den das Betriebsübergangsrecht verfolgt, verfehlt werden. Das gilt umso mehr, als der Erwerber sich durch eine Due Diligence einen Überblick über den Umfang der auf ihn zukommenden Verpflichtungen verschaffen kann und somit „sehenden Auges" auf unüberwindbare Leistungshindernisse stößt. Das wird bei wirtschaftlicher Betrachtungsweise umso problematischer: Es könnte sich für den Erwerber als besonders vorteilhaft herausstellen, den Umstand, dass er diese Leistungen grundsätzlich zu übernehmen hat, in der Kaufsumme einzupreisen und es gleichzeitig auf die Unmöglichkeit der Leistungsgewährung ankommen zu lassen, deren Rechtsfolgen im Hinblick auf das Vertretenmüssen und die Pflichtverletzung äußerst problematisch sind.[294] Der Leidtragende ist dabei der Arbeitnehmer: Sein Primäranspruch ginge unter, wodurch im Ergebnis doch kein Bestandsschutz im Sinne des § 613 a Abs. 1 S. 1 BGB eintritt.

Überdies sprechen neben den bereits oben aufgeführten Argumenten vor allem einige arbeitsrechtliche Grundsätze für eine Verdrängung des § 275 Abs. 1 BGB. Für Arbeitsverhältnisse als Dauerschuldverhältnisse gelten insbesondere das Gebot der gegenseitigen Rücksichtnahme zur Gewährleistung eines konstruktiven Vertrauensverhältnisses sowie auch allgemein Treu und Glauben, § 242 BGB.[295] Um diese Grundsätze im Arbeitsverhältnis – in dem es meist ein erhebliches Machtungleichgewicht der Vertragspartner gibt – zu wahren, wurden vom Gesetzgeber verschiedene Vorschriften geschaffen. Für den Betriebsinhaberwechsel ist dies der § 613 a BGB. Durch ihn wird der Eintritt des Erwerbers in alle Rechte und Pflichten des Veräußerers gesetzlich angeordnet – ein Umstand, den der Erwerber billigend in Kauf nimmt. Es würde daher sowohl gegen das Rücksichtnahmegebot und Treu und Glauben verstoßen, wenn diese gesetzliche Anordnung direkt nach dem Inhaberwechsel dadurch redundant würde, dass der Erwerber von seiner Leistungspflicht automatisch befreit wird.

Schließlich wird von einigen Autoren noch vertreten, § 613 a BGB genieße aufgrund seines europarechtlichen Ursprungs in den Richtlinien 77/187/EWG, 98/50/EG und 2001/23/EG aufgrund des Vorrangprinzips[296] im Vergleich zu

---

Müller-Bonanni: § 613 a BGB, Rn. 247; MüKo BGB/*Müller-Glöge*: § 613 a BGB, Rn. 10; Staudinger/*Annuß*: § 613 a BGB, Rn. 25.

294 Siehe hierzu ausführlich unten, Kapitel 3:C.II.2.c)bb)(1) und (2).

295 Siehe nur *Boemke*: Schuldvertrag und Arbeitsverhältnis, S. 377 f.

296 Nach dem Vorrangprinzip haben europäische Normen, sofern sie im Widerspruch zu nationalem Recht stehen, Anwendungsvorrang. Siehe EuGH, 15.07.1964 – 6/64, NJW 1964, 2371 [Costa/Enel]; vgl. auch BVerfG, 08.04.1987 – 2 BvR 687/85, NJW 1988, 1459, 1462.

nationalen Regelungen Priorität.[297] Es komme zu einer echten Kollision, da sich die Vorschriften zwar nicht im Wortlaut, jedoch in ihrer materiellen Wirkung unvereinbar gegenüberstünden.[298]

Die Systematik des BGB spricht hingegen eher für das Gegenteil. Wie eingangs angesprochen, ist § 275 Abs. 1 BGB im Arbeitsrecht grundsätzlich anwendbar. So ist allgemein anerkannt, dass aufgrund des Fixschuldcharakters der Arbeitspflicht das Nachholen der Arbeitsleistung in der Regel unmöglich ist.[299] Genauso verhält es sich, wenn die Erbringung der Arbeitsleistung aus tatsächlichen oder rechtlichen Gründen ausgeschlossen ist, etwa weil die notwendigen Betriebsmittel zur Ausübung der Tätigkeit fehlen,[300] oder der Arbeitnehmer schwer erkrankt ist.[301] Das Unmöglichkeitsrecht spielt demnach auch im Arbeitsrecht eine tragende Rolle. Das Ausklammern der Unmöglichkeitsregeln (nur) für den Betriebsübergang würde einen erheblichen Eingriff in das gesetzlich vorgesehene Zusammenspiel zwischen Primär- und Sekundäransprüchen bedeuten. Dieser Eingriff ist mit § 613 a BGB nicht zu rechtfertigen, denn der Regelungsbereich der Norm umfasst weder die Unmöglichkeit, noch sonstige Leistungsstörungen. Sie legt lediglich die Verpflichtungsstruktur nach einem Betriebsinhaberwechsel fest. Das besondere Augenmerk der Vorschrift liegt dabei zwar auf dem Schutz der Arbeitnehmeransprüche beim Erwerber. Das bedeutet aber nicht, dass § 613 a Abs. 1 S. 1 BGB so weit ausgelegt werden kann, dass er auch die Sicherung des Arbeitnehmeranspruchs als Primäranspruch auf Ewigkeit festsetzt. Vielmehr ist das Gegenteil der Fall. § 613 a Abs. 1 S. 1 BGB sorgt durch den gesetzlich angeordneten Vertragspartnerwechsel für die Übernahme der Verpflichtung *dem Grunde nach*. In dieser Betrachtung kann § 275 Abs. 1 BGB überhaupt erst eine juristische Sekunde später greifen, wenn die Existenz einer

---

297 *Tappert,* NZA 2002, 1188, 1191; *Leuzinger,* Aktienoptionen im Arbeitsverhältnis, S. 273 ff.

298 *Tappert,* NZA 2002, 1188, 1191.

299 BAG, 19.08.2015 – 5 AZR 975/13, NZA 2015, 1460, 1461; BAG, 27.01.2015 – 5 AZR 9/15, NZA 2016, 691, 692 f.; BeckOGK/*Riehm*: § 275 BGB, Rn. 107; Schaub ArbR-HdB/*Linck*: § 49, Rn. 5; MüKo BGB/*Müller-Glöge*: § 611 a BGB, Rn. 956; ErfK/*Preis*: § 611 a BGB, Rn. 678; *Richardi,* NZA 2002, 1004, 1006 f.

300 BAG, 15.09.2011 – 8 AZR 846/09, NZA 2012, 377, 380 f.; *Gotthardt*: Arbeitsrecht nach der Schuldrechtsreform, S. 41 ff.; MAH ArbR/*Eisenbeis*: § 17, Rn. 8.

301 BeckOGK/*Riehm*: § 275 BGB, Rn. 110; MüKo BGB/*Ernst*: § 275 BGB, Rn. 47; *Canaris,* JZ 2001, 499, 504; Schaub ArbR-HdB/*Linck*: § 49, Rn. 6. Bei leichteren Erkrankungen dürfte dagegen die Erbringung der Arbeitsleistung unzumutbar im Sinne des § 275 Abs. 3 BGB sein, vgl. dazu BeckOGK/*Riehm*: § 275 BGB, Rn. 111.

Leistungsflicht beim Erwerber bereits feststeht. Es handelt sich dann letztlich um ein „gewöhnliches“ Arbeitsverhältnis zwischen Erwerber und Arbeitnehmer, auf welches das Leistungsstörungsrecht anwendbar ist – und zwar bei Störungen sowohl auf Arbeitnehmer-, als auch auf Arbeitgeberseite.

Weiterhin wird durch die sehr objektivierte Ausgestaltung des § 275 Abs. 1 BGB deutlich, dass der richtige Anknüpfungspunkt für die Norm das Arbeitsverhältnis ist, wodurch der Betriebsübergang für die Vorschrift lediglich mittelbare Bedeutung haben kann. Zum einen geht es um die Gleichstellung von anfänglicher und nachträglicher Unmöglichkeit.[302] Je nach Perspektive läge hier entweder nachträgliche Unmöglichkeit (Leistungsverpflichtung entstammt dem Vertragsverhältnis, die Erfüllung wurde durch Betriebsübergang unmöglich) oder anfängliche Unmöglichkeit (für die Person des Erwerbers war die Leistungsgewährung nach Inhaberwechsel schon immer unmöglich) vor. Beides ist von § 275 Abs. 1 BGB gedeckt. Der Betriebsübergang berührt an dieser Stelle also nicht das Unmöglichkeitsrecht. Zum anderen kommt es für die Anwendung von § 275 Abs. 1 BGB nicht auf das Vertretenmüssen an.[303] Gleichwohl haben Erwerber und Veräußerer den Eintritt der Unmöglichkeit bewusst herbeigeführt, indem sie sich autonom auf einen Wechsel des Betriebsinhabers geeinigt haben. Dieser Umstand führt nicht zum Ausschluss des Unmöglichkeitsrechts; vielmehr beeinflusst er nur die Entstehung von Sekundäransprüchen gemäß §§ 280 ff. BGB.[304] Daran zeigt sich, dass die Befreiung des Erwerbers von der primären Leistungspflicht den Arbeitnehmer zunächst auch nicht schutzlos zurücklässt. Die Verpflichtung des Erwerbers erlischt nicht dem Grunde nach, sondern wandelt sich nur in eine Sekundärleistungspflicht.

Weiterhin ist auch die Argumentation mit den durch die Anwendung des Unmöglichkeitsrechts ausgelösten Komplikationen auf der Rechtsfolgenseite nicht überzeugend. Eine Lösung mit dem ausschließlichen Fokus auf die Rechtsfolge vereinfacht in der Rechtspraxis zwar den Umgang mit dem Problem. Sie ist indes dogmatisch nicht tragfähig und keine Rechtfertigung, eine gesetzlich vorgesehene Rechtsfolge außer Acht zu lassen.

---

302 BeckOGK/*Riehm*: § 275 BGB, Rn. 156; Grüneberg/*Grüneberg*: § 275 BGB, Rn. 4; Staudinger/*Caspers*: § 275 BGB, Rn. 6.

303 BeckOGK/*Riehm*: § 275 BGB, Rn. 151; Grüneberg/*Grüneberg*: § 275 BGB, Rn. 5; MüKo BGB/*Ernst*: § 275 BGB, Rn. 68; Staudinger/*Caspers*: § 275 BGB, Rn. 2 f.

304 Das bedeutet freilich nicht, dass ihnen dieses Verhalten dann auch automatisch im Rahmen von etwaigen Sekundäransprüchen vorwerfbar im Sinne des § 280 Abs. 1 S. 2 BGB ist. Siehe dazu Kapitel 3:C.II.2.c)bb)(2).

Ebenso wenig verfängt das Argument, wonach nach Treu und Glauben einer Befreiung des Arbeitgebers von seiner Primärleistungspflicht vorgebeugt werden müsse. Bei § 275 Abs. 1 BGB handelt es sich nicht um ein Recht, dessen Ausübung man gemäß § 242 BGB verhindern kann, sondern um einen Umstand, der bei Eintritt *ipso iure* die Befreiung von der Leistungspflicht zur Folge hat.[305]

Im Ergebnis bleibt festzuhalten, dass es sich bei § 275 Abs. 1 BGB um eine Norm handelt, die in außergewöhnlich hohem Maße an objektive Kriterien anknüpft. Da sie jedoch erst eine juristische Sekunde nach dem Inhaberwechsel zum Tragen kommen kann, wird der Schutz des Arbeitnehmers nicht in unzulässiger Weise umgangen. Für den Verlust des Primäranspruchs erhält er außerdem dem Grunde nach Sekundäransprüche, die ihrerseits nichts anderes als ein Schutz des Gläubigers vor dem vollständigen Verlust des hinter dem Primäranspruch stehenden wirtschaftlichen Gegenwerts sind. Es kommt also erst gar nicht zu einem Konflikt zwischen beiden Normen, da sie erstens zeitlich aufeinander folgen und zweitens zwar beide an das Arbeitsverhältnis anknüpfen, jedoch vollkommen unterschiedliche Regelungen treffen. Demnach bedarf es auch keines Rückgriffs auf das Vorrangprinzip. § 275 Abs. 1 BGB ist im Betriebsübergangsrecht ohne Einschränkung anwendbar.

b) Vorliegen von Unmöglichkeit

§ 275 Abs. 1 BGB kennt zwei Alternativen: die subjektive (Alt. 1) sowie die objektive (Alt. 2) Unmöglichkeit. Zur objektiven Unmöglichkeit kommt es, wenn niemand mehr die Leistung erbringen kann.[306] Der objektiv nach außen erkennbare Anspruch des Arbeitnehmers richtet sich auf die Verschaffung des Leistungsgegenstands. Ihn könnte der Erwerber in den meisten Fällen wohl auch erfüllen, indem er die Leistung am Markt beschafft und dem Arbeitnehmer überlässt.[307] Etwaige Steigerungen des Erfüllungsaufwands spielen hierbei keine Rolle.[308] Fälle, in denen es gar keinen Markt für die Leistung (mehr) gibt, dürften dabei, wenn überhaupt, nur selten vorkommen, sodass die Leistungserbringung für den Erwerber regelmäßig nicht objektiv unmöglich wird.

---

305 BeckOGK/*Riehm*: § 275 BGB, Rn. 150; Grüneberg/*Grüneberg*: § 275 BGB, Rn. 31; MüKo BGB/*Ernst*: § 275 BGB, Rn. 80.

306 MüKo BGB/*Ernst*: § 275 BGB, Rn. 43; Grüneberg/*Grüneberg*: § 275 BGB, Rn. 13.

307 *Lützeler*, Aktienoptionen bei einem Betriebsübergang, S. 144 f.; *Nehls/Sudmeyer*, ZIP 2002, 201, 203.

308 *Nehls/Sudmeyer*, ZIP 2002, 201, 203.

Subjektive Unmöglichkeit liegt vor, wenn die Leistungserbringung für den Schuldner ausgeschlossen ist, selbst wenn ein Dritter die Leistung theoretisch erbringen könnte.[309] Hierin liegt der Unterschied zu bloßen Leistungserschwerungen, bei denen der Schuldner die Leistung weiterhin, wenngleich unter erhöhtem Aufwand erbringen kann. Für übergegangene Arbeitnehmeransprüche bedeutet dies, dass beim Arbeitgeber dann subjektive Unmöglichkeit der Leistungserbringung nach § 275 Abs. 1 Alt. 1 BGB vorliegt, wenn der Leistungsgegenstand derart ausgestaltet ist, dass er sie nicht zu erbringen vermag. Wann Unvermögen in diesem Sinne anzunehmen ist, richtet sich abermals nach der vom Erwerber konkret übernommenen Verpflichtung. Die Frage lautet also: Führt der unternehmensbezogene Charakter der Leistungszusage zur subjektiven Unmöglichkeit?

Hier entpuppen sich die Begleitumstände, die den Unternehmensbezug einer Zusage ausmachen, als eine Art „Gegenleistung“ für die Zusage des Arbeitgebers. Sie wird nicht im Wortsinne vom Arbeitnehmer „erbracht“, spielt aber für den Veräußerer eine zentrale Rolle für seine Entscheidung, überhaupt eine Leistung zuzusagen. Der Arbeitnehmer wird motiviert und seine Identifikation mit dem Unternehmen gestärkt. Weiter kann der Veräußerer dadurch den eigenen Produktabsatz erhöhen, wenn seine Mitarbeiter sich häufiger ein unternehmenseigenes Produkt kaufen, als ohne Vergünstigung.[310] Dieser erhöhte Absatz führt im Ergebnis zu besseren Geschäftszahlen und einem wirtschaftlichen Mehrwert des Unternehmens.[311] Nicht zuletzt hat der Veräußerer dadurch, dass er seine *eigenen* Leistungsgegenstände gewährt, erhebliche wirtschaftliche Vorteile gegenüber der Überlassung von Leistungsgegenständen, die er zunächst am Markt beschafft. Diese Begleitumstände sind der Grund, die Leistung überhaupt zuzusagen – jedoch kommen sie beim Erwerber gerade nicht mehr zum Tragen. Zwar könnte er den Leistungsgegenstand zunächst selbst beschaffen und dann seinen Arbeitnehmern überlassen oder ein finanzielles Äquivalent zum Ausgleich leisten. Allerdings erfordert die Beschaffung des Leistungsgegenstands beim Hersteller vollkommen andere, aus wirtschaftlicher Sicht vergleichsweise höhere Aufwendungen, wohingegen der Nutzen für den Erwerber verringert ist oder entfällt. Auch wird die Identifikation des Arbeitnehmers mit dem Erwerber

309 BGH, 04.12.2012 – II ZR 159/10, NJW-RR 2013, 363, 367; BGH, 25.10.2012 – VII ZR 146/11, NJW 2013, 152, 153; BeckOGK/*Riehm*: § 283 BGB, Rn. 136; Grüneberg/*Grüneberg*: § 275 BGB, Rn. 23; MüKo BGB/*Ernst*: § 275 BGB, Rn. 63.

310 Siehe das Beispiel bei *Fuchs*, Betriebliche Sozialleistungen, S. 131 ff.

311 *Moll*, FS 50 Jahre BAG, S. 68 ff.

nicht dadurch gesteigert, dass er Leistungen erhält, die aus dem Hause seines ehemaligen Arbeitgebers, dem Veräußerer, stammen. Ebenso steigert der Erwerber durch eine derartige Überlassung nicht seinen eigenen Absatz. Im Ergebnis kann bei einer unternehmensgebundenen Leistung an den Arbeitnehmer nur der Veräußerer die Leistung exakt wie zugesagt erbringen und gleichzeitig von den begleitenden Umständen profitieren. Der Erwerber ist hierzu selbst dann nicht imstande, wenn er die zugesagten Leistungsgegenstände beschafft und den Arbeitnehmern überlässt.[312] Tut er dies dennoch, handelt sich nicht mehr um die Leistung, die der Veräußerer zuvor erbracht hatte, denn die Aspekte jenseits des finanziellen Wertes der Leistung würden nicht berücksichtigt.[313] Es handelt sich nicht um eine vertretbare, sondern um eine unvertretbare Leistung, die nicht erfüllt werden kann.[314] Dieses Unvermögen, dem Unternehmensbezug in vollem Umfang Geltung zu verschaffen, löst letztendlich die subjektive Unmöglichkeit und damit die Leistungsbefreiung des Erwerbers gemäß § 275 Abs. 1 Alt. 1 BGB aus. Hierin liegt auch kein Widerspruch zum Verstoß der konkludenten Beschränkung der Leistung gegen das Transparenzgebot, § 307 Abs. 1 S. 2 BGB, denn die Unzulässigkeit bezieht sich auf eine konkludente Beschränkung der Leistung aufgrund des Unternehmensbezugs, nicht den Unternehmensbezug selbst. Beide Elemente der Zusage sind logisch trennbar.[315]

Dass dieser Weg gangbar ist, zeigt sich dabei auch an der herrschenden Auffassung der Literatur, die zwar bereits den Übergang der Verpflichtung auf den Erwerber ablehnt, indes vereinzelt als theoretisches Argument eine andernfalls eintretende Unmöglichkeit ins Feld führt.[316] Gleiches gilt für die Argumentation des Bundesarbeitsgerichts, wonach der Unternehmensbezug zur Beschränkung der Leistungspflicht führt.[317] Sie ist indes nicht bei einem konkludent vereinbarten Anspruchsverfall richtig verortet, sondern kann bei der Frage des Eintritts der Unmöglichkeit fruchtbar gemacht werden.

---

312 *Moll,* FS 50 Jahre BAG, S. 68 ff.; a.A.: *Franken,* Vergütung mittels Aktienoptionen, S. 179 f.

313 *Moll,* FS 50 Jahre BAG, S. 68 f.

314 Bzgl. Aktienoptionen: Hölters, Hdb. Unternehmenskauf/*Steinau-Steinrück/Thees*: Teil II, Rn. 6.191; *Bauer/Göpfert/Steinau-Steinrück,* ZIP 2001, 1129, 1131; *Tappert,* NZA 2002, 1188, 1190.

315 Siehe oben, Kapitel 3:C.II.1.c)bb)(2).

316 *Fuchs,* Betriebliche Sozialleistungen, S. 131 ff.; *Bauer/Göpfert/Steinau-Steinrück,* ZIP 2001, 1129, 1131; *Moll,* FS 50 Jahre BAG, S. 68 f.

317 BAG, 07.09.2004 – 9 AZR 631/03, NZA 2005, 941, 943. Siehe auch oben, Kapitel 3:C. II.1.a).

c) *Rechtsfolge von § 275 Abs. 1 BGB*

Zunächst stellt sich im Gefüge der Primärleistungen die Frage nach der Gegenleistung. Die diesbezügliche Leistungspflicht fällt grundsätzlich mit Eintritt der Unmöglichkeit weg, § 326 Abs. 1 BGB. Geht es um den Arbeitgeber als Schuldner einer Leistung, die Vergütung im weiteren Sinne ist, besteht das Problem, dass die Gegenleistungspflicht zwar wegfällt, das aber im Ergebnis aber bedeutungslos ist,[318] sodass der Arbeitnehmer letztlich im gleichen Umfang zur Erbringung von Arbeitsleistung verpflichtet ist, wie vor Eintritt der Unmöglichkeit. Da also über § 326 Abs. 1 BGB keine Abhilfe möglich ist, stellt sich sodann die Frage nach Sekundäransprüchen des Arbeitnehmers. Sie treten bei Unmöglichkeit an die Stelle der ursprünglichen Leistungsverpflichtung des Arbeitgebers, §§ 275 Abs. 4, 280, 283 bis 285 und 311a BGB.

aa) *Schadensersatz wegen anfänglicher Unmöglichkeit, § 311 a Abs. 2 BGB*

Schadensersatzansprüche gemäß § 311 a Abs. 2 BGB bestehen weder gegenüber dem Veräußerer noch gegenüber dem Erwerber. Es handelt sich nicht um einen Fall anfänglicher Unmöglichkeit. Für die Feststellung der Anfänglichkeit ist der Beginn des Schuldverhältnisses durch den Vertragsschluss maßgebend.[319] Im Moment der Leistungszusage des Veräußerers war die Leistungsgewährung nicht ausgeschlossen; dazu kommt es erst durch den Betriebsübergang. Auch hinsichtlich des Erwerbers als Anspruchsgegner liegt – entgegen obergerichtlicher Rechtsprechung[320] – keine anfängliche Unmöglichkeit vor.[321] Zwar war der Erwerber subjektiv nie zur Leistung imstande, da mit seinem Eintritt in das Arbeitsverhältnis das Leistungshindernis aufgetreten ist. Objektiv kommt es jedoch gemäß § 613 a Abs. 1 S. 1 BGB zu einem Vertragsübergang kraft Gesetzes[322] – also zu einem Wechsel der Arbeitsvertragspartei unter Fortführung des

---

318 Siehe oben, Kapitel 3:C.II.2.a).

319 Siehe nur Grüneberg/*Grüneberg*: § 311 a BGB, Rn. 4; *Moll*, FS 50 Jahre BAG, S. 69 ff.; *Fuchs*, Betriebliche Sozialleistungen, S. 68 ff.; für das Mietrecht ausdrücklich BGH, 13.12.1972 – VIII ZR 213/72, WM 1973, 239. Teilweise wird bereits das Wirksamwerden des Angebots als maßgeblicher Zeitpunkt angesehen, vgl. MüKo BGB/*Ernst*: § 311 a BGB, Rn. 36.

320 LAG Hessen, 19.04.2001 – 5 Sa 1160/00, juris (nicht veröffentlicht).

321 Ebenso *Moll*, FS 50 Jahre BAG, S. 69 ff.

322 DKL AR/*Bayreuther*: § 613 a BGB, Rn. 1; ErfK/*Preis*: § 613 a BGB, Rn. 3; MüKo BGB/*Müller-Glöge*: § 613 a BGB, Rn. 8; Staudinger/*Annuß*: § 613 a BGB, Rn. 3; *Fuchs*, Betriebliche Sozialleistungen, S. 67 ff.

Schuldverhältnisses. Innerhalb davon ist die Leistungsgewährung durch den Betriebsübergang erst nachträglich unmöglich geworden.

bb) Schadensersatz wegen nachträglicher Unmöglichkeit §§ 280 Abs. 1, 3, 283 BGB

Schadensersatz statt der Leistung aus §§ 280 Abs. 1, 3, 283 BGB erfordert neben dem Bestehen eines Schuldverhältnisses und dem Schadenseintritt eine Pflichtverletzung und Vertretenmüssen.

(1) Die Pflichtverletzung – des Veräußerers oder des Erwerbers?

Die für den Schadensersatz nach §§ 280 Abs. 1, 3, 283 BGB erforderliche Pflichtverletzung verursacht erhebliche Probleme. Zentral stellt sich die Frage, welche Handlung als Pflichtverletzung anzusehen ist. Einerseits setzt der Veräußerer eine nicht hinwegzudenkende Ursache für den Eintritt der Unmöglichkeit, indem er den Betrieb veräußert, andererseits tritt die Unmöglichkeit erst in der juristischen Sekunde ein, in dem der Betrieb auf den Erwerber übergegangen ist. In Betracht kommt damit einerseits die Herbeiführung des Betriebsübergangs selbst oder andererseits die Nichtleistung aufgrund Unmöglichkeit als Pflichtverletzung anzusehen. Die Antwort auf diese Frage legt damit auch fest, gegen wen sich ein etwaiger Schadensersatzanspruch des Arbeitnehmers aus §§ 280 Abs. 1, 3, 283 BGB richtet.

(a) Taugliche Handlung

Bei der Klärung ist der Zeitpunkt der Entstehung des Schadensersatzanspruchs von richtungsweisender Bedeutung. Sekundäransprüche lösen Primäransprüche nahtlos ab; wenn also eine vertraglich geschuldete Leistung ausgeschlossen ist, § 275 Abs. 1 BGB, erlangt der Gläubiger daraus unmittelbar resultierend Ersatzansprüche, § 275 Abs. 4 BGB. Im Falle eines Betriebsübergangs kann der Veräußerer, solange das Arbeitsverhältnis zum Arbeitnehmer existiert, die vertraglich geschuldete Leistung erfüllen. Damit sieht er sich keinen Schadensersatzansprüchen ausgesetzt. Gleichzeitig mit dem Schuldnerwechsel kraft § 613 a Abs. 1 S. 1 BGB kommt es zur Unmöglichkeit. Die Leistungsgewährung ist dann aber erst beim Erwerber ausgeschlossen.

Ob die Übernahme bzw. die Veräußerung eines Betriebs eine Pflichtverletzung sein kann, ist dabei fraglich. Der Betriebsübergang ist ein häufig vorkommendes Ereignis, das von den beteiligten natürlichen bzw. juristischen Personen bewusst herbeigeführt wird. Es handelt sich um einen üblichen rechtsgeschäftlichen Vorgang, der ganz allgemein von der Vertragsfreiheit geschützt wird.

Dies zeigt sich nicht zuletzt auch an § 613 a BGB, der zwar Regelungen für den Übergang und dessen rechtliche Folgen aufstellt, den Betriebsübergang aber keineswegs untersagt. Daraus folgt, dass der Betriebsübergang weder die Entstehung noch die Durchsetzbarkeit von Schadensersatzansprüchen beeinflusst, sondern unabhängig davon regelt, gegen wen sie sich richten. Dementsprechend ist der Betriebsübergang selbst auch kein tauglicher Anknüpfungspunkt für eine Pflichtverletzung im Rahmen der § 280 ff. BGB. Die Pflichtverletzung ist, wie auch in Fällen von Unmöglichkeit ohne Betriebsinhaberwechsel, die Nichtleistung aufgrund Unmöglichkeit, § 283 S. 1 BGB.[323] Dem Erwerber wäre dabei höchstens vorwerfbar, dass er in Kenntnis der Unerfüllbarkeit der arbeitsvertraglichen Pflichten in die jeweiligen Arbeitsverhältnisse eingetreten ist.

(b) Der richtige Anspruchsgegner

Die Berücksichtigung des tatsächlichen Geschehensablaufs spricht zunächst für den Erwerber als richtigen Anspruchsgegner.[324] Die relevante Pflichtverletzung wird erst nach dem Betriebsübergang begangen.

Hiergegen ließe sich anführen, dass der maßgebliche Zeitpunkt, auf den abzustellen ist, die Entstehung des Primäranspruchs sei. Da der Veräußerer sich ursprünglich zur Leistung verpflichtet hatte, sei es insoweit seine Verantwortung, wenn der Primäranspruch aufgrund Betriebsübergang unterginge. Dies gelte insbesondere dann, wenn der Veräußerer dadurch den Leistungsanspruch des Arbeitnehmers vereitele.[325]

Ob das Unmöglichwerden der Primärleistung auf ein Vereiteln des Veräußerers zurückzuführen ist, kann die Frage des richtigen Anspruchsgegners allerdings nicht abschließend beantworten. Zwar ist der Betriebsübergang letztlich die kausale Ursache für die Unmöglichkeit. Hierauf kommt es nach der Konzeption der §§ 280 Abs. 1, 3, 283 BGB jedoch nicht an. Allein maßgeblich ist die Pflichtverletzung – also die Nichtleistung der arbeitsrechtlich zugesagten Vergütung. Dies gilt uneingeschränkt auch im Arbeitsrecht, auch wenn der Vergleich mit anderen Schuldverhältnisses erhebliche Unterschiede aufzeigt: So erhält beispielsweise im Kaufrecht der Käufer durch den Vertragsschluss einen Anspruch auf Übereignung der Kaufsache, § 433 Abs. 1 S. 1 BGB. Die Entstehung und das

323 BeckOGK/*Riehm*: § 283 BGB, Rn. 11; MüKo BGB/*Ernst*: § 283 BGB, Rn. 5; *Canaris*, JZ 2001, 499, 501.

324 So im Ergebnis auch *Moll*, FS 50 Jahre BAG, S. 72 f.; Staudinger/*Annuß*: § 613 a BGB, Rn. 164.

325 DKL AR/*Bayreuther*: § 613 a BGB, Rn. 56.

Erlöschen des Primäranspruchs sind also genau feststellbar. Beim Arbeitsverhältnis als Dauerschuldverhältnis hingegen ist nur die erstmalige Entstehung des Primäranspruchs zu Beginn des Vertragsverhältnisses genau ermittelbar. Tritt nunmehr eine Störung durch einen Betriebsübergang auf, betrifft das den Primäranspruch insoweit nicht mehr, als der Schuldner/Veräußerer diesen bereits erfüllt hat, § 362 BGB – im Arbeitsrecht sind damit die Hauptleistungspflichten in (regelmäßig stündlichen) Abschnitten aufgeteilt. Fügt man in dieses Zusammenspiel nun einen Betriebsübergang ein, wird der Erwerber zum Zeitpunkt des Übergangs Adressat des Primäranspruchs. Ansprüche aus dem Ausbleiben der Erfüllung müssen sich daher ab diesem Zeitpunkt gegen ihn richten. Maßgeblich für die Ermittlung des Anspruchsgegners ist damit auch hier das erstmalige Auftreten der Leistungsstörung. Nur derjenige, der in diesem Moment Vertragspartner des Arbeitnehmers ist, kommt als Anspruchsgegner in Betracht. Nicht der Veräußerer vereitelt also den Leistungsanspruch durch die Herbeiführung des Betriebsübergangs, sondern der Erwerber übernimmt (bis zur Betriebsübernahme erfüllbare) Leistungspflichten, deren Erfüllung nur für ihn unmöglich ist. Der Veräußerer begeht bei einer Herbeiführung eines Betriebsübergangs hingegen allenfalls eine Nebenpflichtverletzung nach § 241 Abs. 2 BGB.

Im Übrigen würde sich am Ergebnis nichts ändern, selbst wenn man den Veräußerer als richtigen Adressaten ansähe. Schadensersatzansprüche, die aus der Störung von Pflichten aus arbeitsrechtlichen Vereinbarungen entstehen, gehören zu den „*Rechten und Pflichten aus dem Arbeitsverhältnis*“ im Sinne von § 613 a Abs. 1 S. 1 BGB.[326] Das führt in der Folge dazu, dass trotzdem der Betriebserwerber in Anspruch zu nehmen ist, weil Schadenersatzansprüche des Arbeitnehmers gegen den Veräußerer gemäß § 613 a Abs. 1 S. 1 BGB auf ihn übergeleitet werden. Der einzig denkbare Weg, trotzdem zu einer Haftung des Veräußerers zu kommen, ginge dann über § 613 a Abs. 2 S. 1 BGB. Dabei sind allerdings mehrere Umstände problematisch: Erstens wird der Erwerber dadurch nicht aus der Haftung entlassen, er bleibt also weiter der richtige Anspruchsgegner.[327] Zweitens ist die Haftung zeitlich auf ein Jahr beschränkt, während die Leistungsstörung auch danach möglicherweise noch auftritt. Drittens setzt der

---

326 BAG, 21.08.2014 – 8 AZR 655/13, NZA 2015, 94, 96; *Gaul*, Betriebs- und Unternehmensspaltung, § 13, Rn. 75; Staudinger/*Annuß*: § 613 a BGB, Rn. 164; MüKo BGB/*Müller-Glöge*: § 613 a BGB, Rn. 100; *Fuchs*, Betriebliche Sozialleistungen, S. 140 ff.

327 Veräußerer und Erwerber haften gesamtschuldnerisch, sofern die Veräußerergesellschaft nicht liquidiert wird, vgl. § 613 a Abs. 3 BGB und zum Ganzen DKL AR/*Bayreuther*: § 613 a BGB, Rn. 96 ff.; ErfK/*Preis*: § 613 a BGB, Rn. 136 ff.

Wortlaut des § 613 a Abs. 2 S. 1 BGB voraus, dass der Anspruch bereits „*vor dem Zeitpunkt des Übergangs*“ entstanden ist – genau das ist aber, wie oben gezeigt, nicht der Fall. Vielmehr entsteht der Anspruch erst eine juristische Sekunde nach dem Übergang und ist damit dem Erwerber zuzuschlagen.

(2) Vertretenmüssen

(a) Grundsätze

Allerdings müsste dem Betriebserwerber die Nichtleistung auch vorwerfbar sein. Die Verantwortlichkeit des Schuldners setzt immer voraus, dass das Verhalten des Schuldners rechts- beziehungsweise pflichtwidrig ist.[328] Der Anknüpfungspunkt dafür ist die Verantwortlichkeit des Schuldners für das Leistungshindernis.[329] Es geht also nicht um die verschuldensunabhängig eingetretene Unmöglichkeit selbst, sondern die Verantwortlichkeit hierfür. Entsprechend müsste das dahinterstehende Verhalten des neuen Inhabers – sprich der Erwerb des Betriebs – zurechenbar und vorwerfbar sein. Zwar führt § 613 a BGB nicht zu einer schuldunabhängigen Einstandspflicht.[330] In der Konsequenz verbleibt es dann jedoch bei den allgemeinen Grundsätzen von § 276 BGB: Der Schuldner hat Vorsatz und Fahrlässigkeit zu vertreten, denn das Vertretenmüssen wird vermutet, § 280 Abs. 1 S. 2 BGB. Die Rückausnahme des § 619 a BGB gilt hier nicht, denn Schuldner ist im hier beleuchteten Szenario der Arbeitgeber, nicht der Arbeitnehmer.

Im Grundsatz hieße das, dass jeder Betriebserwerber die Nichtleistung immer zu vertreten haben wird, da er den Betrieb willentlich übernommen hat und somit den Leistungsausschluss mindestens in Kauf genommen hat.[331] Um

---

328 BGH, 13.05.2015 – XII ZR 65/14, NJW 2015, 2419, 2422; MüKo BGB/*Ernst*: § 283 BGB, Rn. 6; Grüneberg/*Grüneberg*: § 276 BGB, Rn. 8; Staudinger/*Caspers*: § 276 BGB, Rn. 12.

329 BeckOGK/*Riehm*: § 283 BGB, Rn. 30; *Tettinger*, ZGS 2006, 452, 452; MüKo BGB/*Ernst*: § 283 BGB, Rn. 7; Grüneberg/*Grüneberg*: § 283 BGB, Rn. 4; Staudinger/*Schwarze*: § 283 BGB, Rn. 46.

330 Siehe dazu: Grüneberg/*Grüneberg*: § 276 BGB, Rn. 3.

331 Siehe auch *Meyer*, SAE 2006, 264, 265 f., der allerdings offen lässt, ob es sich um einen Anspruch gegen den Veräußerer oder gegen den Erwerber handelt. Weitaus breiter wurde diese Frage diskutiert, was die Inanspruchnahme des Veräußerers angeht. Die Verantwortlichkeit des Veräußerers grundsätzlich ablehnend *Tappert*, NZA 2002, 1188, 1194; *Bauer/Göpfert/Steinau-Steinrück*, ZIP 2001, 1129, 1133; wohl a.A., jedoch beschränkt auf die Jahresfrist des § 613 a Abs. 2 BGB: *Fuchs*, Betriebliche Sozialleistungen, S. 141 ff.

den Eintritt der Unmöglichkeit wird er dabei immer dann gewusst haben, wenn er eine Due Diligence vorgenommen hat. Unterlässt er die Durchführung einer solchen, handelt er fahrlässig im Sinne des § 276 Abs. 2 BGB. Das Ergebnis mutet dann im Gesamtkontext zunächst reichlich absurd an: Der Erwerber sieht sich nämlich Schadensersatzansprüchen ausgesetzt, deren Entstehung er nur dann hätte verhindern können, wenn der den Betrieb gar nicht erst übernommen hätte.

Dennoch spricht einiges für eine Verantwortlichkeit des Erwerbers. Zunächst ist festzuhalten, dass die Unvermeidbarkeit des Eintritts der Unmöglichkeit bei Übernahme des Betriebs mit der Unvorhersehbarkeit dieser Folge einhergeht. Wer erwägt, einen Betrieb zu kaufen, wird sich regelmäßig anhand einer (arbeitsrechtlichen) Due Diligence einen Überblick über das verschaffen, was auf ihn zukommt. Dabei ist erkennbar, welche Veräußererzusagen er nicht wird erfüllen können. Entsprechend können daraus entstehende Sekundäransprüche in der Kaufsumme für den Betrieb berücksichtigt werden.

Darüber hinaus könnte eine Ablehnung der Verantwortlichkeit dem Sinn und Zweck von § 613 a BGB entgegenstehen: Genauso wie § 275 Abs. 1 BGB im Betriebsübergang uneingeschränkt anwendbar ist,[332] müssen auch seine Rechtsfolgen zum Tragen kommen. Anderenfalls würde der Übergang des Primäranspruchs gegebenenfalls wertlos und es käme rein wirtschaftlich zum Wegfall der Arbeitnehmeransprüche. Damit wäre der Arbeitnehmer durch den Betriebsübergang faktisch doch immer seiner Ansprüche (beziehungsweise deren Wertes) beraubt.

Auch die tatsächlichen Gegebenheiten sprechen zunächst gegen eine Exkulpation des Betriebserwerbers. Es ist anerkannt, dass Vereinbarungen (entweder zwischen Arbeitnehmer und dem Veräußerer oder auch zwischen den Betriebsparteien[333]) geschlossen werden können, durch welche auftretende Probleme ausgeräumt werden. Insoweit ist der Eintritt der Unmöglichkeit verbunden mit Sekundäransprüchen des Arbeitnehmers gegen den Erwerber gegebenenfalls doch nicht unvermeidbar, wenn der Veräußerer – unter entsprechender Berücksichtigung in der Kaufsumme – dazu bewegt werden kann.

Trotz dieser Ansatzpunkte hat der Erwerber die Pflichtverletzung im Ergebnis nicht zu vertreten. Es stellt sich nach wie vor die Frage, warum ihm ein Verhalten vorgeworfen werden soll, welches darauf fußt, dass er in einer durch § 613 a BGB legitimierten Weise von seiner Vertragsfreiheit Gebrauch gemacht

---

332 Siehe oben, Kapitel 3:C.II.2.a).

333 Ausführlich *Wiesinger*: Personal- und sozialpolitische Überführungsvereinbarungen in der betrieblichen Praxis, S. 2 ff.

hat, in der er zusätzlich durch Art. 12, 14 GG geschützt ist. Er kann kaum dazu gezwungen werden, die Produktion bestimmter Gegenstände zu übernehmen, wenn er einem Schadensersatzanspruch des Arbeitnehmers aus dem Weg gehen will. Konsequent und zutreffend erkennt das Bundesarbeitsgericht, dass ein Arbeitgeber durch die Leistungszusage noch nicht unmittelbarer Sachleistungsschuldner wird.[334] Die Betriebsübernahme kann für den Erwerber deshalb nicht automatisch mit dem Vertretenmüssen verbunden sein.[335] Anderenfalls hätte er, wollte er seine Schadensersatzhaftung mit absoluter Sicherheit ausschließen, nur eine Alternative: die Nichtübernahme des Betriebs. Damit würde die Übernahme eines jeden Betriebs deutlich unattraktiver werden, was letztlich vor allem zu Lasten des Arbeitnehmers geht. Dass dies keine ernsthafte Alternative sein kann, liegt auf der Hand. Der Erwerber würde sich sehenden Auges in eine Zwickmühle begeben, die er nicht vermeiden kann, sofern er nicht von seinem Vorhaben Abstand nimmt oder den Veräußerer zur Mitwirkung bewegen kann. Diese Vorhersehbarkeit kann dem Erwerber dabei nicht vorgeworfen werden und führt nicht automatisch zur Annahme von Verschulden.

Das Argument, wonach Vereinbarungen zur Vermeidung von durch den Inhaberwechsel auftretenden Problemen geschlossen werden können, erweist sich ebenfalls nicht als stichhaltig, denn der Veräußerer ist nicht zur Mitwirkung verpflichtet. Auch gibt es schließlich keinen Konflikt mit § 613 a BGB: Dass infolge der Unmöglichkeit der Sekundäranspruch am Vertretenmüssen scheitert, ist nicht dem konkreten Betriebsübergang geschuldet, sondern auf die Tatsache zurückzuführen, dass die Unmöglichkeit bei jedem Käufer des Betriebs eintreten würde – damit kann die Unmöglichkeit dem konkreten Käufer auch nicht vorgeworfen werden.

Gegebenenfalls ließe sich überlegen, ob den Erwerber nicht eine Pflicht trifft, auf den Veräußerer dahingehend einzuwirken, dass dieser mit den Arbeitnehmern oder dem Betriebsrat entsprechende Vereinbarungen trifft. Unterlässt er dies, könnte man zum Verschulden mit der Konsequenz der Haftung gemäß §§ 280 Abs. 1, 3, 283 BGB kommen. Hierbei ginge es allerdings nicht mehr um die Unmöglichkeit, sondern lediglich um die Verletzung einer Fürsorge- oder Treuepflicht gegenüber dem Arbeitnehmer. Etwaige Schadensersatzansprüche hieraus zählen zum Schadensersatz neben der Leistung; die richtige Anspruchsgrundlage dafür wäre damit §§ 280 Abs. 1, 241 Abs. 2 BGB.[336]

---

334 BAG, 07.09.2004 – 9 AZR 631/03, NZA 2005, 941, 943.

335 So auch *Moll*, FS 50 Jahre BAG, S. 69 ff.

336 Siehe unten, Kapitel 3:C.II.2.d).

(b) Ausnahmen

Ist man entgegen der hier vertretenen Meinung der Auffassung, dass der Erwerber die Unmöglichkeit zu vertreten hat, kann ihm dann gegebenenfalls eine Exkulpation nach den Grundsätzen der „Business Judgement Rule“[337] des § 93 Abs. 1 S. 2 AktG gelingen. Danach sind unternehmerische Entscheidungen, von denen das Vorstandsmitglied vernünftigerweise annehmen durfte, dass sie zum Wohl der Gesellschaft getroffen wurden, nicht als pflichtwidrig zu betrachten.[338] Die Unternehmensleitung hat dabei einen weiten Ermessenspielraum.[339] Bei einer Betriebsübernahme ist sogar den Kernbereich der unternehmerischen Entscheidungsfreiheit berührt, was nicht zuletzt dadurch deutlich wird, dass die Entscheidung über das „Ob“ des Erwerbs/Verkaufs nicht mitbestimmungspflichtig ist.[340] Für den Betriebserwerber bedeutet das, dass seine Übernahmeentscheidung dann nicht als pflichtwidrig zu bewerten ist, wenn sie zum Wohl des zu übernehmenden Betriebs getroffen wurde. Das Wohl des Betriebs ist hier insgesamt weit zu verstehen und umfasst nicht nur den Betrieb als Objekt, sondern auch die in ihm angestellten Arbeitnehmer. Insofern wäre die Umstrukturierungsmaßnahme wohl insgesamt regelmäßig zum Wohl des Betriebs (der Arbeitnehmer): Entweder droht ohne Übernahme bei wirtschaftlicher Schieflage des Veräußererunternehmens Personalabbau bzw. sogar die vollständige Betriebsschließung oder es kommt aufgrund der Übernahme, wenn nicht sogar zum unveränderten Fortbestand des Betriebs an sich, so doch zur Konservierung der Arbeitsverhältnisse zu den beim Veräußerer geltenden Bedingungen aufgrund § 613 a BGB.

---

337 Zur Business Judgement Rule siehe ausführlich *Brömmelmeyer,* WM 2005, 2065.

338 Hölters/Weber AktG/*Hölters*: § 93 AktG, Rn. 27; ausführlich MüKo AktG/*Spindler*: § 93 AktG, Rn. 43 ff.

339 Für den Vorstand einer AG: BGH, 21.04.1997 – II ZR 175/95, NJW 1997, 1926, 1927. Diese Grundsätze gelten für andere Geschäftsleitungsorgane entsprechend, vgl. für die Haftung des Geschäftsführers einer GmbH nach § 43 Abs. 2 GmbHG: BGH, 14.07.2008 – II ZR 202/07, NJW 2008, 3361; BGH, 04.11.2002 – II ZR 224//00, NJW 2003, 358, 359.

340 Das begründet sich darin, dass sich im Betrieb bei einer Übertragung zunächst nichts ändert. Geht nur ein Betriebsteil über, ist hingegen meist der Tatbestand des § 111 BetrVG eröffnet, da zugleich eine Betriebsspaltung vorliegt. Ständige Rechtsprechung, siehe nur BAG, 10.12.1996 – 1 ABR 32/96, NZA 1997, 898, 900. Indes handelt es sich hier lediglich um Unterrichtungs- und Beratungspflichten, die die Spaltung betreffen, nicht aber das „Ob“ des Betriebsübergangs. Näheres siehe Fitting BetrVG/*Fitting*: § 111 BetrVG, Rn. 46 ff.

Lehnt man andersherum Erwerberverschulden im Grundsatz ab, muss es dennoch einen Punkt geben, an dem die Grenze zum Vertretenmüssen überschritten wird, denn ansonsten wären die Auswirkungen des Inhaberwechsels völlig unangreifbar. Erreicht ist dieser Punkt, in der der Vermeidung des Betriebsübergangs bzw. der Umgehung seiner Rechtsfolgen[341] komplementären Fallkonstellation: Veräußerer und Erwerber haben einen Betriebsübergang herbeigeführt, um Leistungsgewährungsansprüche der Arbeitnehmer untergehen zu lassen. Bei einem solchen Verhalten handelt es sich letztlich um eine Kollusion zum Nachteil der Arbeitnehmer und damit um einen Verstoß gegen das Gebot von Treu und Glauben, § 242 BGB. Gleichwohl sind hier die Hürden wie auch im umgekehrten Fall (Vermeidung eines Betriebsübergangs) recht hoch anzusetzen.[342] Erforderlich ist ein eindeutiges Handeln zum Nachteil der Arbeitnehmer; die reine Herbeiführung des Betriebsübergangs ist noch kein Anhaltspunkt dafür. Nichtsdestotrotz sind Arbeitnehmer eines Unternehmens, das sich durch Outsourcing „gesundsanieren will", gefährdet. Die Umstrukturierung hat dabei möglicherweise nicht nur den Zweck, zur Kostensenkung einen oder mehrere Betriebe ganz abzustoßen. Vielmehr ist denkbar, dass der Erwerber den Betrieb nur übernimmt, weil er weiß, dass er die beim Veräußerer zugesagten Leistungen nicht wird erfüllen können und er in der Folge von seiner Leistungsverpflichtung befreit wird. Ist diese Vereitelung von Arbeitnehmeransprüchen „Geschäftsgrundlage" für den Betriebserwerb, führt das in der Folge zur Annahme des Verschuldens und im Ergebnis zur Haftung des Erwerbers gemäß §§ 280 Abs. 1, 3, 283 BGB. Ist der Erwerber ein konzernverbundenes Unternehmen, besteht die Gefahr an dieser Stelle regelmäßig nicht, denn die zugesagte Leistung verbleibt im Konzern und kann vom Erwerber zu denselben Bedingungen gewährt werden, als wäre er selbst weiterhin Hersteller des Leistungsgegenstands.[343]

Daneben kommt ausnahmsweise auch eine Haftung des Veräußerers beim Betriebsübergang in Betracht. Zwar ist er – wie oben dargelegt[344] – grundsätzlich nicht der richtige Anspruchsgegner. Hier könnte jedoch aufgrund seiner Mitwirkung eine Ausnahme über die Grundsätze des § 162 Abs. 2 BGB zu machen sein. Die Vorschrift spielt im Arbeitsrecht, insbesondere bei Kündigungen, immer

341 Siehe zu den Voraussetzungen beispielsweise BAG, 27.09.2007 – 8 AZR 941/06, NZA 2008, 1130.
342 BAG, 27.09.2007 – 8 AZR 941/06, NZA 2008, 1130, 1134.
343 BAG, 13.12.2006 – 10 AZR 792/05, NZA 2007, 325.
344 Kapitel 3:C.II.2.c)bb)(1).

wieder eine Rolle.[345] § 162 BGB kodifiziert eine gesetzliche Treuepflicht entsprechend des allgemeinen Rechtsgedankens, dass niemand aufgrund eigenen treuwidrigen Verhaltens einen Vorteil ziehen soll.[346] Der Betriebsübergang ist dabei allerdings keine Bedingung im Sinne der Vorschrift. Deshalb kommt hier lediglich eine analoge Anwendung in Betracht.[347] Die Grenzen, in denen eine Analogie hier möglich ist, werden dabei allerdings überschritten: Zwar kann eine Haftung des Veräußerers nicht über § 242 BGB erreicht werden, denn der Veräußerer ist grundsätzlich gar nicht verantwortlich. Darüber hinaus ist aber erforderlich, dass nicht das Verhalten des Bevorteilten im Sinne von § 162 BGB direkt sanktioniert wird, sondern es soll nur erreicht werden, dass die ursprünglich getroffenen Parteivereinbarungen zur Durchsetzung kommen.[348] Die hier als Folge des Betriebsübergangs untersuchten Schadenersatzansprüche wegen Unmöglichkeit sind dabei nicht Gegenstand einer Vereinbarung, sondern systematisch vollständig anders, nämlich im Leistungsstörungsrecht verortet. Eine analoge Anwendung von § 162 Abs. 2 BGB muss folglich ausscheiden. Es verbleibt bei der alleinigen Haftung des Erwerbers für kollusives Verhalten.

cc) Herausgabeanspruch gemäß § 285 BGB

Nachdem Schadensersatzansprüche aus §§ 280 Abs. 1, 3, 283 BGB im Regelfall nicht entstehen, könnte der Arbeitnehmer gemäß § 285 BGB einen Anspruch auf Herausgabe des durch den Eintritt der Unmöglichkeit Erlangten haben. Schadensersatz- und Herausgabeansprüche der §§ 280 ff. BGB stehen rechtlich in elektiver Konkurrenz zueinander.[349] Das zeigt allein schon der § 285 Abs. 2 BGB, dem zufolge sich der Schadensersatzanspruch um die Höhe des vom Gläubiger erhaltenen Ersatz(-anspruchs) mindert. Er statuiert also nur eine Konkurrenzauflösung bei Bestehen beider Ansprüche.

Als Bestandteil des allgemeinen Leistungsstörungsrechts findet die Norm grundsätzlich auch im Arbeitsrecht Anwendung. In den hier untersuchten Betriebsübergangsfällen stellt sich dabei die Frage, ob etwaige Aufwendungen,

---

345 Vgl. die Beispiele bei Staudinger/*Bork*: § 162 BGB, Rn. 17.

346 BAG, 23.09.2014 – 9 AZR 827/12, NZA 2015, 1264, 1266; BAG, 12.12.2007 – 10 AZR 97/07, NZA 2008, 409, 414; MüKo BGB/*Westermann*: § 162 BGB, Rn. 18; Staudinger/*Bork*: § 162 BGB, Rn. 15; Grüneberg/*Ellenberger*: § 162 BGB, Rn. 1, 6.

347 Im Zusammenhang mit Treuepflichten dafür: *Tappert*, NZA 2002, 1188, 1194.

348 MüKo BGB/*Westermann*: § 162 BGB, Rn. 18; Staudinger/*Bork*: § 162 BGB, Rn. 15.

349 Grüneberg/*Grüneberg*: § 285 BGB, Rn. 10; MüKo BGB/*Emmerich*: § 285 BGB, Rn. 35; Staudinger/*Löwisch*: § 285 BGB, Rn. 56.

die der Arbeitgeber durch den Eintritt von Unmöglichkeit spart, als „*erlangt*“ im Sinne von § 285 Abs. 1 BGB anzusehen sein können. Andere Surrogate kommen hier nicht in Frage. Die Diskussion um die Herausgabepflicht von ersparten Aufwendungen ist dabei so alt wie die Vorschrift selbst. So vertrat *Kisch* bereits im Jahr 1900 die Ansicht, dass sie nicht in den Anwendungsbereich des (damaligen) § 281 Abs. 1 BGB a.F. fallen würden.[350] Er war damit der erste Vertreter der späteren herrschenden Meinung, die die Anwendbarkeit vornehmlich mit der Begründung ablehnten, dass nicht sämtliche vorteilhaften Folgen des Eintritts der Unmöglichkeit vom Herausgabeanspruch erfasst sind, sondern nur diejenigen, die der Schuldner ersatzweise empfangen hat.[351] In neueren Kommentaren wird diese Frage kaum noch behandelt, sondern – wenn überhaupt – eine Herausgabepflicht mit dem Verweis auf die frühen Beiträge zu diesem Thema verneint.[352] Die Ablehnung eines Herausgabeanspruchs ist in diesen Fällen zutreffend. Ersparte Aufwendungen sind keine Leistungssurrogate, sondern lediglich Vermögensposten des Schuldners, die existieren, weil der Schuldner gemäß § 275 BGB von seiner Leistung frei geworden ist.[353] Der Gläubiger kann über § 285 BGB nicht die Herstellung seiner Vermögenslage ohne Eintritt der Unmöglichkeit verlangen, denn es handelt sich nicht um einen Ersatz- sondern um einen Herausgabeanspruch.[354] Genau das würde die Einbeziehung von ersparten Aufwendungen aber bewirken.

Teilweise wurde ersatzweise eine analoge Anwendung des § 285 BGB bei ersparten Aufwendungen befürwortet.[355] Es dürfe rechtlich keinen Unterschied zwischen der Herausgabe einer Sache, die nach Eintritt der Unmöglichkeit an die Stelle der Primärleistung tritt und einer Sache, die bereits davor anstelle der geschuldeten Leistung steht, gemacht werden.[356] Damit sind Fälle gemeint, in

---

350 *Kisch*: Die Wirkungen der nachträglich eintretenden Unmöglichkeit der Erfüllung bei gegenseitigen Verträgen, S. 203 f.

351 *Römer*, AcP 119/1921, 293, 363 f.; Planck's Kommentar zum BGB/*Siber*: § 281 BGB, Rn. 2. d); gegen eine direkte Anwendung auch *Oertmann*, LZ 1915, 792, 796; *Himmelmann*: Die Ersatzherausgabe nach § 281 Abs. 1 BGB, S. 108 ff.; a.A., für eine Gleichbehandlung von ersparten Aufwendungen und positivem Gewinn eintretend: *Schulz*, AcP 105/1909, 1, 13.

352 Soergel/*Benicke/Grebe*: § 285 BGB, Rn. 65.

353 So auch Soergel/*Benicke/Grebe*: § 285 BGB, Rn. 91.

354 MüKo BGB/*Emmerich*: § 285 BGB, Rn. 30; siehe auch bereits Planck's Kommentar zum BGB/*Siber*: § 281 BGB, Rn. 2.

355 *Himmelmann*, Die Ersatzherausgabe, S. 109 ff.; *Oertmann*, LZ 1915, 792, 796 ff.; *Römer*, AcP 119/1921, 293, 364; Recht der Schuldverhältnisse/*Oertmann*: § 281 BGB, Rn. 6.

356 *Himmelmann*, Die Ersatzherausgabe, S. 109 ff.

denen sich der Schuldner nach Eintritt der Unmöglichkeit dadurch Aufwendungen erspart, dass er die Sache nicht mehr herstellen oder beschaffen muss, während er die Rohstoffe dafür bereits vorrätig hat. Es sei notwendige Gerechtigkeit, hier dem Gläubiger einen darauf gerichteten Herausgabeanspruch in analoger Anwendung des § 285 Abs. 1 BGB zu verschaffen.[357]

Die Diskussion über eine Analogie ist für die hier untersuchten Folgen eines Betriebsübergangs allerdings nicht passend. Es geht nicht um Herstellungs- oder Beschaffungskosten, sondern um eine mögliche Herausgabepflicht des Erwerbers allein aufgrund des Umstands, dass er von der Primärleistungspflicht gemäß § 275 Abs. 1 BGB befreit worden ist. Er hätte gemäß § 285 Abs. 1 BGB das an den Schuldner herauszugeben, was er nicht mehr Kraft der ursprünglichen Leistungsverpflichtung leisten muss. Eine derartige Verpflichtung ist strikt abzulehnen, da sie dem Sinn und Zweck des § 275 BGB sowie dem systematischen Zusammenspiel von Unmöglichkeit und Schadensersatz zuwiderläuft. Die Befreiung von der Primärleistungspflicht soll nur dann zu Ersatzansprüchen des Gläubigers führen, wenn der Schuldner die Unmöglichkeit zu vertreten hat. Eine Herausgabepflicht des Schuldners über den – verschuldensunabhängigen – § 285 BGB würde dazu führen, dass der Schuldner sich immer Sekundäransprüchen ausgesetzt sähe, selbst wenn er den Eintritt der Unmöglichkeit nicht zu vertreten hatte.[358] Somit käme § 285 BGB wirtschaftlich einem Schadensersatzanspruch aufgrund Unmöglichkeit gleich, ohne dass es auf ein Verschulden ankommt. *Bollenberger* spricht insoweit zutreffend von einem „‚Kurzschluß' im Leistungsstörungsrecht".[359] Damit ist bei Leistungsstörungen infolge eines Betriebsinhaberwechsels weder für eine direkte, noch für eine analoge Anwendung von § 285 BGB Raum, da es nicht um anderweitige Aufwendungen geht, sondern um die Ersparnis durch die Befreiung von der Primärleistungspflicht.

d) Weitere Ansprüche

Möglicherweise kann der Arbeitnehmer außerdem Schadensersatzansprüche geltend machen, die nicht unmittelbar auf die Unmöglichkeit zurückzuführen sind.

---

357 *Oertmann*, LZ 1915, 792, 797 f.

358 *Stoll* in: Schwenzer (Hrsg.) Festschrift für Peter Schlechtriem zum 70. Geburtstag: Vorteilsausgleichung bei Leistungsvereitelung, S. 691 ff.; *Bollenberger*: Das stellvertretende Commodum, S. 220 f.

359 *Bollenberger*, Das stellvertretende Commodum, S. 221 ff.; a.A. *Hartmann*: Der Anspruch auf das stellvertretende Commodum, S. 232 f., der allein an den ersparten Aufwand des Schuldners anknüpft.

In Betracht kommen hier Ansprüche wegen Verletzung einer vertraglichen Nebenpflicht gemäß § 280 Abs. 1 BGB. In der Literatur wurde diese Möglichkeit immer wieder erörtert.[360] Betroffen wäre vorliegend die Fürsorgepflicht des Arbeitgebers gegenüber seinen Arbeitnehmern, § 241 Abs. 2 BGB. Danach ist er verpflichtet, auf die Interessen der Arbeitnehmer Rücksicht zu nehmen. Kommt es durch einen Betriebsübergang zum Verlust von Leistungsansprüchen des Arbeitnehmers, entspricht dies offensichtlich nicht den Interessen der Belegschaft. Insoweit könnte man die Wahrung der Fürsorgepflicht des Arbeitgebers (je nach Zeitpunkt Veräußerer oder Erwerber) durchaus in Frage stellen, insbesondere, wenn er um die Möglichkeit des Anspruchsverlusts gewusst hat.

Gleichwohl wäre eine derartige Pflichtverletzung im Regelfall nicht als schuldhaft zu betrachten.[361] Veräußerer und Erwerber könnten anderenfalls eine Haftung nur vermeiden, wenn sie von einem Inhaberwechsel absehen. Insoweit greifen die gleichen Gründe gegen eine Verantwortlichkeit wie im Rahmen des Anspruchs auf Schadensersatz wegen Unmöglichkeit gemäß §§ 275 Abs. 1, 280 Abs. 1, 3, 283 BGB.[362] Parallel zu den dortigen Grundsätzen ist die Grenze zum Vertretenmüssen indes dann überschritten, wenn der Betriebsübergang nachweislich dem Ziel diente, Ansprüche des Arbeitnehmers zu verkürzen.[363] Der Gleichschritt endet jedoch, wenn es um die Person des Anspruchsgegners geht: Vor dem Inhaberwechsel war der Erwerber noch kein Arbeitgeber und unterlag folglich auch noch keinen Fürsorgepflichten. Dadurch dass es im Zeitpunkt seines Eintritts zur Vereitelung der Arbeitnehmeransprüche kommt, hatte der Arbeitnehmer nie einen Gewährungsanspruch gegen den Erwerber, auf den er Rücksicht nehmen müsste. Denkbar schiene damit allenfalls eine Verantwortlichkeit des Erwerbers über § 311 Abs. 2 BGB. Allerdings haben Arbeitnehmer und Erwerber vor der Betriebsübernahme weder Vertragsverhandlungen geführt (Nr. 1), noch einen Vertrag angebahnt (Nr. 2) oder ähnlichen geschäftlichen Kontakt gehabt (Nr. 3). Der Wortlaut insbesondere von Nr. 3 würde

---

360 *Bauer/Göpfert/Steinau-Steinrück,* ZIP 2001, 1129, 1132 f.; *Tappert,* NZA 2002, 1188, 1194; *Fuchs,* Betriebliche Sozialleistungen, S. 140 f.; Schaub ArbR-HdB 9. Aufl. 2000/*Schaub*: § 118, Rn. 74.

361 *Tappert,* NZA 2002, 1188, 1194; *Bauer/Göpfert/Steinau-Steinrück,* ZIP 2001, 1129, 1132 f.; im Ergebnis wohl auch *Fuchs,* Betriebliche Sozialleistungen, S. 141 ff.; a.A. Schaub ArbR-HdB 9. Aufl. 2000/*Schaub*: § 118, Rn. 74.

362 Siehe oben, Kapitel 3:C.II.2.c)bb)(2).

363 Insbesondere für Optionsrechte *Tappert,* NZA 2002, 1188, 1194; *Bauer/Göpfert/Steinau-Steinrück,* ZIP 2001, 1129, 1133.

überdehnt, sähe man die Verhandlungen mit dem Veräußerer als Kontakt mit dem Arbeitnehmer an.

Bleibt also nur die Inanspruchnahme des Veräußerers. Die Haftung über § 280 Abs. 1, 241 Abs. 2 BGB ist nur bei treuwidriger Herbeiführung des Betriebsübergangs möglich: In diesem Fall verletzt der Veräußerer seine Fürsorgepflichten bereits vor dem Betriebsübergang dahingehend, dass er in den Verhandlungen mit dem Erwerber über die Betriebsübernahme bewusst Absprachen zum Nachteil der Belegschaft trifft. Der Schadensersatzanspruch gegen den Veräußerer aufgrund dieser Nebenpflichtverletzung ergänzt insoweit den Schadensersatzanspruch gegen den Erwerber nach §§ 280 Abs. 1, 3, 283 BGB um den Zeitraum vor dem Betriebsübergang. Hier wird es allerdings regelmäßig an einem ersatzfähigen Schaden fehlen: Eine Haftung des Veräußerers wegen einer Nebenpflichtverletzung kommt nur dann in Betracht, wenn der Erwerber Schadensersatz wegen Unmöglichkeit leisten muss. Der Arbeitnehmer erleidet indes erst durch Eintritt der Unmöglichkeit einen Vermögensschaden, der vom Erwerber zu ersetzen ist.

e) Zusammenfassung

Der Betriebsübergang führt bei unternehmensbezogenen Leistungen zur Unmöglichkeit der Leistungsgewährung nach § 275 Abs. 1 BGB, sodass der Erwerber von seiner Leistungspflicht befreit wird. Der Arbeitnehmer erhält hieraus gegen den Erwerber regelmäßig keine Schadensersatz- und nie Herausgabeansprüche. Anders liegen die Dinge nur, wenn der Betriebsübergang das Ziel hatte, Leistungsansprüche des Arbeitnehmers zu verkürzen. In diesem Fall haftet der Erwerber ab dem Betriebsübergang nach den §§ 280 Abs. 1, 3, 283 BGB; der Veräußerer davor nach §§ 280 Abs. 1, 241 Abs. 2 BGB, wobei bei letzterem regelmäßig kein ersatzfähiger Schaden eintritt.

III. Nicht unternehmensbezogene Leistungen, die Entgelt im weiteren Sinne sind

Handelt es sich hingegen um eine Leistung ohne Unternehmensbezug, entfällt die damit verbundene Zweckerreichungsproblematik. Der Erwerber tritt vollumfänglich in die Rechtsposition des Veräußerers ein, sofern nicht anderweitige ausdrücklich vereinbarte Klauseln eine Überleitung verhindern bzw. den Anspruch untergehen lassen.[364] Eine konkludent vereinbarte Beschränkung

364 Siehe oben, Kapitel 3:A.II.

des Leistungsanspruchs ist hier – wie auch bei unternehmensbezogenen Zusagen[365] – AGB-rechtlich nicht zulässig.

Gleichwohl sind Erwerber und Veräußerer häufig finanziell unterschiedlich aufgestellt. Ob diese Verschiebung der wirtschaftlichen Verhältnisse auf Arbeitgeberseite dazu führen kann, dass die Leistungspflicht nach gesetzlichen Vorschriften abweichend von § 613 a BGB modifiziert wird, wird im Folgenden untersucht.

1. *Dennoch Ausschluss der Leistungspflicht gemäß § 275 Abs. 1 BGB?*

Als erstes kommt ein Ausschluss der Leistungspflicht *ipso iure* – also ohne Erfordernis einer Einrede[366] – gemäß § 275 Abs. 1 Alt. 2 BGB in Betracht. Hier fehlt jedoch der Unternehmensbezug. Daraus folgt, dass dem Erwerber die Leistung gerade nicht mehr subjektiv unmöglich ist. Selbst wenn er die Leistung nicht selbst vorhält, könnte er sie entweder beschaffen und weiterreichen oder sich eines Dritten zur Erfüllung bedienen.[367] Insoweit kann es durch den Betriebsübergang zu keiner Veränderung kommen. Die Leistung wird weder objektiv noch subjektiv durch den Betriebsübergang unmöglich.

2. *Leistungsverweigerungsrecht des Schuldners gemäß § 275 Abs. 2 BGB*

Wenn dem Erwerber die Leistung nicht unmöglich ist, könnte ihm unter den Voraussetzungen von § 275 Abs. 2 BGB ein Leistungsverweigerungsrecht zustehen, wenn er verglichen mit dem Veräußerer wirtschaftlichen Mehraufwand hat. Dies gilt auch, wenn er sich eines Dritten zur Erfüllung bedient.[368] Bevor jedoch die Einschlägigkeit der Vorschrift bei Leistungserschwerungen im Arbeitsverhältnis infolge eines Betriebsübergangs geprüft werden kann, ist zunächst zu untersuchen, ob Leistungserschwerungen überhaupt jemals ein Leistungsverweigerungsrecht im Sinne des § 275 Abs. 2 begründen können, oder ob diese Fälle unter § 313 BGB zu subsumieren sind. Um das Verhältnis dieser beiden

---

365 Ausführlich oben, Kapitel 3:C.II.1.c)bb) (2).

366 BeckOGK/*Riehm*: § 275 BGB, Rn. 150; MüKo BGB/*Ernst*: § 275 BGB, Rn. 80; Grüneberg/*Grüneberg*: § 275 BGB, Rn. 31.

367 Das ist jedoch für § 275 Abs. 1 Alt. 1 BGB gerade ausgeschlossen, vgl. BGH, 25.10.2012 – VII ZR 146/11, NJW 2013, 152, 153; BGH, 04.12.2012 – II ZR 159/10, NJW-RR 2013, 363, 367; Grüneberg/*Grüneberg*: § 275 BGB, Rn. 23.

368 Ausführlich *Riehm*: Der Grundsatz der Naturalerfüllung, S. 309 f.

Vorschriften gibt es seit deren Einführung durch das Schuldrechtsmodernisierungsgesetz[369] zum 1. Januar 2002 einen intensiv geführten Streit:

a) Meinungsstand

aa) Herrschende Ansicht: Freie Konkurrenz

Überwiegend wird in der Literatur vertreten, dass § 275 Abs. 2 BGB und § 313 BGB in freier Konkurrenz zueinanderstehen. Dies habe zur Folge, dass dem Schuldner, sofern die Voraussetzungen beider Vorschriften erfüllt seien, ein Wahlrecht zwischen der Leistungsverweigerung und dem Verlangen nach Vertragsanpassung gemäß § 313 Abs. 1 BGB zustehe.[370] Die Vertreter dieser Auffassung führen als Begründung an, dass die Vorschriften grundverschiedene Voraussetzungen hätten. Folglich könne derselbe Sachverhalt ohnehin kaum je unter beide Vorschriften subsumiert werden, vielmehr ergänzten sie sich insoweit.[371] Dies liege daran, dass § 275 Abs. 2 BGB rein auf das Leistungsinteresse des Gläubigers Rücksicht nehme, während § 313 BGB objektiv das Verhältnis von Leistungswert und Gegenleistungswert im Blick habe.[372] Insoweit betreffe der Wegfall der Geschäftsgrundlage eine Störung des Äquivalenzverhältnisses[373] im Vertrag insgesamt, während § 275 Abs. 2 BGB bloß die Folgen der

---

369 BGBl. I, S. 3138.

370 BeckOGK/*Riehm*: § 275 BGB, Rn. 290 ff.; *Huber/Faust*: Schuldrechtsmodernisierung, 2. Kapitel, Rn. 79; *Emmerich*: Das Recht der Leistungsstörungen, § 3, Rn. 68; Grüneberg/*Grüneberg*: § 275 BGB, Rn. 29, der jedoch das Wahlrecht auf Fälle beschränkt sieht, die keine Äquivalenzstörung aufweisen. Anderenfalls sei § 313 BGB vorrangig; Soergel/*Ekkenga/Kuntz*: § 275 BGB, Rn. 126; ähnlich auch MüKo BGB/*Ernst*: § 275 BGB, Rn. 28; Staudinger/*Caspers*: § 275 BGB, Rn. 120; *Schwarze*: Das Recht der Leistungsstörungen, § 6, Rn. 38; *Schwarze,* Jura 2002, 73, 78; *Finn*: Erfüllungspflicht und Leistungshindernis – Die Bestimmung der Grenzen vertraglicher Primärpflichten nach §§ 275 Abs. 1 und 2, 313 BGB, S. 520 ff.; wohl auch *Wagner*: Studien zum Recht der Unmöglichkeit, S. 227 ff., der eine Abgrenzung anhand des Antrags des Schuldners vorschlägt. Dieser Weg setzt indes das Bestehen eines Wahlrechts voraus.

371 BeckOGK/*Riehm*: § 275 BGB, Rn. 290; *Finn,* Erfüllungspflicht und Leistungshindernis, S. 520 ff.

372 *Huber/Faust,* Schuldrechtsmodernisierung, 2. Kapitel, Rn. 79.

373 Bei gegenseitigen entgeltlichen Verträgen ist auch die Äquivalenz zwischen Leistung und Gegenleistung Geschäftsgrundlage, die durch ein späteres Ereignis gestört werden kann, vgl. BGH, 23.05.2014 – V ZR 208/12, NJW 2014, 3439, 3441; Grüneberg/*Grüneberg*: § 313 BGB, Rn. 25.

Unwirtschaftlichkeit des Anspruchs auf Naturalleistung in einem besonders großen Ausmaß festlege.[374]

Aus dieser Überlegung ergeben sich folgende Varianten[375], welche die denkbaren Ergebnisse der vom Gesetzgeber in § 275 Abs. 2 BGB angestellten Vergleichsrechnung abbilden: (1) Das Leistungsinteresse des Gläubigers erhöht sich parallel zur Erschwerung, etwa weil der Marktwert gestiegen ist. Rechtsfolge: § 275 Abs. 2 BGB kommt nie zur Anwendung, da kein grobes Missverhältnis entstehen kann. Allein § 313 BGB kann einschlägig sein. (2) Das Leistungsinteresse des Gläubigers bleibt gleich, während der Beschaffungspreis nicht so weit steigt, als dass ein grobes Missverhältnis angenommen werden kann. Rechtsfolge: § 313 BGB kommt bei Vorliegen der Voraussetzungen zur Anwendung, § 275 Abs. 2 BGB ist jedoch nicht einschlägig. (3) Das Leistungsinteresse des Gläubigers bleibt gleich, während der Beschaffungspreis auch die Schwelle von § 275 Abs. 2 BGB überschreitet. Rechtsfolge: Der Schuldner hat die freie Wahl, sich durch die Erhebung der Einrede aus § 275 Abs. 2 BGB von der Verpflichtung zur Naturalleistung zu befreien, oder einen Anspruch auf Vertragsanpassung bzw. Vertragsaufhebung nach § 313 BGB geltend zu machen.

bb) Vorrang von § 275 Abs. 2 BGB gegenüber § 313 BGB

Andere Autoren[376] argumentieren wiederum vor allem mit dem historischen Willen des Gesetzgebers. Danach geht § 275 Abs. 2 BGB dem § 313 BGB grundsätzlich vor, denn während sich § 275 Abs. 2 BGB dem „Ob" der Leistungspflicht widmet, sei die Existenz der Verpflichtung in § 313 BGB zwingend notwendig, damit überhaupt Anpassungen im Vertrag vorgenommen werden können.[377] Somit sei das Vorliegen von Unmöglichkeit immer zuerst zu prüfen, erst wenn sich daraus der Fortbestand der Leistungsverpflichtung ergeben habe, könne man sich dem Wegfall der Geschäftsgrundlage zuwenden.[378] Vereinzelt wird die

---

374 *Riehm,* Grundsatz der Naturalerfüllung, S. 327 f.; *Unberath*: Die Vertragsverletzung, S. 281 f.

375 BeckOGK/*Riehm*: § 275 BGB, Rn. 291 f.

376 *Fehre*: Unmöglichkeit und Unzumutbarkeit der Leistung, S. 53 f.; *Eidenmüller,* Jura 2001, 824, 831; *Kindl,* WM 2002, 1313, 1316; NK-BGB/*Krebs/Jung*: § 313 BGB, Rn. 24 ff., der Anwendungsvorrang von § 275 BGB soll jedoch nicht für Fälle der „wirtschaftlichen Unmöglichkeit" gelten, vgl. Rn. 26; *Helm*: Die Einordnung wirtschaftlicher Leistungserschwerungen in das Leistungsstörungsrecht nach der Schuldrechtsreform, S. 170 ff.

377 BT-Drucks. 14/6040, S. 176.

378 *Fehre,* Unmöglichkeit, S. 54 ff.

Anwendbarkeit von § 313 BGB bei faktisch überwindbaren Leistungserschwerungen grundsätzlich abgelehnt.[379]

cc) Vorrang von § 313 BGB gegenüber § 275 Abs. 2 BGB

Indes wird auch die gegenteilige Auffassung vertreten.[380] Zur Begründung werden in erster Linie systematische Erwägungen vorgebracht: Dadurch, dass § 313 BGB im 3. Abschnitt des 2. Buchs des BGB angesiedelt ist, ist Grundvoraussetzung für die Anwendung der Vorschrift das Bestehen eines Vertrags. Anders verhält es sich hingegen mit § 275 Abs. 2 BGB, der im allgemeinen Schuldrecht zu finden ist und als solcher immer dann zurückstehen müsse, sobald die Tatbestandsvoraussetzungen von § 313 BGB erfüllt seien.[381] Teilweise soll der Vorrang dahingehend eingeschränkt werden, dass er Sachverhalte, die keine Äquivalenzstörung aufweisen, nicht erfasse.[382]

b) Stellungnahme

Die Vielfalt an Stimmen zeigt bereits die Unübersichtlichkeit des Streitstands, wobei er sich freilich nicht in den oben beschriebenen Darstellungen erschöpft. Die Auffassung, eine Differenzierung sei gar nicht erst möglich[383] und § 275 Abs. 2 BGB habe folglich gar keinen Anwendungsbereich,[384] soll im Folgenden zugunsten der Handhabbarkeit des Konkurrenzproblems außen vor gelassen werden, denn beide Vorschriften existieren seit der Schuldrechtsmodernisierung unverändert. Über ihre Stellung und ihr wechselseitiges Verhältnis

---

379 *Lobinger*: Die Grenzen rechtsgeschäftlicher Leistungspflichten, S. 267 ff.

380 *Schlüter*, ZGS 2003, 346, 350 f.; *Mittenzwei* in: Brügmann (Hrsg.) Festschrift für Walter Jagenburg zum 65. Geburtstag: Geschäftsgrundlage und Vertragsrisiko beim Pauschalvertrag, S. 629 ff.; wohl auch *Costede* in: Ahrens (Hrsg.) Medizin und Haftung – Festschrift für Erwin Deutsch zum 80. Geburtstag: Fragen zur Reichweite vertraglicher Leistungspflichten (§§ 275, 313 BGB), S. 1049 ff.

381 Vgl. *Schlüter*, ZGS 2003, 346, 350.

382 Grüneberg/*Grüneberg*: § 275 BGB, Rn. 29. Als Beispiel werden hier nichtsynallagmatische Ansprüche genannt, die indes deutlich geringere Relevanz aufweisen als synallagmatische Ansprüche. Ebenso auch *Mittenzwei*, Festschrift Walter Jagenburg, S. 629 ff.

383 *Picker*, JZ 2003, 1035, 1045 f.

384 *Schmidt-Recla* in: Kern (Hrsg.) Humaniora Medizin – Recht – Geschichte – Festschrift für Adolf Laufs zum 70. Geburtstag: Echte, faktische, wirtschaftliche Unmöglichkeit und Wegfall der Geschäftsgrundlage, S. 668 ff.

hat die Rechtspraxis zu entscheiden, wie sich nicht zuletzt auch an der Existenz und Intensität des Meinungsstreits festmachen lässt.

Ausgehend vom Willen des Gesetzgebers, der die bloße Leistungserschwerung immer dem Anwendungsbereich von § 313 BGB zuordnen will und in § 275 Abs. 2 BGB für die Feststellung der „Grobheit" eine Vergleichsrechnung zwischen dem Leistungsinteresse des Gläubigers und dem Missverhältnis selbst beabsichtigte,[385] spricht viel dafür, § 275 Abs. 2 BGB und § 313 BGB als voneinander unabhängig zu bewerten. In Sachverhalten, in denen die Leistungserschwerung auf einer Steigerung des Beschaffungspreises beruht, würde dies bedeuten, dass § 275 Abs. 2 BGB allenfalls in extremen Konstellationen einschlägig sein könnte – dann nämlich, wenn der Schuldner, würde man ihn zur Naturalleistung verpflichten, in seiner wirtschaftlichen Existenz bedroht ist, während sich das Leistungsinteresse des Gläubigers nicht verändert. Dies liefe allerdings auf eine zumindest gedankliche Prüfung von § 275 Abs. 2 BGB und damit auf eine vorrangige Anwendung der Vorschrift hinaus. Genau das widerspricht jedoch dem erklärten Willen des Gesetzgebers bei reinen Leistungserschwerungen.

Dies bedeutet hingegen nicht, dass der Gesetzgeber § 313 BGB generell vorrangig angewandt sehen wollte. Im Gegenteil: Bei der „faktischen Unmöglichkeit" sollte § 275 Abs. 2 BGB zur Anwendung kommen.[386] Dieses Motiv spricht auch gegen die in der Literatur vertretenen Ansicht, § 313 BGB habe Anwendungsvorrang. Darüber hinaus wäre es unsinnig, dem Schuldner eine Rechtsfolge aufzuzwingen, die dem Grunde nach auf Erfüllung der Primärleistungspflicht gerichtet ist (§ 313 BGB), obwohl bei „faktischer" Unmöglichkeit von vorneherein klar ist, dass eine Vertragsanpassung immer scheitern muss.

Richtigerweise ist dem Schuldner deshalb bei Erfüllung der tatbestandlichen Voraussetzungen sowohl von § 275 Abs. 2 BGB als auch von § 313 BGB die Wahl zu lassen, welche Rechtsfolge er herbeiführen will. Diese Konstellation wird angesichts der hohen Hürden, die die tatbestandlichen Voraussetzungen des § 275 Abs. 2 BGB zu stellen sind, nur äußerst selten eintreten. § 275 Abs. 2 BGB ist nur anwendbar, wenn der Mehraufwand so gravierend ist, dass er ihm angesichts des Erfüllungsinteresses des Gläubigers nicht mehr zugemutet werden kann. Das ist nach Ansicht des BGH der Fall, wenn sich das Missverhältnis als „*besonders krass*" herausstellt,[387] also für den Schuldner existenzbedrohend ist. Dann, und nur dann, ist der Spielraum für § 275 Abs. 2 BGB eröffnet. Dies

---

385 BT-Drucks. 14/6040, S. 130.
386 BT-Drucks. 14/6040, S. 129.
387 BGH, 19.12.2012 – VIII ZR 96/12, NJW, 2013, 1074, 1077.

überzeugt sowohl dogmatisch als auch praktisch, da § 275 Abs. 2 BGB als Einrede ausgestaltet ist, zu deren Erhebung der Schuldner nicht gezwungen werden kann.[388] Aus praktischer Sicht zeigt sich das Wahlrecht ebenfalls flexibel den Parteiinteressen dienend, denn es steht den Vertragsparteien offen, zunächst zu verhandeln, wie ein entstandener Mehraufwand aufgeteilt werden soll.[389]

c) Zwischenergebnis

§ 275 Abs. 2 BGB und § 313 BGB ergänzen einander. Soweit ein Sachverhalt unter beide Normen subsumierbar ist, besteht für den Schuldner ein Wahlrecht, welche Rechtsfolge er herbeiführen will. Dies wird jedoch praktisch eher selten vorkommen.

d) Auswirkungen auf das Betriebsübergangsrecht

Für Leistungserschwerungen im Arbeitsverhältnis nach einem Betriebsübergang ergibt sich Folgendes: Die Anwendung § 275 Abs. 2 BGB kommt grundsätzlich in Betracht. Berücksichtigt man den Umstand, dass der Arbeitgeber durch die Leistungszusage noch nicht unmittelbarer Sachleistungsschuldner wird,[390] wird klar, dass eine Erfüllung der Leistungszusage nie faktisch unmöglich wird. Der Leistungsgegenstand ist noch nicht hinreichend konkretisiert. Weder existiert er nur ein einziges Mal, noch kann er nur unter vollkommen unverhältnismäßigen Aufwendungen vom Arbeitgeber erlangt und dem Arbeitnehmer überlassen werden. Vielmehr führt der durch Erfüllung entstehende Mehraufwand allenfalls zur „wirtschaftlichen Unmöglichkeit". Ein Missverhältnis zwischen Schuldneraufwand und Leistungsinteresse des Gläubigers ist grundsätzlich denkbar, denn das Leistungsinteresse des Gläubigers – also des Arbeitnehmers – wird mit dem Mehraufwand des Schuldners nie steigen, weil sich der Marktwert der Leistung allein durch den Betriebsübergang nicht erhöht. Es handelt es sich um einen klassischen Fall der Äquivalenzstörung, bei der Gesetzgeber und Teile des Schrifttums ohnehin einen Anwendungsvorrang des § 313 BGB befürworten.[391] Geht man mit der vorzugswürdigen herrschenden Meinung, ist zu prüfen, ob die Leistungserschwerung die Schwelle zum groben Missverhältnis

---

388 BeckOGK/*Riehm*: § 275 BGB, Rn. 216; MüKo BGB/*Ernst*: § 275 BGB, Rn. 110; Grüneberg/*Grüneberg*: § 275 BGB, Rn. 32.

389 BeckOGK/*Riehm*: § 275 BGB, Rn. 291.

390 BAG, 07.09.2004 – 9 AZR 631/03, NZA 2005, 941, 943.

391 Grüneberg/*Grüneberg*: § 275 BGB, Rn. 29; *Schlüter*, ZGS 2003, 346, 350 f.; *Mittenzwei*, Festschrift Walter Jagenburg, S. 629 ff.; BT-Drucks. 14/6040, S. 130.

im Sinne des § 275 Abs. 2 BGB überschreitet. Dies ist erforderlich, um überhaupt zur Anwendung der Vorschrift und so zu einem möglichen Wahlrecht zwischen §§ 275 Abs. 2 und 313 BGB zu kommen. Die Voraussetzungen, die an das grobe Missverhältnis gestellt werden, sind so hoch, dass sie bei Leistungserschwerungen infolge eines Betriebsübergangs nie eintreten werden. Der Mehraufwand des Erwerbers besteht regelmäßig in der Überlassung des Leistungsgegenstands an den Arbeitnehmer zu den Konditionen des Veräußerers, während er diesen zuvor am Markt beschaffen musste und nicht – wie der Veräußerer – nur die Herstellungskosten trägt. Das begründet noch keine Unzumutbarkeit im Sinne des § 275 Abs. 2 BGB, die erst dann gegeben ist, wenn kein vernünftiger Gläubiger die Leistung noch ernsthaft erwarten kann.[392] Geht es um eine Geldleistung, fehlt es im Übrigen bereits an einer Leistungserschwerung, denn die Geldschuld ist eine Wertverschaffungsschuld, deren Risiko der Schuldner unbeschränkt übernimmt.[393] Dieser Grundsatz ist dem Prinzip der unbeschränkten Vermögenshaftung zu entnehmen, welches in der deutschen Wirtschaftsordnung verankert ist.[394] Daraus wird richtigerweise allgemein geschlossen, dass § 275 Abs. 1 und 2 BGB auf Geldschulden nicht anwendbar sind.[395] Hier könnte allenfalls die vom Veräußerer zugesagte Höhe des Betrags unzumutbar sein, nicht aber der Erfüllungsaufwand an sich.

e) Zusammenfassung

Zusammenfassend lässt sich festhalten, dass der Erwerber sich nicht durch die Einrede des § 275 Abs. 2 BGB von seiner Leistungspflicht befreien kann. Gewährt er die Leistung trotz des erhöhten Aufwands nicht, macht er sich zunächst gemäß §§ 280 Abs. 1, 3, 281 Abs. 1 S. 1 Alt. 1, 249 ff. BGB schadensersatzpflichtig. Der erhöhte Leistungsaufwand kann dabei keine Exkulpation für die Nichtleistung sein. Indes besteht gegebenenfalls die Möglichkeit, die gegenseitigen Leistungspflichten nach § 313 BGB anzupassen.

---

392 BT-Drucks. 14/6040, S. 129.

393 MüKo BGB/*Grundmann*: § 245 BGB, Rn. 84; Grüneberg/*Grüneberg*: § 245 BGB, Rn. 12; *Emmerich*, Leistungsstörungen, § 3, Rn. 69; eingehend auch *Grothe*: Fremdwährungsverbindlichkeiten, S. 24 ff.

394 Staudinger/*Caspers*: § 275 BGB, Rn. 74.

395 Siehe jeweils mit weiteren Nachweisen MüKo BGB/*Ernst*: § 275 BGB, Rn. 13; Grüneberg/*Grüneberg*: § 275 BGB, Rn. 3; Staudinger/*Caspers*: § 275 BGB, Rn. 74; Soergel/*Ekkenga/Kuntz*: § 275 BGB, Rn. 11.

3. *Vertragsanpassung und Rücktritt nach § 313 Abs. 1 bzw. 3 BGB*

Da dem Erwerber kein Leistungsverweigerungsrecht zusteht, könnte er stattdessen einen Anspruch auf Vertragsanpassung oder bei Scheitern ein Rücktrittsrecht haben. Der Weg über § 313 Abs. 1 bzw. 3 BGB wird dabei von großen Teilen der Literatur befürwortet.[396] Inwieweit das zulässig ist und welche betriebsübergangsrechtlichen Probleme dabei insbesondere auftreten, soll im Folgenden untersucht werden.

a) Voraussetzungen und Anwendbarkeit

§ 313 Abs. 1 BGB setzt voraus, dass sich Umstände, die zur Vertragsgrundlage geworden sind, nach Vertragsschluss so schwerwiegend verändert haben, dass die Parteien, hätten sie die Veränderung vorausgesehen, den Vertrag nicht (so) geschlossen hätten. Die Vorschrift ist im Arbeitsrecht grundsätzlich anwendbar.[397] Nach ständiger Rechtsprechung des BAG scheidet eine Anpassung aus, wenn der Anpassungsgegenstand die Arbeitsleistung des Arbeitnehmers ist, hier sind kündigungsrechtliche Vorschriften, insbesondere § 2 KSchG vorranging anzuwenden.[398] Hier geht es jedoch um die Anpassung einer Vergütungsleistung des Arbeitgebers im weiteren Sinne, die nicht den Kernbereich des Arbeitsverhältnisses betrifft.

aa) Die Geschäftsgrundlage der Leistungszusage

Zunächst bedarf es einer Geschäftsgrundlage zwischen den Parteien. Die Rechtsprechung definiert sie als *„die nicht zum Vertragsinhalt gewordenen, bei Vertragsschluss bestehenden gemeinsamen Vorstellungen beider Parteien oder die dem Geschäftsgegner erkennbaren und von ihm nicht beanstandeten Vorstellungen der einen Vertragspartei von dem Vorhandensein oder dem künftigen Eintritt gewisser Umstände, sofern der Geschäftswille der Parteien auf dieser Vorstellung*

396 *Gaul*, Betriebs- und Unternehmensspaltung, § 13, Rn. 42; WHSS/*Willemsen*: Teil G, Rn. 177; *Picot/Schnitker*, Unternehmenskauf und Restrukturierung, Teil I, Rn. 210; *Tappert*, NZA 2002, 1188, 1194 ff.; *Schnitker/Grau*, BB 2002, 2497, 2500; *Grimm/Walk*, BB 2003, 577, 582; *Lembke*, BB 2001, 1469, 1474; *Gaul/Naumann*, NZA 2011, 121, 126; a.A. *Gulbins*, Unternehmensspezifische Vergütungsregelungen, S. 173 ff.

397 MüKo BGB/*Finkenauer*: § 313 BGB, Rn. 47.

398 BAG, 05.06.2014 – 2 AZR 615/13, NZA 2015, 40, 42; BAG, 20.06.2013 – 2 AZR 396/12, NZA 2013, 1409–1411, 1410; BAG, 08.10.2009 – 2 AZR 235/08, NZA 2010, 465, 467; BAG, 12.01.2006 – 2 AZR 126/05, NZA 2006, 587, 590.

beruht".[399] Sie greift damit auf *Oertmanns* subjektive Geschäftsgrundlagentheorie zurück.[400] Demnach handelt sich also nicht um vertragliche Regelungen, sondern um „begleitende Umstände" die den Vertrag maßgeblich beeinflusst haben. Konkret machen (1) subjektive Parteivorstellungen über Umstände, die (2) für den Geschäftswillen der Parteien maßgeblich sind, die Geschäftsgrundlage aus. Dis gilt auch für den Arbeitsvertrag.

(1) Subjektive Parteivorstellungen über Umstände

Mit Blick auf das subjektive Element ist zunächst eine gemeinsame Vorstellung der Vertragsparteien von den Rahmenbedingungen des Vertrags neben den vertraglich statuierten Haupt- und Nebenleistungspflichten erforderlich. Hierfür bedarf es keiner aktiven Verständigung zwischen den Vertragsparteien. Zwar sind einseitige Motive und Vorstellungen grundsätzlich unbeachtlich.[401] Erkennt und billigt der Vertragspartner dies jedoch stillschweigend, wird das unbeachtliche innere Motiv zu einer rechtserheblichen äußeren Geschäftsgrundlage.

§ 313 Abs. 1 BGB spricht weiter von „Umständen", die von den Parteien als gegeben bzw. als zukünftig eintretend angenommen werden. Fraglich ist, welche Umstände, die der Zusage zugrunde liegen, vorliegend in Betracht zu ziehen sind. Motive, wie beispielsweise die Honorierung der Betriebszugehörigkeit, die Steigerung der Produktivität des Arbeitnehmers oder die Attraktivität des Arbeitsplatzes durch zusätzliche Vergütungsleistungen sind zwar mögliche Geschäftsgrundlagen. Sie können allerdings auch vom Veräußerer durch Leistung an den Arbeitnehmer zur Geltung gebracht werden. Insoweit kommen diese „angestaffelten Zwecke"[402] für einen Anspruch nach § 313 BGB nicht in Betracht. Der Betriebsübergang hat auf die Erreichbarkeit solcher Zwecke keinen Einfluss, sodass eine Anwendung von § 313 BGB gestützt auf diese Umstände ausscheidet.

Der einzige Umstand, der in diesem Zusammenhang eine Geschäftsgrundlage im Sinne von § 313 BGB bildet, hat mit der „wirtschaftlichen Unmöglichkeit" zu

---

399 Vgl. nur BAG, 23.04.2013 – 3 AZR 475/11, NZA 2013, 1275, 1278; BGH, 21.07.2010 – XII ZR 180/09, NJW 2010, 2884, 2884.

400 *Oertmann*: Die Geschäftsgrundlage, S. 37 ff.; MüKo BGB/*Finkenauer*: § 313 BGB, Rn. 22. Zur Entwicklung des Rechtsinstituts und der heutigen Kodifikation siehe *Reichart*: Die Störung der Geschäftsgrundlage von Betriebsvereinbarungen, S. 20 ff.; *Emmerich*, Leistungsstörungen, § 27, Rn. 5 ff.

401 Vgl. nur MüKo BGB/*Finkenauer*: § 313 BGB, Rn. 8.

402 Begriff nach MüKo BGB/*Finkenauer*: § 313 BGB, Rn. 303.

tun. Da es nach der hier vertretenen Ansicht[403] bei nicht unternehmensbezogenen Leistungen ohnehin nie zur Anwendung von § 275 Abs. 2 BGB kommen wird, kommt es auf § 313 BGB an, wie es der Gesetzgeber für die „wirtschaftliche Unmöglichkeit" ohnehin bezweckt hatte.[404] Die maßgebliche Geschäftsgrundlage, auf die sich der Erwerber in seinem Anpassungsverlangen stützen kann ist also die Äquivalenz von Leistung und Gegenleistung. Sie kann dadurch gestört werden, dass durch den Betriebsübergang ein unzumutbar hoher Erfüllungsaufwand entsteht, entweder weil der Erwerber eine geringere Wirtschaftskraft als der Veräußerer hat, oder weil ihn einen Beschaffungsaufwand trifft, der in keinem Verhältnis mehr zur Leistung selbst steht.

Dieser Umstand ist bei der Zusage des Veräußerers auch zur Geschäftsgrundlage geworden. Zwar wird der Veräußerer dies im Rahmen seiner Leistungszusage ganz bewusst in den Hintergrund rücken wollen, weil er für den Arbeitnehmer näherliegende Zwecke ganz besonders hervorheben wird, um sich gegenüber dem Arbeitnehmer in ein gutes Licht zu rücken (z.B. die Betriebszugehörigkeit). Gleichwohl ist für einen verständigen Arbeitnehmer erkennbar, dass sich der Arbeitgeber nicht um jeden Preis zur Leistung verpflichten will, denn bei gegenseitigen Verträgen ist auch die Gleichwertigkeit von Leistung und Gegenleistung Geschäftsgrundlage.[405] Dies gilt auch dann, wenn dies bei der Zusage keinen besonderen Ausdruck gefunden hat.[406] Dass die Gegenleistung hier nicht wirtschaftlich messbar ist, ist unschädlich, denn es handelt sich bei den Zusagen nicht um Schenkungsversprechen.[407] Der Arbeitnehmer billigt den Umstand spätestens mit der Entgegennahme der Leistung.

(2) Kausalität

Schließlich werden die Parteivorstellungen nur dann zur Geschäftsgrundlage des Vertrags, sofern der Geschäftswille der Parteien darauf aufbaut.[408] Für das Arbeitsrecht ergeben sich hier keine Besonderheiten; das Kausalitätserfordernis gilt auch bei besonderen Leistungszusagen des Arbeitgebers.[409] Es wird im

---

403 Siehe oben, Kapitel 3:C.III.2.b).

404 BT-Drucks. 14/6040, S. 130.

405 Ständige Rspr. vgl. nur BGH, 15.04.2016 – V ZR 42/15, NJW 2016, 3100, 3100; BGH, 23.05.2014 – V ZR 208/12, NJW 2014, 3439, 3441.

406 Grüneberg/*Grüneberg*: § 313 BGB, Rn. 25.

407 Siehe oben, Kapitel 3:C.I.2.b).

408 Ständige Rechtsprechung, vgl. nur BGH, 21.07.2010 – XII ZR 180/09, NJW 2010, 2884, 2884.

409 Vgl. BAG, 23.04.2013 – 3 AZR 475/11, NZA 2013, 1275, 1278.

Regelfall ohne weiteres vorliegen, da der Arbeitgeber die Leistung nur im Rahmen seiner wirtschaftlichen Leistungsfähigkeit und nicht um jeden Preis zusagen möchte.

bb) Der Betriebsübergang als Auslöser schwerwiegender Veränderungen

Fraglich ist indes, ob ein Betriebsübergang geeignet ist, eine schwerwiegende Veränderung der oben aufgeführten Umstände im Sinne des § 313 Abs. 1 BGB zu verursachen. § 613 a BGB dient dabei vor allem dem Bestandsschutz der Arbeitsverhältnisse. Es soll sich nichts ändern, außer der Identität des Arbeitgebers. Daran anknüpfend vertritt *Gulbins*, Betriebsübergang und Wegfall der Geschäftsgrundlage schlössen sich aus, da sich der Vertragsinhalt nicht erheblich ändere.[410] Diese Sichtweise missachtet jedoch, dass es bei § 313 BGB gar nicht auf eine Veränderung des Vertragsinhalts ankommt.[411] Vielmehr ist maßgeblich, dass die veränderten Umstände nach dem Inhaberwechsel erheblich von den Parteivorstellungen im Zeitpunkt der Leistungszusage des Veräußerers divergieren. Der durch den Betriebsübergang hervorgerufene Vertragspartnerwechsel beeinflusst diese Umstände: Er kann – je nach Leistungsgegenstand – zu einem deutlich höheren Erfüllungsaufwand des Erwerberunternehmens im Vergleich mit dem Veräußerer führen. Insoweit ist der Betriebsübergang kausal für die Veränderung des Erfüllungsaufwands.

Schwerwiegend ist eine Veränderung, wenn keine Zweifel bestehen, dass die Parteien den Vertrag nicht (so) abgeschlossen hätten, wenn sie zu diesem Zeitpunkt von der späteren Veränderung gewusst hätten.[412] Wie bereits beim Eingang der Parteivorstellungen in die Geschäftsgrundlage ist auch hier ein Kausalzusammenhang erforderlich. Wann eine Veränderung als schwerwiegend einzuordnen ist, ist eine Frage des Einzelfalls. Teilweise vorgebrachte Richtzahlen sind abzulehnen.[413] Der Betriebsübergang ist regelmäßig als „schwerwiegend" einzustufen, denn wenn man unterstellt, dass der Erwerber die Zusage gegeben hätte, dann hätte dieser in Kenntnis der Mehrbelastung durch den Betriebsübergang die Zusage jedenfalls nicht in dieser Form abgegeben, sondern zumindest einen Freiwilligkeits- oder Widerrufsvorbehalt oder eine Verfallsklausel für diesen Fall daran geknüpft.

---

410 *Gulbins*, Unternehmensspezifische Vergütungsregelungen, S. 175 f.

411 Im Gegenteil: In den meisten Anwendungsfällen wird der Vertragsinhalt identisch bleiben, die Vertragsänderung ist hier lediglich eine Besonderheit des Betriebsübergangs.

412 MüKo BGB/*Finkenauer*: § 313 BGB, Rn. 58; Grüneberg/*Grüneberg*: § 313 BGB, Rn. 18.

413 Siehe die Beispiele bei MüKo BGB/*Finkenauer*: § 313 BGB, Rn. 58.

cc) Unzumutbarkeit der Veränderung und Risikosphäre

Allein der Wegfall der Geschäftsgrundlage ist für einen Anspruch aus § 313 Abs. 1 BGB jedoch nicht ausreichend. Darüber hinaus ist erforderlich, *„dass ein Festhalten an der vereinbarten Regelung für die betroffene Partei zu einem nicht mehr tragbaren Ergebnis führt"*.[414] Dadurch kommt es im Ergebnis zu einer Abwägung im Einzelfall nach Treu und Glauben.[415] Bei der Abwägung ist die vertragliche oder gesetzliche Risikoverteilung besonders zu berücksichtigen, § 313 Abs. 1 BGB. Zur Feststellung, ob das unveränderte Festhalten an den Rechten und Pflichten aus dem Arbeitsverhältnis zumutbar sein kann, muss demnach zuerst geklärt werden, ob ein Betriebsübergang in die Risikosphäre des Erwerbers fällt.

Einerseits wird hierzu vertreten, dass das Risiko einer Veränderung eindeutig beim Erwerber liege.[416] Zur Begründung wird insbesondere ausgeführt, ein Sachleistungsschuldner habe regelmäßig das Beschaffungsrisiko und damit das Risiko einer Aufwandserhöhung zu tragen. Durch den Betriebsübergang gehe das dem Veräußerer mit der Zusage auferlegte Realisierungsrisiko auf den Erwerber über. Dieser müsse dies auch gegen sich gelten lassen, da er den Betriebsübergang willentlich herbeigeführt habe.

Demgegenüber sind andere Autoren vor allem mit Hinblick auf den willentlich herbeigeführten Inhaberwechsel der Auffassung, dass das Veränderungsrisiko nicht einseitig verteilt sei.[417] Durch die grundrechtlich geschützte unternehmerische Entscheidungsfreiheit (Art. 12, 14 GG) sei der Arbeitgeber frei, seinen Betrieb zu veräußern – kommt es dadurch zu einem Wegfall der Geschäftsgrundlage, könne das nicht in seinen Risikobereich fallen. Es habe zum Zeitpunkt der Leistungszusage noch kein konkretes Risiko gegeben, dass der Arbeitgeber hätte übernehmen wollen. Insoweit sei ihm bzw. nach dem Inhaberwechsel dem Erwerber eine spätere Realisierung des Risikos auch nicht vorwerfbar. Anderes gelte nur bei missbräuchlicher Herbeiführung des Betriebsübergangs um einen Anspruch auf Vertragsanpassung zu erlangen.

Für eine eindeutige Risikoverteilung zu Lasten des Erwerbers scheint auf den ersten Blick vor allem das Argument zu sprechen, wonach der Arbeitgeber durch

---

414 BGH, 01.02.2012 – VIII ZR 307/10, NJW 2012, 1718, 1720.

415 MüKo BGB/*Finkenauer*: § 313 BGB, Rn. 76 f.; Grüneberg/*Grüneberg*: § 313 BGB, Rn. 24.

416 *Gulbins,* Unternehmensspezifische Vergütungsregelungen, S. 176 ff.

417 *Leuzinger,* Aktienoptionen im Arbeitsverhältnis, S. 281 ff.; *Lützeler,* Aktienoptionen bei einem Betriebsübergang, S. 150 ff.

seine Zusage das Aufwandsrisiko übernimmt.[418] Bei näherem Hinsehen wird jedoch deutlich, dass dieses Argument nicht ausreichend zwischen dem Aufwands- bzw. Beschaffungsrisiko im Sinne des § 276 Abs. 1 BGB und dem Risiko des Wegfalls der Geschäftsgrundlage unterscheidet. Das Beschaffungsrisiko übernimmt jeder Schuldner, der sich zu einer Sachleistung verpflichtet hat. Sollte der Veräußerer ein solches mit seiner Leistungszusage übernommen haben, würde es – so noch keine Erfüllung stattgefunden hat – ohne Weiteres gemäß § 613 a Abs. 1 S. 1 BGB auf den Erwerber übergehen. Dieses Risiko bezieht sich indes konkret auf den Vertragsinhalt und gerade nicht auf *„Umstände"* im Sinne von § 313 Abs. 1 BGB. Die Übernahme des Beschaffungsrisikos könnte zwar durchaus Indizwirkung für eine spätere Zuweisung der Risikosphäre haben. Allerdings führt dies bei Leistungszusagen infolge eines Betriebsübergangs nicht weiter, denn die Leistungszusage des Arbeitgebers bedeutet noch nicht, dass er zum unmittelbaren (Sach-)Leistungsschuldner wird.[419] Insoweit gibt es hier kein Beschaffungsrisiko, welches für die Frage, ob der Erwerber das Risiko des Wegfalls der Geschäftsrundlage zu tragen hat, eine Rolle spielen könnte. Vielmehr kommen hier die Argumente der Gegenseite zum Tragen: Bei einer Betriebsübernahme handelt es sich um ein grundrechtlich durch Art. 12 und 14 GG geschütztes Rechtsgeschäft, das einer einseitigen Zuweisung des Risikos an die Arbeitgeberseite entgegensteht.[420] Zum einen reicht die bloße Möglichkeit eines Betriebsübergangs mit der Folge des Wegfalls der Geschäftsgrundlage nicht aus, um eine konkrete Risikoübernahme durch den Veräußerer zu begründen, an die der Erwerber durch § 613 a Abs. 1 S. 1 BGB gebunden wäre.[421] Zum anderen ist dem Erwerber die Veränderung aufgrund seiner unternehmerischen Entscheidungsfreiheit auch nicht vorwerfbar,[422] sodass es auch nicht zu einer gesetzlichen Risikoverteilung kommt. Im Ergebnis kommt es also zu keiner vertraglichen oder gesetzlichen Risikoverteilung zulasten des Betriebserwerbers. Damit ist die nachträgliche Veränderung der Umstände für ihn nicht grundsätzlich zumutbar.

---

418 *Gulbins,* Unternehmensspezifische Vergütungsregelungen, S. 178 ff.

419 *„Denn der Arbeitgeber schuldet die Sachleistung […] nicht unmittelbar."*, BAG, 07.09.2004 – 9 AZR 631/03, NZA 2005, 941, 943.

420 *Leuzinger,* Aktienoptionen im Arbeitsverhältnis, S. 281 ff.

421 Insoweit zustimmend *Gulbins,* Unternehmensspezifische Vergütungsregelungen, S. 177 ff.

422 *Lützeler,* Aktienoptionen bei einem Betriebsübergang, S. 150 f. Die Situation entspricht insofern der Frage des Verschuldens im Rahmen von Schadensersatzansprüchen des Arbeitnehmers gegen den Erwerber bei unternehmensbezogenen Leistungszusagen, s. oben, Kapitel 3:C.II.2.c)bb)(1) und (2).

Anderes gilt nur bei Betriebsinhaberwechseln, die vor allem dem Zweck dienen, die Rechte und Pflichten aus dem Arbeitsverhältnis anzupassen.[423]

Wann nach diesen Grundsätzen die Veränderung unzumutbar ist, ist im Einzelfall zu entscheiden.[424] Ein Festhalten am Vertrag muss zur „*Vermeidung untragbarer, mit Recht und Gerechtigkeit schlechthin unvereinbarer Folgen unabweislich erscheinen*".[425] Für nicht unternehmensbezogene Zusagen kommt es demnach auf den jeweiligen Leistungsgegenstand, den Umfang der Steigerung des Erfüllungsaufwands und nicht zuletzt auch auf die Zahl der anspruchsberechtigten Arbeitnehmer an. Abstrakt lässt sich hierzu (nur) festhalten, dass das Festhalten jedenfalls dann unzumutbar wird, wenn die Erfüllung aller Zusagen an die Belegschaft das Arbeitgeberunternehmen in seiner Existenz bedrohen würde.

b) Der Anpassungsinhalt

Steht der Wegfall der Geschäftsgrundlage fest, kann Vertragsanpassung verlangt werden, § 313 Abs. 1 BGB. Die Vertragsanpassung ist nach herrschender Meinung gegenüber dem Rücktritt nach § 313 Abs. 3 BGB vorrangig.[426] Berechtigte sind hier sowohl die benachteiligte, als auch die bevorzugte Partei.[427] Im Rahmen der Ausgestaltung des Anspruchs stellen sich allerdings einige Fragen: (1) Welche Rolle spielt der Arbeitnehmer bei der Vertragsanpassung? (2) Wie sind Anpassungen vorzunehmen? Und (3) Welche Folgen hat die Unzumutbarkeit der Anpassung?

aa) Die Rolle des Arbeitnehmers bei der Vertragsanpassung

§ 313 Abs. 1 BGB ist als Anspruchsgrundlage ausgestaltet, sodass sich die Frage stellt, welche Rolle dem Arbeitnehmer als Adressat zukommt. Der

---

423 Ebenso *Lützeler,* Aktienoptionen bei einem Betriebsübergang, S. 151 ff.

424 MüKo BGB/*Finkenauer*: § 313 BGB, Rn. 76; Grüneberg/*Grüneberg*: § 313 BGB, Rn. 24.

425 BGH, 26.09.1996 – I ZR 265/95, NJW 1997, 1702, 1704; dazu kritisch MüKo BGB/*Finkenauer*: § 313 BGB, Rn. 76.

426 BeckOK BGB/*Lorenz*: § 313 BGB, Rn. 84; Grüneberg/*Grüneberg*: § 313 BGB, Rn. 40, 42; NK-BGB/*Krebs/Jung*: § 313 BGB, Rn. 108; *Reichart,* Störung der Geschäftsgrundlage, S. 36 ff.; so auch der gesetzgeberische Wille, BT-Drucks. 14/6040, S. 176; a.A. aber MüKo BGB/*Finkenauer*: § 313 BGB, Rn. 105.

427 So die ganz herrschende Meinung, vgl. *Bayreuther*: Die Durchsetzung des Anspruchs auf Vertragsanpassung beim Wegfall der Geschäftsgrundlage, S. 10 ff.; MüKo BGB/*Finkenauer*: § 313 BGB, Rn. 85; *Emmerich,* Leistungsstörungen, § 29, Rn. 16; a.A. wohl Grüneberg/*Grüneberg*: § 313 BGB, 41.

Bundesgerichtshof meint hierzu, die begünstigten Partei treffe eine Verhandlungspflicht, deren Verletzung Schadensersatzansprüche auslöse.[428] Anspruch und Verpflichtung seien „*zwei Seiten desselben Rechts*".[429] Damit befeuerte das Gericht einen lange geführten Streit[430] um die Existenz solcher Verhandlungspflichten, ohne diese überzeugend zu begründen.[431] Entsprechend gibt es weiterhin befürwortende[432] wie ablehnende[433] Stimmen in der Literatur. Das Hauptargument der Befürworter solcher Verhandlungspflichten liegt dabei in der Einführung des § 313 BGB als Anpassungsanspruch. Hierin läge zugleich die Anerkennung eines Neuverhandlungsanspruchs.[434] Die Gegenseite beruft sich einerseits darauf, dass die „zweite Seite" des Anpassungsanspruchs nicht die Verhandlungspflicht sei, sondern die Pflicht einer Anpassung zuzustimmen.[435] Andererseits wird die Vollstreckbarkeit eines aus dem Verstoß gegen eine solche Pflicht erwachsenen Schadensersatzanspruchs in Frage gestellt.[436]

Die entscheidenden Argumente gegen die Auferlegung einer Neuverhandlungspflicht ergeben sich aus dem Wortlaut des § 313 Abs. 1 BGB sowie dem historischen Willen des Gesetzgebers. Aus dem Umstand, dass Anpassung „*verlangt*" werden kann, folgt, dass der Benachteiligte im Ernstfall überhaupt nicht auf eine Mitwirkung des Begünstigten angewiesen ist,[437] auch wenn eine vorhergehende Verhandlung beider Parteien allein schon aus (prozess-) ökonomischen Gründen empfehlenswert ist. Hier setzt auch die Gesetzesbegründung an: Die eindeutige Formulierung war einerseits bewusst gewählt, andererseits sollten die Parteien gerade durch diese Formulierung zu Verhandlungen angeregt – aber eben nicht verpflichtet – werden.[438]

---

428 BGH, 30.09.2011 – V ZR 17/11, NJW 2012, 373, 376.

429 BGH, 30.09.2011 – V ZR 17/11, NJW 2012, 373, 376.

430 Siehe die Nachweise bei *Bayreuther,* Wegfall der Geschäftsgrundlage, S. 26 ff.

431 Ausführlich dazu: *Thole,* JZ 2014, 443, 444 ff.

432 *Lüttringhaus,* AcP 213/2013, 266, 273 ff.; *Janda,* NJ 2013, 1, 7 f.; BeckOK BGB/*Lorenz*: § 313 BGB, Rn. 84; Grüneberg/*Grüneberg*: § 313 BGB, Rn. 41; *Riesenhuber,* BB 2004, 2697, 2699; wohl auch NK-BGB/*Krebs/Jung*: § 313 BGB, Rn. 123.

433 *Thole,* JZ 2014, 443, 444; *Looschelders,* JA 2012, 704, 705; MüKo BGB/*Finkenauer*: § 313 BGB, Rn. 122; *Reichart,* Störung der Geschäftsgrundlage, S. 40 f.; *Bayreuther,* Wegfall der Geschäftsgrundlage, S. 26 f.

434 Am deutlichsten bei *Riesenhuber,* BB 2004, 2697, 2699.

435 *Thole,* JZ 2014, 443, 444.

436 Vgl. bereits *Bayreuther,* Wegfall der Geschäftsgrundlage, S. 26 f.; ebenso *Looschelders,* JA 2012, 704, 705; MüKo BGB/*Finkenauer*: § 313 BGB, Rn. 122.

437 *Looschelders,* JA 2012, 704, 705.

438 BT-Drucks. 14/6040, S. 176.

In der Praxis ist die Mitwirkung des Anspruchsgegners meist unproblematisch, da beide Parteien ein vitales Interesse am Fortbestand des Vertrags haben. Das gilt insbesondere für das Arbeitsverhältnis als dauerndes Schuldverhältnis, bei dem Arbeitgeber und Arbeitnehmer voneinander abhängig sind. Dass der Erwerber als Benachteiligter ein Interesse an einer schnellen und kostengünstigen Anpassung in eigenverantwortlicher Ausgestaltung haben wird und keine Billigkeitsrechtsprechung im Einzelfall riskieren wollen wird, liegt auf der Hand. Doch auch dem Arbeitnehmer ist an einer einvernehmlichen Lösung gelegen. Er wird nicht nur einen störungsfreien Beginn der Zusammenarbeit mit dem Erwerber als seinem neuen Arbeitgeber anstreben, sondern vor allem eine Beeinträchtigung des sich gerade erst bildenden Vertrauens durch einen Gerichtsprozess vermeiden wollen. Auch bilden rechtsökonomische Gründe einen Anreiz, in Verhandlungen zu treten, denn dadurch können die finanziellen Belastungen eines Verfahrens vermieden werden.[439] Auch aus rein prozessualer Sicht werden die Parteien an einer Verhandlung über die Anpassung interessiert sein, schließlich ist dem arbeitsgerichtlichen Urteilsverfahren eine obligatorische Güteverhandlung vorgeschaltet, in der grundsätzlich verhandelt werden *muss*, § 54 ArbGG. Angesichts dieses „*weichen Zwangs*“[440] werden die Arbeitsvertragsparteien vorgerichtlich in Verhandlungen treten wollen, und sei es auch nur um ihre Autonomie hinsichtlich der Kompromissfindung sowie des Ergebnisses zu wahren.

bb) Wie sind Anpassungen vorzunehmen?

Hier gibt es mehrere mögliche Ansätze: Einerseits ist der Wegfall der Leistungsverpflichtung des Arbeitgebers verbunden mit einer Herabsetzung der arbeitsvertraglichen Pflichten des Arbeitnehmers denkbar. Andererseits kommt eine Modifikation der Leistungspflicht des Arbeitgebers bei Fortbestand der Gegenleistungspflicht in Betracht. Jedenfalls aber steht fest, dass eine rein teilweise Modifikation der gegenseitigen Pflichten ausscheiden muss, denn die Geschäftsgrundlage ist für die gesamte Leistungsverpflichtung des Arbeitgebers weggefallen. Ebenso wenig tauglich ist ein unverändertes Festhalten an der ursprünglichen Leistungszusage. Dies ist gerade keine Vertragsanpassung.[441]

---

439 Ausführlich *Thole*, JZ 2014, 443, 446.

440 *Thole*, JZ 2014, 443, 450.

441 *Lützeler*, Aktienoptionen bei einem Betriebsübergang, S. 155 ff.

(1) Wegfall der ursprünglichen Leistungszusage des Arbeitgebers

Es wäre naheliegend, den Arbeitgeber von dem Teil seiner Pflichten, der vom Wegfall der Geschäftsgrundlage erfasst ist, zu entbinden. Im Gegenzug werden die Pflichten des Arbeitnehmers in einem für beide Vertragsparteien angemessenen Maß reduziert. Auf diese Weise könnte der Wert der Arbeitsleistung an die Vergütung angepasst werden. Diesem, sich an der typischen Vorgehensweise bei Äquivalenzstörungen orientierenden Weg, stehen indes unüberwindbare rechtliche Hürden entgegen. Handelt es sich um Vergütung im weiteren Sinne, so ist diese zwar Teil des Arbeitsverhältnisses. Allerdings kann bei der anzupassenden Arbeitsleistung nicht zwischen der Arbeitsleistung für den Arbeitslohn und für die darüberhinausgehende Vergütungsleistung unterschieden werden.[442] Die Arbeitsleistung ist dementsprechend keiner Anpassung zugänglich. Dieser Umstand wird dadurch verdeutlicht, dass der Arbeitnehmer die Arbeitsleistung wohl auch ohne die nun strittige Leistung erbringen würde.[443] Dies gilt insbesondere dann, wenn es sich um Leistungen handelt, die nach dem Zustandekommen des Arbeitsverhältnisses zugesagt wurden.

(2) Umwandlung der Leistungszusage des Arbeitgebers

Da die Leistungszusage nicht vollständig wegfallen kann, ist sie anzupassen. Dies kann auf zwei Wegen geschehen: Entweder der Leistungsgegenstand kann grundsätzlich erhalten bleiben, oder es kommt zum Wertausgleich. Welcher Weg möglich ist, hängt vom Leistungsgegenstand ab und wird deshalb im Rahmen des Schicksals der einzelnen Leistungen nach einem Betriebsübergang diskutiert werden.[444] Durch eine Vertragsanpassung unter Beibehaltung des ursprünglichen Leistungsgegenstands kann an den vereinbarten (Primär-) Leistungspflichten festgehalten werden. Aufgrund des vergleichsweise geringen Eingriffs in das gegenseitige Austauschverhältnis ist die Anpassung vorrangig auf diesem Weg zu versuchen.[445]

Wenn aber das Festhalten am ursprünglichen Leistungsgegenstand ausgeschlossen ist, muss das Leistungsversprechen insgesamt verändert werden. Hierzu kann gegebenenfalls die primäre Leistungspflicht in eine Ausgleichspflicht umgewandelt werden, die je nach Interessenlage einmalig oder laufend geleistet wird. Die Möglichkeit einer Anpassung über eine Ausgleichszahlungsverpflichtung

---

442 Siehe oben, Kapitel 3:C.II.2.a).
443 Ähnlich auch *Gulbins*, Unternehmensspezifische Vergütungsregelungen, S. 38 ff.
444 Siehe unten, Kapitel 3:C.V.
445 BAG, 18.02.2003 – 9 AZR 136/02, NJW 2003, 3005, 3006.

ist im Zivilrecht anerkannt. Insbesondere bei Versorgungsansprüchen durch Altenteilsverträge oder Pflegeverpflichtungen hat die Rechtsprechung diese Primärverpflichtungen bei Wegfall der Geschäftsgrundlage in Ausgleichszahlungsansprüche umgewandelt.[446] Dies eröffnet den Weg einer Anwendung auch im Arbeitsverhältnis, wobei entsprechend auf die Vertragsparteien und insbesondere auf die Natur des Arbeitsverhältnisses Rücksicht zu nehmen ist. Konkret bedeutet dies gegebenenfalls Abstriche für den Arbeitnehmer, wenn der zu zahlende Ausgleich nicht die gesamte Summe der nunmehr entfallenen ursprünglichen Zusage beträgt, sondern – auch gemessen an der wirtschaftlichen Potenz des Erwerbers – auf ein für beide Seiten zumutbaren Betrag festgesetzt wird. In diesem Interessenausgleich liegt der große Unterschied zum Schadensersatz, dessen Höhe sich einseitig nach dem beim Gläubiger eingetretenen Schaden bemisst, sofern kein Mitverschulden gegeben ist. Dieses Vorgehen ist konsensorientiert und eine konsequente Umsetzung der Rechtsfolge von § 313 Abs. 1 BGB.

cc) Welche Folgen hat die Unzumutbarkeit der Anpassung?

Sollte die Vertragsanpassung ausnahmsweise doch scheitern, sieht § 313 Abs. 3 S. 1 BGB für die benachteiligte Partei ein gesetzliches Rücktrittsrecht vor. Da die hier beteiligten Personen in einem Arbeitsverhältnis stehen, ist insoweit S. 2 einschlägig: der Arbeitgeber hätte ein Kündigungsrecht. Dadurch werden einige Probleme aufgeworfen. Zunächst ist bereits allgemein umstritten, in welchem Verhältnis § 313 Abs. 3 S. 2 BGB zu § 314 BGB steht, der ebenfalls die Unzumutbarkeit als Voraussetzung beinhaltet, § 314 Abs. 1 S. 2 BGB.[447] Unabhängig von dieser Frage müssen bei einem Scheitern der Anpassung die speziellen Kündigungstatbestände einer Kündigung nach § 313 Abs. 3 S. 2 BGB vorgehen, sofern es sich um ein Arbeitsverhältnis handelt.[448] Damit ergeben sich für § 313 BGB gar keine Konsequenzen bei einem (gerichtlichen) Scheitern der Anpassung; Abs. 3 kommt nicht zur Anwendung. Der Arbeitgeber hat die Möglichkeit, eine Änderungskündigung auszusprechen, dessen Voraussetzungen auch erst einmal erfüllt sein müssen. Vor allem ist dabei zu beachten, dass Kündigungen „wegen" eines Betriebsübergangs rechtswidrig sind, § 613 a Abs. 4 BGB.[449]

---

446 BGH, 23.09.1994 – V ZR 113/93, NJW-RR 1995, 77, 78; BGH, 20.03.1981 – V ZR 152/79, DB 1981, 1614.

447 Siehe die Aufstellung und Nachweise bei MüKo BGB/*Finkenauer*: § 313 BGB, Rn. 170.

448 BAG, 05.06.2014 – 2 AZR 615/13, NZA 2015, 40, 42; BAG, 08.10.2009 – 2 AZR 235/08, NZA 2010, 465, 467; BAG, 12.01.2006 – 2 AZR 126/05, NZA 2006, 587, 590.

449 Siehe dazu *Lipinski*, NZA 2002, 75.

4. *Zwischenergebnis*

Der Betriebsübergang führt bei Leistungen, die keinen Unternehmensbezug aufweisen, nicht zur Unmöglichkeit nach § 275 Abs. 1 BGB. Auch treten die Voraussetzungen des § 275 Abs. 2 BGB nicht ein, sodass der Erwerber die Leistung nicht verweigern kann. Allerdings kann der Betriebsübergang die Geschäftsgrundlage der Leistungszusage so schwer stören, dass der Erwerber Vertragsanpassung nach § 313 BGB verlangen kann. Der Betriebsübergang fällt nicht von vorneherein in seine Risikosphäre. Wie die Anpassung vorzunehmen ist, hängt vom Einzelfall, insbesondere vom einzelnen Leistungsgegenstand ab.

IV. Leistungen, die Entgelt im engeren Sinne sind

1. *Unternehmensbezogene Leistungen*

Der Betriebsübergang kann für den Arbeitgeber aber auch dann Probleme bereiten, wenn es sich bei einer zugesagten Leistung um Entgelt im engeren Sinn handelt. Das ist dann der Fall, wenn die Arbeitsvertragsparteien eine Entlohnung mittels Sachleistungen im Sinne des § 107 Abs. 2 GewO vereinbart haben. Die Gewährung mittels Sachbezügen ist dabei nicht unüblich. Es kann sich nicht nur um Sachen und Gebrauchsvorteile[450], sondern auch um Mitarbeiterbeteiligungen[451] handeln. Die Gewährung der Sachleistung kann durch den Betriebsübergang aus den gleichen Gründen unmöglich werden, wie die Gewährung einer Leistung, die Vergütung im weiteren Sinne ist. Fraglich ist damit, wie die Unmöglichkeit der Vergütung mittels einer Sachleistung zu bewerten ist.

Vergütung im engeren Sinne ist diejenige Leistung des Arbeitgebers, die im Synallagma zur Arbeitsleistung des Arbeitnehmers steht.[452] Der Anspruch auf Entgelt im engeren Sinne ist neben den Parteivereinbarungen in § 611 a Abs. 2 BGB verankert. Wie genau die Vergütungspflicht zu erfüllen ist, wird durch § 107 GewO konkretisiert.[453] Gemäß § 107 Abs. 1 GewO bestimmt sich die Vergütung grundsätzlich in Euro; hiervon kann in den Grenzen von § 107 Abs. 2 GewO abgewichen werden. Dafür bedarf es einer Vereinbarung. Dabei bleibt der Charakter als unmittelbare Gegenleistung zur Arbeitsleistung

---

450 Vgl. im Einzelnen die Aufzählung bei ErfK/*Preis*: § 107 GewO, Rn. 4.

451 LAG Düsseldorf, 30.10.2008 – 5 SA 977/08, DB 2009, 687; ErfK/*Preis*: § 107 GewO, Rn. 4; Landmann/Rohmer/*Gotthardt/Neumann*: § 107 GewO, Rn. 39.

452 ErfK/*Preis*: § 611 a BGB, Rn. 1; MüKo BGB/*Müller-Glöge*: § 611 a BGB, Rn. 73; *Lembke*, NJW 2010, 257, 259. Vgl. auch oben, Kapitel 3:C.I.2.a).

453 BeckOK ArbR/*Tillmanns*: § 107 GewO, Rn. 1.

erhalten.[454] Inhaltlich begründet die Vereinbarung richtigerweise jedoch keinen konstitutiven Vergütungsanspruch in der Form der Sachleistung, sondern regelt lediglich das Verhältnis zwischen dem Regelfall der Auszahlung nach § 107 Abs. 1 GewO und der Sachleistung. Es handelt sich also um die Zulassung der Hingabe an Zahlung statt.[455] Damit geht kein Ausschluss der Möglichkeit, durch Geldleistung zu erfüllen, einher. Das zeigt sich bereits an der Regelung in § 107 Abs. 2 S. 5 GewO, wonach der Wert der Sachleistung auf den Vergütungsanspruch höchstens bis zur Grenze der Pfändbarkeit des Arbeitsentgelts anrechenbar ist. Entsprechend lehnt auch das BAG die Erfüllungswirkung einer Sachleistung, die gegen die Voraussetzungen des § 107 Abs. 2. S. 5 GewO verstößt, ab.[456] In der Konsequenz schuldet der Arbeitgeber die Vergütung in voller Höhe nach Maßgabe des § 107 Abs. 1 GewO.

Wird die Erfüllung durch die in der Vereinbarung zugelassene Hingabe an Zahlung statt in Form der Sachleistung unmöglich, bedeutet dies letztlich nur, dass der Arbeitgeber rechtlich nicht mehr durch Sachleistung vergüten kann. Dadurch wird aber der Vergütungsanspruch des Arbeitnehmers aus § 611 a Abs. 2 BGB nicht berührt. Seine Erfüllung ist durch die Geldleistung nicht nur ohne weiteres möglich, sondern, wie sich an den Einschränkungen des § 107 Abs. 2 GewO zeigt, teilweise zwingend.[457] Hier steht auch kein Unternehmensbezug entgegen, denn es geht hier nur um den Weg der Erfüllung und nicht vorgelagert um die Verpflichtung zur Leistungsgewährung selbst. Im Ergebnis schließen § 611 a Abs. 2 BGB und § 275 Abs. 1 BGB einander insoweit aus. Damit kommt es auch nicht zum Wegfall des Vergütungsanspruchs, sondern zur Befreiung von der zwischen den Arbeitsvertragsparteien zusätzlich vereinbarten Leistungsart gemäß § 275 Abs. 1 BGB. Der Erwerber hat damit die Differenz zwischen der Gesamtvergütung und dem laut Vereinbarung zu gewährenden Sachbezug in Euro auszugleichen. Die tatsächliche Höhe bemisst sich nach dem Wert der Sachleistung.

2. Nicht unternehmensbezogene Leistungen

Fehlt es dagegen in der Leistungszusage an Unternehmensbezug, kann der Arbeitgeber im Einzelfall nach § 313 Abs. 1 BGB Vertragsanpassung verlangen.

---

454 BAG, 24.03.2009 – 9 AZR 733/07, NZA 2009, 861, 862.

455 Landmann/Rohmer/*Gotthardt/Neumann*: § 107 GewO, Rn. 9.

456 BAG, 24.03.2009 – 9 AZR 733/07, NZA 2009, 861, 862.

457 Diese Vorgaben sind verfassungsgemäß, siehe BVerfG, 24.02.1992 – 1 BvR 980/88, NJW 1992, 2143.

Der Bezugspunkt hierfür ist nicht die Vergütung im engeren Sinne an sich, sondern abermals lediglich die nach § 107 Abs. 2 S. 1 GewO vereinbarte Art der Leistung. Im Ergebnis ist der Arbeitgeber verpflichtet, das Arbeitsentgelt vollständig gemäß § 107 Abs. 1 GewO in Euro zu berechnen und auszuzahlen. Soll dagegen die Vergütung an sich verändert werden, ist dies nur über eine Änderungskündigung, § 2 KSchG möglich, da hier die kündigungsrechtlichen Vorschriften leges speciales gegenüber § 313 BGB sind.[458]

V. Einzelne Arbeitgeberleistungen

Im Folgenden werden die Ergebnisse und Grundsätze zum Schicksal unternehmensbezogener und nicht unternehmensbezogener Zusagen, die Entgelt im weiteren Sinne sind, auf die unter Kapitel 2:A.III. untersuchten Leistungen des Arbeitgebers angewendet. Es wird jeweils unterstellt, dass zwischen dem Arbeitnehmer und dem Veräußerer keine ausdrückliche Vereinbarung über das Schicksal der jeweiligen Zusage besteht. Des Weiteren wird ein kurzer Überblick über etwaige „nicht-arbeitsrechtliche" Vereinbarungen gegeben, die zwischen dem Arbeitnehmer und dem Veräußerer bestehen bleiben. Schließlich werden besondere Zuwendungselemente aus diesen „nicht-arbeitsrechtlichen" Vereinbarungen näher beleuchtet.

1. Geldwerte Vorteile: Personalrabatte und Deputate

a) Der Anspruch auf Abschluss eines Kauf-, Dienst- oder Werkvertrags

(1) Zusage mit Unternehmensbezug

Die Zusage des Arbeitgebers, Rabatte und Deputate zu gewähren, weist praktisch immer Unternehmensbezug auf. Konkrete Hinweise darauf lassen sich bereits im Wortlaut der Vereinbarung finden. Das betrifft personenbezogene Begriffe wie „Personalrabatt", „Mitarbeitervergünstigung" aber auch produktbezogene Begriffe, die unmittelbar eine Verbindung zwischen dem Produkt und dem Arbeitgeber herstellen; hierfür stehen exemplarisch der „Haustrunk", der „Firmenwagenrabatt" oder die von der Deutschen Bahn[459] angebotenen „Fahrvergünstigungen".

---

458 BAG, 05.06.2014 – 2 AZR 615/13, NZA 2015, 40, 42; BAG, 08.10.2009 – 2 AZR 235/08, NZA 2010, 465, 467; BAG, 12.01.2006 – 2 AZR 126/05, NZA 2006, 587, 590.

459 Sozial- und Nebenleistungen für DB Mitarbeitende, Stand Mai 2020, abrufbar unter https://www.dbservices.de/resource/blob/5732366/5c2165efd07d9b05b00364267 91d7fcf/Sozial_und_Nebenleistungen-data.pdf, zuletzt eingesehen am 18.04.2022.

Neben dieser rein begrifflichen Bezugnahme auf das Unternehmen des Arbeitgebers ist der Unternehmensbezug dann erkennbar, wenn in der Zusage eine hinreichende Konkretisierung des Produkts bzw. der Leistung vorgenommen wird, sodass ausschließlich Produkte oder Leistungen zugesagt werden, die im Unternehmen des Arbeitgebers selbst hergestellt oder angeboten werden. Verspricht ein Automobilhersteller beispielsweise einen Mitarbeiterrabatt auf „Kraftfahrzeuge“, kann daraus noch nicht unmittelbar ein Unternehmensbezug gefolgert werden. Anders liegen die Dinge hingegen, wenn er einen Mitarbeiterrabatt auf „Kraftfahrzeuge der Modelle A–Z“, auf „Kraftfahrzeuge des (veräußernden) Arbeitgeberunternehmens“ oder einen „Firmenwagenrabatt“ verspricht.

Ein weiteres Indiz, das auf einen Unternehmensbezug hindeutet, ist, dass die Erfüllung der Zusage für den Arbeitgeber keine weiteren wirtschaftlichen Aufwendungen erfordert, als diejenigen, die durch die Herstellung des Produkts ohnehin bereits entstanden sind.[460] Weiter spricht der Umstand, dass der Arbeitgeber zusätzlich zur Gegenleistung profitiert (z.B. durch Absatzsteigerung) für einen Unternehmensbezug.[461]

Stellt sich nach Auslegung der Zusage heraus, dass die Zusage Unternehmensbezug hat und der Erwerber die Herstellung des Leistungsgegenstands nicht mitübernimmt, folgt daraus, dass dem Erwerber die Erfüllung der Zusage unmöglich wird, § 275 Abs. 1 BGB. Er wird von seiner Leistungspflicht frei. Denkbare Sekundäransprüche nach §§ 280 ff. BGB erhält der Arbeitnehmer dafür nicht, sofern der Betriebsübergang nicht rechtsmissbräuchlich herbeigeführt wurde. Sein Anspruch auf Gewährung von Personalrabatten und Deputaten verfällt in diesem Fall ersatzlos. Anderenfalls kann der Arbeitnehmer nach §§ 280 Abs. 1, 3, 283 BGB Schadensersatz verlangen.

Bei einer pauschalen Zusage, sämtliche vom Arbeitgeber hergestellten Produkte zu vergünstigten Preisen anzubieten, tritt hingegen keine Unmöglichkeit ein. Die Pauschalzusage bezieht sich nach einem Betriebsübergang weiter auf sämtliche vom Arbeitgeber hergestellten Produkte. Der Erwerber ist als „neuer“ Arbeitgeber für die Erfüllung der Zusage ohne weiteres einstandspflichtig.

---

460 Ähnlich auch *Fuchs*, Betriebliche Sozialleistungen, S. 131 ff.

461 Im Rahmen der Auslegung der Zusage auch BAG, 07.09.2004 – 9 AZR 631/03, NZA 2005, 941.

(2) Zusage ohne Unternehmensbezug

Daneben besteht die Möglichkeit, der Belegschaft Rabatte zuzusagen, ohne sich dabei auf unternehmenseigene Produkte bzw. Leistungen zu beziehen. Diese Option ist jedoch kaum mehr als reine Theorie, wird der Arbeitgeber sich doch praktisch nie dazu verpflichten wollen, Rabatte auf Produkte oder Dienstleistungen von Dritten zu gewähren.[462] Auch wäre eine derart gestaltete Zusage nicht praxistauglich, da nicht ausreichend klar wäre, welchen Inhalt diese eigentlich hat: Entweder geht die Zusage von bestimmten Leistungsgegenständen des Veräußerers aus, sodass die Zusage Unternehmensbezug hat und Unmöglichkeit eintritt. Oder die Zusage bezieht sich ganz pauschal auf alle im Arbeitgeberunternehmen hergestellten Leistungsgegenstände, sodass gar keine Vertragsanpassung erforderlich wird. Um zu einer Anpassung zu gelangen, bedürfte es also einer Zusage, die zwar keinen Unternehmensbezug hat, gleichzeitig aber nicht so allgemein ist, dass sie auch vom Erwerber ohne weiteres erbracht werden kann. Das ist praxisfern. Sollte eine Zusage ausnahmsweise doch nicht unternehmensbezogen sein, hat der Erwerber die Möglichkeit, Vertragsanpassung nach § 313 Abs. 1 BGB zu verlangen, sofern Umstände, die Geschäftsgrundlage geworden sind, sich unzumutbar geändert haben.[463] Eine Anpassung unter der fortwährenden Gewährung des ursprünglich zugesagten Gegenstands scheidet aus, denn genau diese ist unzumutbar geworden. Dem Arbeitnehmer ist in diesem Fall vielmehr eine angemessene Ausgleichszahlung zu gewähren.

b) Der Anspruch aus dem Kauf-, Dienst- oder Werkvertrag

Der Arbeitgeber erfüllt seine Leistungszusage durch den Abschluss eines Kauf-, Dienst- oder Werkvertrags. Dadurch, dass diese Verträge neben dem Arbeitsverhältnis stehen, verbleiben Ansprüche aus vor dem Betriebsübergang geschlossenen Verträgen zwischen Veräußerer und Arbeitnehmer.[464] Der Erwerber ist insoweit unbeteiligt. Schließlich spielt das besondere Zuwendungselement hier auch keine größere Rolle. Zwar ist es regelmäßig im Vertrag zwischen Arbeitnehmer und Veräußerer enthalten, allerdings geht es hier vornehmlich um punktuelle Austauschbeziehungen, die sofort erfüllt werden, sodass kein Betriebsübergang zwischen Vertragsschluss und Erfüllung liegt. Mit der Erfüllung des Vertrags ist die besondere Zuwendung erfolgt. Es gibt danach keine

462 *Fuchs,* Betriebliche Sozialleistungen, S. 131 ff.
463 Siehe oben, Kapitel 3:C.III.3.a).
464 Siehe oben, Kapitel 2:A.III.1.

besondere Zuwendungsverpflichtung mehr, hinsichtlich der Leistungsstörungen auftreten könnten.

2. Mitarbeiterkapitalbeteiligungen

a) Der Anspruch auf Erhalt einer Mitarbeiterbeteiligung

Zusagen von direkten und auch indirekten Mitarbeiterkapitalbeteiligungen sind immer unternehmensbezogen, denn um die Zusage erfüllen zu können, muss das mit der Beteiligung verbundene Recht auf die Aktie bzw. Aktienoption des Veräußererunternehmens konkretisiert werden. Außerdem kann nur der Veräußerer die Optionen seines Unternehmens zu exakt den Bedingungen einräumen. Genau das ist (unter anderem) der Regelungsgegenstand der gängigen Stock Option Pläne. Durch die Konkretisierung ändert sich nach dem Betriebsinhaberwechsel am Leistungsgegenstand der Zusage nichts.[465] Der Erwerber müsste dann seine Arbeitnehmer am Unternehmen des Veräußerers beteiligen – dies ist ihm subjektiv unmöglich, es sei denn der Betriebsübergang findet innerhalb derselben Unternehmensstruktur statt, sodass die mit der Zusage verfolgten Zwecke auch weiterhin erreicht werden können. In der Folge wird der Erwerber von seiner Leistungspflicht nach § 275 Abs. 1 BGB befreit. Der Arbeitnehmer verliert seinen Beteiligungsanspruch ersatzlos. Etwas anderes gilt nur bei einer vorsätzlichen treuwidrigen Herbeiführung des Betriebsübergangs, um den Arbeitnehmeranspruch zu vereiteln; in diesem Fall wird der Erwerber nach §§ 280 Abs. 1, 3, 281 Abs. 1, 283 BGB schadenersatzpflichtig.

Ein etwaiger Anspruch des Arbeitnehmers auf Beteiligung beim Erwerberunternehmen scheitert ebenfalls an einem unzulässigen Eingriff in das Eigentumsgrundrecht des Erwerbers, Art. 14 GG.[466]

b) Der Anspruch aus dem Erhalt einer Mitarbeiterbeteiligung

Bei direkten Mitarbeiterbeteiligungen stehen der Arbeitnehmer und der Veräußerer durch die Gewährung von Unternehmensanteilen auch nach dem Betriebsübergang in einem gesellschaftsrechtlichen Rechtsverhältnis zueinander. Hier besteht kein Anpassungsbedarf.

Für indirekte Mitarbeiterbeteiligungen gilt Folgendes: Möchte der Arbeitnehmer vom Veräußerer eingeräumte Aktienoptionen ausüben, muss er (Ausübungsreife unterstellt) einen Gewährungsvertrag mit dem Veräußerer schließen.[467] In

---

465 *Fuchs,* Betriebliche Sozialleistungen, S. 139 ff.

466 *Nehls/Sudmeyer,* ZIP 2002, 201, 203; *Fuchs,* Betriebliche Sozialleistungen, S. 139 ff.

467 Siehe oben, Kapitel 2:A.III.2.b).

der Literatur gibt es breit geführte Diskussionen, ob die Anordnung des Verfalls der Optionsansprüche durch eine Klausel im Aktienoptionsprogramm angeordnet werden kann. Während einerseits die Wirksamkeit derartiger Verfallsklauseln mit Verweis auf die Kontinuitätsfunktion von § 613 a BGB generell abgelehnt wird,[468] differenzieren andere Stimmen in der Literatur danach, ob an die Option geknüpfte Bedingungen bereits erfüllt sind, sie also „ausübungsreif" ist. Ist das der Fall, komme eine Verfallsanordnung nicht mehr in Betracht, für nicht ausübungsreife Optionen seien Verfallsklauseln zulässig.[469] Weiter wird vertreten, dass gegen die Wirksamkeit von Verfallsklauseln im Aktienoptionsplan grundsätzlich keine Bedenken bestünden.[470] Die Rechtsprechung hat sich letztgenannter Ansicht angeschlossen und begründet dies mit dem spekulativen Charakter der Option. Hierzu gehörten auch Regelungen im Optionsprogramm, wonach die Optionen ersatzlos verfallen können. Entscheide sich ein Arbeitnehmer gegen die Optionsausübung, obwohl Ausübungsreife besteht und ende dann das Arbeitsverhältnis, habe er sich letztlich nur verspekuliert.[471] Im Ergebnis sprechen die besseren Argumente dafür, Verfallsklauseln in Aktienoptionsprogrammen für zulässig zu erachten, denn das Optionsprogramm ist nicht Teil des Arbeitsverhältnisses. Es regelt insbesondere die Ausübungsbedingungen von bereits gewährten Aktienoptionen. Mit der Optionsgewähr hat der Veräußerer seine arbeitsrechtliche Zusage bereits erfüllt. Was der Arbeitnehmer mit der Aktienoption anstellt, ist seine Sache. § 613 a BGB spielt in diesem Verhältnis keine Rolle.

3. *Erfolgsbeteiligungen und Boni*

Erfolgsbeteiligungen und Boni werden dem Arbeitnehmer zusätzlich zum Lohn in Form einer Geldleistung gewährt. Das „Ob" der Geldleistung, also die diesbezügliche Zusage eines Arbeitgebers, weist nie Unternehmensbezug auf, denn Geld ist keine Sache, die produziert wird, sondern ein Zahlungsmittel, über das jeder Arbeitgeber dem Grunde nach gleichermaßen verfügt. Es handelt sich um

---

468 *Nehls/Sudmeyer,* ZIP 2002, 201, 205; *Tappert,* NZA 2002, 1188.

469 *Willemsen/Müller-Bonanni,* ZIP 2003, 1177, 1182; *Mechelm/Melms,* DB 2000, 1614; *Lembke,* BB 2001, 1469, 1474; *Lörcher,* Aktienoptionen bei Strukturveränderungen, S. 180 ff.; *Lützeler,* Aktienoptionen bei einem Betriebsübergang, S. 175 f.; *Franken,* Vergütung mittels Aktienoptionen, S. 152 ff.

470 *Schnitker/Grau,* BB 2002, 2497, 2500; *Bauer/Göpfert/Steinau-Steinrück,* ZIP 2001, 1129, 1131.

471 BAG, 28.05.2008 – 10 AZR 351/07, NZA 2008, 1066, 1072.

den allgemeinsten möglichen Leistungsgegenstand. Insoweit kann die Erfüllung dem Erwerber durch den Betriebsübergang nicht unmöglich werden.

Indes kommt ein Anspruch auf Vertragsanpassung des Erwerbers an die wirtschaftlichen Gegebenheiten seines Unternehmens in Betracht. Ob und wie eine Anpassung vorzunehmen ist, hängt ganz maßgeblich von der wirtschaftlichen Leistungsfähigkeit des Erwerbers ab.

Bei einer Erfolgsbeteiligung wird die Höhe regelmäßig von abstrakten Kennzahlen abhängig gemacht. Eine beispielhafte Regelung wäre die Beteiligung des Arbeitnehmers zu X % am Gewinn des Arbeitgebers oder der Erhalt einer Zahlung in Höhe von X Euro je Y Euro Gewinn. Nach einem Betriebsübergang besteht in diesen Fällen kein Bedarf, die Zusage selbst anzupassen. Sie hat eine „dynamisierende Wirkung" und bezieht sich fortan auf die Unternehmenskennzahlen des Erwerbers. Es verstößt im Ergebnis auch dann nicht gegen § 613 a Abs. 1 S. 1 BGB, wenn der Arbeitnehmer dann eine geringere Zahlung erhält als noch beim Veräußerer (etwa, weil der Erwerber weniger Gewinne einfährt). Teilweise wird in diesem Zusammenhang befürwortet, dass der Erwerber, wenn der Arbeitnehmer berechtigt auf Mindestbeteiligung vertrauen durfte, diese zu berücksichtigen habe und nicht unterschreiten dürfe.[472] Ob auf diese Weise eine Art betriebliche Übung nur hinsichtlich der Höhe der Leistung entstehen kann, ist allerdings zweifelhaft. Dies gilt gerade dann, wenn die Zusage bewusst offenlässt, welchen Umfang die Leistung haben wird, weil sie nur auf abstrakte Unternehmenskennzahlen zurückgreift. Diese werden immer natürlichen Schwankungen unterliegen. Der Schutz des Arbeitnehmers ist vielmehr durch die Differenzierung der verschiedenen Entgeltformen gewährleistet: Ist die Erfolgsbeteiligung Entgelt im engeren Sinne, dann muss sie unverändert fortgewährt werden.[473]

Ein Anpassungsanspruch des Arbeitgebers kann sich jedoch in der umgekehrten Konstellation hinsichtlich der Höhe der Beteiligungsansprüche ergeben. Ist der Erwerber ein Großkonzern und übernimmt einen Kleinbetrieb, in dem die Arbeitnehmer ganz maßgeblich am Ergebnis beteiligt werden, sind Anpassungsansprüche des Arbeitgebers nach § 313 BGB denkbar.[474]

Handelt es sich schließlich nicht um eine Erfolgsbeteiligung, sondern um eine Bonuszahlung, gibt es keine abstrakten Kennzahlen, auf die Bezug genommen

---

472 *Fuchs,* Betriebliche Sozialleistungen, S. 128 ff.

473 Kapitel 3:C.IV.2.

474 Siehe das Beispiel bei Hölters, Hdb. Unternehmenskauf/*Steinau-Steinrück/Thees*: Teil II, Rn. 6.208.

werden kann. Maßgeblich für die Höhe des Arbeitnehmeranspruchs sind die Arbeitsleistung und die wirtschaftlichen Verhältnisse des Arbeitgebers. Der Betriebsübergang hat hierauf keinen Einfluss. Ein Anpassungsanspruch des Arbeitgebers kommt hinsichtlich der Anspruchshöhe nach § 313 Abs. 1 BGB in Betracht, wenn der Umfang der ursprünglichen Zusage bei Erfüllung in einem nicht mehr angemessenen Verhältnis zur Wirtschaftskraft des Erwerbers steht. Die Arbeitsvertragsparteien können dann eine Anpassung der Bonuszahlungsverpflichtung vornehmen, indem sie den Umfang der Zahlung und die daran gekoppelten Leistungsziele neu verhandeln. Es muss also um Fälle gehen, in denen ein Betrieb von einem großen auf ein kleines Unternehmen übergeht und gleichzeitig der Bonusanspruch der Arbeitnehmer deutlich überdurchschnittlich hoch ist. Das schließt einen Anspruch aus § 313 Abs. 1 BGB für den Großteil der Fälle aus.

4. *Überlassungen auf Zeit*

a) *Wohnraum*

aa) *Der Anspruch auf Überlassung einer Werkdienstwohnung*

Handelt es sich um eine unternehmensbezogene Zusage, wird der Erwerber von seiner Leistungspflicht nach § 275 Abs. 1 BGB frei. Da der Unternehmensbezug letztlich die Berücksichtigung der Besonderheiten des Unternehmens beschreibt, kommen derartig gebundene Zusagen vor allem in Betracht, wenn es sich um ein Unternehmen handelt, das ohnehin gewerblich Wohnungen vermietet.[475] Ausschlaggebend ist der Umstand, dass das Anbieten von Wohnraum Teil der marktwirtschaftlichen Betätigung des Unternehmens ist. Andere Unternehmen, die eigenen Wohnungsbestand haben, diesen jedoch nur zur Überlassung an ihre Arbeitnehmer nutzen, haben wirtschaftlich betrachtet gegebenenfalls identische Aufwendungen. Rechtlich ist die Zusage einer Werkdienstwohnung ebenfalls unternehmensbezogen, da der Arbeitgeber sie mit Blick auf die Besonderheiten des Unternehmens, nämlich das Vorhandensein von Wohnungen zur Überlassung an Arbeitnehmer, vergibt.

Übernimmt der Erwerber den Immobilienbestand des Veräußerers nicht, hat er keinen unmittelbaren Zugriff auf diese Wohnungen und kann sie entsprechend auch nicht zu denselben Parametern überlassen, sodass die Erfüllung der Veräußererzusage unmöglich wird. Falls er dagegen neben oder als Teil des Betriebs auch die Wohnungen des Veräußerers übernimmt, tritt keine Leistungsstörung

---

475 *Rech*, Werkwohnungen, S. 167 ff.

auf. Gleiches gilt für den Fall, dass er selbst Wohnungen hat, die er den Arbeitnehmern überlassen kann.

bb) Der Anspruch aus einem bestehenden Werkmietvertrag

Durch das Ende des Arbeitsverhältnisses entfällt der in § 576 BGB vorgesehene Gleichlauf von Arbeitsverhältnis und Mietverhältnis, sofern der Erwerber nicht auch den Wohnungsbestand übernimmt, § 566 BGB. Indes hat diese Veränderung keine Auswirkungen auf die Existenz des Mietverhältnisses; vielmehr kann der Veräußerer dem Arbeitnehmer (lediglich) unter den erleichterten Bedingungen der §§ 576 f. BGB kündigen.[476] Er kann das Erfordernis einer Kündigung nicht vermeiden, indem er das Mietverhältnis unter die auflösende Bedingung stellt, dass auch ein Arbeitsverhältnis zwischen den Parteien des Mietverhältnisses existiert.[477] Hierin liegt ein Verstoß gegen § 572 Abs. 2 BGB, der Veräußerer kann sich auf die Wirksamkeit der auflösenden Bedingung nicht berufen.[478]

Schließlich ist jedoch denkbar, dass der Mietvertrag fortbesteht und angepasst wird – vor allem dann, wenn der (ehemalige) Arbeitnehmer aufgrund des Arbeitsverhältnisses einen geringeren Mietzins entrichtet hat, als er anderenfalls hätte müssen. Die Anpassung erfolgt dahingehend, dass er nunmehr den marktüblichen Mietzins zu entrichten hat. Diese Anpassung auf „Normalkonditionen“[479] kann entweder erst nach oder bereits mit dem Ende des Arbeitsverhältnisses durch eine Klausel im Mietvertrag vorgenommen werden.[480]

Bei der Umstellung auf „Normalkonditionen“ nach Ende des Arbeitsverhältnisses handelt es sich um eine Vertragsanpassung im Sinne des § 313 Abs. 1 S. 1 BGB, denn es geht darum, dass der Bestand des Arbeitsverhältnisses Geschäftsgrundlage für die Vergünstigung war. Arbeitnehmer und Veräußerer haben einen Mietzins festgesetzt, der das Arbeitsverhältnis berücksichtigt, indem der Mietzins geringer ist, als er es ohne Arbeitsverhältnis wäre. Somit handelt es sich bei der Umstellung auf „Normalkonditionen“ nicht um eine Mietzinsanpassung, sodass § 558 BGB nicht einschlägig ist. Problematisch ist allerdings, dass nicht ohne weiteres klar ist, in welcher Höhe die Parteien den Mietzins ohne Arbeitsverhältnis festgelegt hätten, denn im Vertrag wird stets nur der um die Vergünstigung bereinigte Preis genannt sein. Hier ist in

---

476 Ausführlich *Rech,* Werkwohnungen, S. 83 ff.

477 LG Düsseldorf, 09.03.1982 – 24 S 361/81, WuM 1985, 151.

478 Staudinger/*Rolfs*: § 572 BGB, Rn. 9.

479 *Willemsen,* FS Herbert Wiedemann, S. 647 ff.

480 *Rech,* Werkwohnungen, S. 167 ff.

ergänzender Auslegung oder analog §§ 612 Abs. 2, 632 Abs. 2 BGB anzunehmen, dass die (orts-) übliche Miete vereinbart worden wäre.[481]

cc) Der Anspruch aus einer besonderen Zuwendung

Ferner kommen Ansprüche aus einem im Mietvertrag enthaltenen besonderen Zuwendungselement in Betracht. Es ist typischerweise nicht unternehmensbezogen, denn die Vermietung einer Werkmietwohnung an einen Arbeitnehmer ist keine besondere durch den Arbeitgeber erbrachte Leistung, sondern bei Gewährung einer Vergünstigung „nur" ein geldwerter Vorteil, der dadurch entsteht, dass der Arbeitgeber den Markt nicht für alle potenziellen Mieter öffnet. Insoweit wird dem Erwerber die Gewährung dieses geldwerten Vorteils nach der Betriebsübernahme nicht unmöglich werden. Auch Ansprüche nach § 313 BGB scheinen eher fernliegend.

Allerdings erhält der Arbeitnehmer nicht in jedem Fall der preisvergünstigten Miete einen Anspruch gegenüber dem Betriebserwerber. Vielmehr kommt es darauf an, ob das Mietverhältnis auch nach dem Betriebsübergang fortgesetzt wird.

(1) Gleichzeitiges Ende des Mietverhältnisses

Endet der Werkmietvertrag gleichzeitig mit dem Ende des Arbeitsverhältnisses mit dem Veräußerer durch Betriebsübergang, etwa, weil rechtzeitig wirksam gekündigt wurde, endet damit denklogisch auch die besondere Zuwendung wegen des Arbeitsverhältnisses. Das Zuwendungselement kann nicht verselbstständigt auf den Erwerber übergehen. Vielmehr endet mit dem Mietverhältnis auch die besondere Zuwendung. Es gibt dann keine Zuwendung mehr, zu deren Gewährung der Veräußerer verpflichtet wäre. Damit fällt der Anspruch des Arbeitnehmers auf Gewährung der besonderen Zuwendung durch den Betriebsübergang ersatzlos weg.

(2) Fortbestehen des Mietverhältnisses

Durch die Übernahme der Zuwendung nach § 613 a Abs. 1 S. 1 BGB ist der Betriebserwerber grundsätzlich verpflichtet, dem Arbeitnehmer die Differenz

---

481 Offen gelassen von BGH, 31.01.2003 – V ZR 333/01, NJW 2003, 1317; BGH, 02.10.1991 – XII ZR 88/90, NJW-RR 1992, 517, 517 f. M.E. ist die analoge Heranziehung der §§ 612 Abs. 2, 632 Abs. 2 BGB zu bevorzugen. Das OLG Düsseldorf sprach sich in einem älteren Urteil für die Anwendung von § 354 HGB analog aus, vgl. OLG Düsseldorf, 19.01.1995 – 10 U 43/94, NJW-RR 1996, 287.

zwischen dem Mietzins vor und nach der Anpassung des Mietvertrags auszugleichen. Bei einer Umstellung des Mietzinses auf „Normalkonditionen" entfällt für den Arbeitnehmer die besondere Zuwendung durch den Veräußerer. Sie ist nunmehr durch den Erwerber zu tragen. Ihre Höhe bemisst sich nach der Differenz zwischen der Vorzugs- und der Normalkondition.

Wird andererseits keine Anpassung des Mietvertrags auf ortsübliche Konditionen vorgenommen, ändert das nichts an der Übernahme des besonderen Zuwendungselements durch den Erwerber, denn dieses gehört zum Arbeitsverhältnis. Er hat also auch hier die Differenz zwischen dem Mietzins vor und nach Betriebsübergang zu leisten. Mangels Anpassung des Mietvertrags hat dieser Ausgleichsanspruch indes keinen wirtschaftlichen Wert. Der Betriebserwerber wird also nur dann ausgleichspflichtig, wenn der Veräußerer den Mietvertrag anpasst. Die sich daraus für den Erwerber ergebende Unsicherheit über das Aufleben der Ausgleichspflicht ist in zeitlicher Hinsicht nach den Grundsätzen der Verwirkung, § 242 BGB, zu beschränken. Hat der Veräußerer die Umstellung so lange unterlassen, dass der Arbeitnehmer darauf vertrauen darf, dass sie überhaupt nicht mehr vorgenommen wird, wird die Miete nicht mehr „wegen" des Arbeitsverhältnisses vergünstigt gewährt. Der Arbeitnehmer erhält die Vergünstigung dann dauerhaft vom Veräußerer, weswegen der Erwerber von seiner Pflicht zum Ausgleich endgültig frei wird. Dieser Punkt ist erreicht, wenn der Veräußerer als Vermieter gegenüber dem Arbeitnehmer „reguläre" Mieterhöhungen nach § 558 BGB verlangt. Er kann sich dann auch nicht mehr darauf berufen, der Bestand des Arbeitsverhältnisses sei Geschäftsgrundlage für den bisher verlangten Mietzins gewesen. Er verliert damit seinerseits den Anpassungsanspruch nach § 313 BGB gegen den Arbeitnehmer, sodass der wirtschaftliche Fortbestand der besonderen Zuwendung gesichert ist.

b) Bewegliche Sachen

aa) Der Anspruch auf Überlassung

Die Erfüllung des Anspruchs auf Überlassung beweglicher Sachen ist für den Betriebserwerber unproblematisch, sofern der Erwerber im Zuge der Betriebsübernahme auch Eigentümer der überlassenen Betriebsmittel wird. Dies wird häufig der Fall sein. Ausnahmen können sich dann ergeben, wenn der Erwerber die den Arbeitnehmern überlassenen Betriebsmittel nicht übernimmt. Hier gilt Folgendes:

Sofern der Veräußerer gewerblich Gebrauchsüberlassung betreibt oder die Sache herstellt, hat die Zusage, eine Sache (auch) zur privaten Nutzung zu überlassen, ohne dass die Überlassung in einem eigenständigen Vertrag geregelt wird, in aller Regel Unternehmensbezug. Der Veräußerer hat die Leistung aufgrund des vergleichsweise geringeren Erfüllungsaufwands zugesagt. In der Praxis handelt es sich um das typische Beispiel des Dienstwagens, der von einem Automobilhersteller oder einer Kfz-Vermietungsgesellschaft überlassen wird. Der Betriebsübergang hat hier die Befreiung des Erwerbers von seiner Leistungspflicht nach § 275 Abs. 1 BGB zur Folge.

In allen anderen Fällen ist die Zusage dagegen nicht unternehmensbezogen. Hier hat der Erwerber wirtschaftlich dieselben Aufwendungen zur Gebrauchsüberlassung zu tragen, wie schon der Veräußerer, da es sich um ein branchenfremdes Produkt handelt. Hier verbleibt es grundsätzlich bei der Einstandspflicht des Erwerbers. Dieser kann jedoch nach den Grundsätzen des § 313 BGB Anpassung verlangen, sofern seine Voraussetzungen gegeben sind, also die Erfüllung einen wirtschaftlich nicht zumutbaren Mehraufwand bedeuten würde. In diesem Fall ist die Anpassung dahingehend vorzunehmen, dass der Erwerber von seiner Überlassungsverpflichtung befreit wird und dafür einen angemessenen Ausgleich zu leisten hat. Die Höhe der Ausgleichspflicht orientiert sich am wirtschaftlichen Wert der Überlassung.

bb) Der Anspruch aus einem Überlassungsvertrag

Bei einer miet- bzw. leihvertraglichen privaten Nutzungsüberlassung gelten die Grundsätze über Ansprüche aus bestehenden Werkmietverträgen entsprechend.[482] Der Vertrag kann entweder zum Betriebsübergang gekündigt oder danach fortgesetzt werden, wobei der Veräußerer in diesem Fall gemäß § 313 BGB den Vertrag auf „Normalkonditionen" anpassen kann, sofern bisher eine besondere Vergünstigung „wegen" des Arbeitsverhältnisses gewährt worden ist.

cc) Der Anspruch aus einer besonderen Zuwendung

Sind in dem separaten Vertrag allerdings besondere Vergünstigungen vereinbart, liegt darin eine besondere Zuwendung an den Arbeitnehmer. Für dieses Zuwendungselement gelten die gleichen Grundsätze wie für besondere Vergünstigungen aus bestehenden Werkmietverträgen.[483] Endet der Überlassungsvertrag mit dem Betriebsübergang, übernimmt der Erwerber keine besondere Zuwendungsverpflichtung. Wird der Vertrag hingegen fortgeführt und auf die üblichen Marktkonditionen angepasst, ist der Erwerber zum Ausgleich der Mehrbelastung des Arbeitnehmers verpflichtet. Unterbleibt die Anpassung, wird der Erwerber gemäß § 242 BGB nach einer gewissen Dauer von der Ausgleichsverpflichtung frei.

---

482 Siehe oben, Kapitel 3:C.V.4.a)bb).
483 Siehe oben, Kapitel 3:C.V.4.a)cc).

5. *Gratifikationen*

Die Erbringung von Gratifikationsleistungen wird für den Betriebserwerber nie unmöglich, denn es handelt sich um eine Geldzahlung, die nie Unternehmensbezug aufweist. Geld ist ein Zahlungsmittel, über das jeder Arbeitgeber dem Grunde nach gleichermaßen verfügt. Darüber hinaus knüpft die Zusage an Umstände an, die die Parteien des Arbeitsverhältnisses nur insoweit beeinflussen können, als es um die Existenz des Arbeitsverhältnisses insgesamt geht. Ansonsten ist der Anspruch allein von äußeren Faktoren wie dem Dienstalter oder einem Stichtag (Jahressonderzahlung) abhängig. Diese haben allesamt nichts mit dem Veräußererunternehmen zu tun.

Anpassungsansprüche des Erwerbers nach § 313 Abs. 1 BGB sind daher fernliegend. Grundsätzlich ist der Erwerber zwar anpassungsberechtigt, wenn die Geschäftsgrundlage entfällt. Bei Gratifikationszusagen kann das allerdings nur theoretisch vorkommen. Der Umfang von Gratifikationsansprüchen wird üblicherweise in Monatsgehältern bemessen. Dieser Parameter verändert sich durch den Betriebsübergang nicht, entsprechend bleibt der Umfang der Verpflichtung des Erwerbers regelmäßig identisch. Auch wird der mit der Zusage verfolgte Leistungszweck durch den Betriebsübergang nicht beeinträchtigt. Im Ergebnis verbleibt es also in aller Regel bei der vollumfänglichen Übernahme der Verpflichtung durch den Betriebserwerber.

6. *Arbeitgeberdarlehen*

a) Der Anspruch auf Abschluss eines Darlehensvertrags

Die Zusage, Arbeitgeberdarlehen zu gewähren, ist regelmäßig nicht unternehmensbezogen, weswegen eine Befreiung des Erwerbers von der Leistungspflicht nach § 275 Abs. 1 BGB ausscheidet. Eine Ausnahme kommt allenfalls dann in Betracht, wenn der Arbeitgeber ein Kreditinstitut ist. Tritt keine Unmöglichkeit ein, ist der Erwerber weiterhin verpflichtet, seinen Arbeitnehmern Darlehensverträge zu entsprechenden Konditionen anzubieten und gegebenenfalls abzuschließen. Ein denkbarer Anpassungsanspruch nach § 313 Abs. 1 BGB wird in der Praxis daran scheitern, dass dem Erwerber das Festhalten an der Zusage regelmäßig zumutbar ist. Verglichen mit anderen Leistungen ist die finanzielle Belastung des Arbeitgebers durch die Einräumung vergünstigter Konditionen verhältnismäßig gering.

b) Der Anspruch aus einem bestehenden Darlehensvertrag

Besteht zwischen Veräußerer und Arbeitnehmer bereits ein Darlehensvertrag, wird dieser von einem Betriebsübergang nicht berührt. Für ihn gelten die gleichen

Grundsätze wie bei geschlossenen Werkmietverträgen.[484] Die Parteien können Vereinbarungen im Darlehensvertrag für den Fall treffen, dass das Arbeitsverhältnis zwischen ihnen endet. So kann der Darlehensvertrag von vorneherein auf die Dauer des Arbeitsverhältnisses befristet werden, sofern diese Regelung nicht so weit gefasst ist, dass sie den Arbeitnehmer unangemessen benachteiligt.[485] Weiter kommt bei Fehlen von zeitlichen Bestimmungen im Darlehensvertrag die Kündigung durch den Veräußerer als Darlehensgeber in Betracht. Schließlich ist denkbar, dass der Darlehensvertrag automatisch auf „Normalkonditionen“[486] angepasst wird – insbesondere dann, wenn der (ehemalige) Arbeitnehmer aufgrund des Arbeitsverhältnisses einen geringeren Zinssatz entrichtet hat, als er anderenfalls hätte müssen. Bei der Vertragsgestaltung sind hier die §§ 491 ff. BGB, insbesondere §§ 498 ff. BGB zu beachten, da es sich bei einem Arbeitgeberdarlehen im Regelfall um ein Verbraucherdarlehen handelt.

c) Der Anspruch aus einer besonderen Zuwendung

Sind in dem separaten Darlehensvertrag allerdings besondere Vergünstigungen vereinbart, liegt darin eine besondere Zuwendung an den Arbeitnehmer. Für dieses Zuwendungselement gelten die gleichen Grundsätze wie für besondere Vergünstigungen aus bestehenden Werkmietverträgen.[487] Endet der Darlehensvertrag mit dem Betriebsübergang, übernimmt der Erwerber schon keine besondere Zuwendungsverpflichtung. Wird der Vertrag hingegen fortgeführt und auf die üblichen Marktkonditionen angepasst, ist der Erwerber zum Ausgleich der Mehrbelastung des Arbeitnehmers verpflichtet.[488] Unterbleibt die Anpassung, wird der Erwerber gemäß § 242 BGB nach einer gewissen Dauer von der Ausgleichsverpflichtung frei, während der Veräußerer seine Anpassungsberechtigung verliert.

---

484 Siehe oben, Kapitel 3:C.V.4.a)bb).

485 BAG, 28.09.2017 – 8 AZR 67/15, NJW 2018, 589, 592; BAG, 12.12.2013 – 8 AZR 829/12, NZA 2014, 905, 908; MüKo BGB/*Berger*: § 488 BGB, Rn. 224 ff. Eine ausdrückliche Klausel, die den Betriebsübergang als Grund für das Ende des Arbeitsverhältnisses benennt, entspricht nach der hier vertretenen Ansicht den Anforderungen der §§ 305 ff. BGB, vgl. Kapitel 3:A.II.1.

486 *Willemsen*, FS Herbert Wiedemann, S. 647 ff.

487 Siehe oben, Kapitel 3:C.V.4.a)cc).

488 *Picot/Schnitker*, Unternehmenskauf und Restrukturierung, Teil I, Rn. 228; *Willemsen*, FS Herbert Wiedemann, S. 647 ff.

Kapitel 4: Schlussbetrachtung

Ansprüche des Arbeitnehmers im Betriebsübergang

1. Arbeitnehmer können gegen ihren Arbeitgeber Ansprüche aus unterschiedlichen Vereinbarungen herleiten. Diese sind insgesamt drei Kategorien zuordenbar: (1.) individualarbeitsrechtlich wirkende Vereinbarungen, (2.) kollektivarbeitsrechtlich wirkende Vereinbarungen und (3.) „nicht-arbeitsrechtliche" Vereinbarungen. Die Differenzierung ist für den Betriebsübergang bedeutsam, da der Erwerber nicht bei jedem Vereinbarungstyp an die Stelle des Veräußerers tritt.
2. Der Erwerber tritt in individualarbeitsrechtlich wirkende Vereinbarungen aufgrund gesetzlicher Anordnung gemäß § 613 a Abs. 1 S. 1 BGB ein. Hierzu zählen der Arbeitsvertrag (inklusive Bezugnahmeklauseln), die betriebliche Übung und die Gesamtzusage. Aus diesen Vereinbarungen resultierende Arbeitnehmeransprüche gehören damit zu den Rechten und Pflichten im Sinne der Vorschrift.
3. Arbeitnehmeransprüche aus kollektivarbeitsrechtlich wirkenden Vereinbarungen, also normativ geltenden Tarifverträgen und Betriebsvereinbarungen, fallen hingegen unter § 613 a Abs. 1 S. 2 BGB. Der Arbeitnehmer ist nicht unmittelbar an der Vereinbarung beteiligt, sondern durch sie begünstigt.
4. „Nicht-arbeitsrechtliche" Vereinbarungen sind Abreden zwischen Arbeitgeber und Arbeitnehmer, die weder die Existenz eines Arbeitsverhältnisses bedingen, noch ein solches entstehen lassen. Typische Beispiele sind Darlehensverträge und Mietverträge. Grundsätzlich stehen „nicht-arbeitsrechtliche" Vereinbarungen eigenständig außerhalb des Arbeitsverhältnisses und bleiben von einem Betriebsinhaberwechsel unberührt.
5. Besonderheiten gelten bei einer „nicht-arbeitsrechtlichen" Vereinbarung, mit der dem Arbeitnehmer eine besondere Zuwendung gewährt wird. Dieses Zuwendungselement existiert immer dann, wenn der Vertrag „wegen" des Arbeitsverhältnisses geschlossen wurde und die Leistung, auf die der Arbeitnehmer einen Anspruch erhält, im Vergleich zu einem beliebigen Dritten zu günstigeren Konditionen gewährt wird. Der Arbeitnehmer erhält dadurch eine Vergütung, ihre Höhe bemisst sich nach der Differenz zwischen Normal- und Vorzugskonditionen. Sie hat einen arbeitsrechtlichen Charakter.
6. Durch die Einordnung als arbeitsrechtlich zählt das Zuwendungselement im Gegensatz zur restlichen „nicht-arbeitsrechtlichen" Vereinbarung zu den Rechten und Pflichten aus dem Arbeitsverhältnis im Sinne

des § 613 a Abs. 1 S. 1 BGB. Es geht also auf den Erwerber über. Hierdurch kommt es zu einer Aufspaltung der „nicht-arbeitsrechtlichen" Vereinbarung. Diese Aufteilung des Schuldverhältnisses ist verfassungsmäßig unbedenklich. Sie verstößt nicht gegen Art. 12 und 14 GG.

7. Typischerweise wird das Zuwendungselement nur bei Dauerschuldverhältnissen relevant werden, denn hier haben die Vertragsparteien auch nach einem Betriebsübergang noch Erfüllungspflichten. Bei punktuellen Austauschbeziehungen (z.B. Kaufverträgen) erlangt das Zuwendungselement indes nur dann Bedeutung, wenn der Betriebsübergang zwischen Vertragsschluss und Erfüllung erfolgt. Das dürfte nur selten vorkommen.
8. Folgende Leistungen werden in der Praxis häufig zugesagt:
   a. Geldwerte Vorteile: Der Arbeitgeber kann seinen Mitarbeitern die im Unternehmen produzierten Waren oder Dienstleistungen zum verbilligten Bezug anbieten oder frei Haus überlassen. Entsprechende Zusagen sind Teil des Arbeitsverhältnisses und werden von § 613 a Abs. 1 S. 1 BGB erfasst. Der Vertrag, der den Arbeitgeber konkret zur Übergabe und Übereignung / Dienstleistungserbringung verpflichtet, ist „nicht-arbeitsrechtlich" und steht unabhängig neben dem Arbeitsverhältnis.
   b. Mitarbeiterkapitalbeteiligungen: Die Arbeitnehmer werden entweder direkt (Anteile) oder indirekt (Optionen) am Unternehmen beteiligt; die Durchführung erfolgt ebenfalls in zwei Stufen: Die Zusage des Arbeitgebers, die den Beteiligungsanspruch konstituiert, gehört zu den Rechten und Pflichten aus dem Arbeitsverhältnis und trifft nach einem Betriebsübergang den Erwerber. Der Gewährungsvertrag, der Modalitäten der Mitarbeiterbeteiligung begründet, ist hingegen kein Teil des Arbeitsverhältnisses.
   c. Erfolgsbeteiligungen und Boni: Beide Leistungsgegenstände sind Teil des Arbeitsverhältnisses. § 613 a Abs. 1 S. 1 BGB findet Anwendung. Zusagen, die der Veräußerer gegeben hat, richten sich nach dem Betriebsübergang gegen den Erwerber.
   d. Überlassung von Wohnraum: Derartige Ansprüche sind Teil der arbeitsrechtlichen Vereinbarungen, wenn es sich um Werkdienstwohnungen handelt, denn hier existiert kein separater Mietvertrag. Sie richten sich nach einem Betriebsübergang gegen den Erwerber. Im Gegensatz dazu wird bei einer Werkmietwohnung ein vom Arbeitsverhältnis unabhängiger Mietvertrag geschlossen, sodass nur eine eventuell bestehende Zusage, einen solchen abzuschließen, Teil der Rechte und Pflichten aus dem Arbeitsverhältnis ist, nicht aber der Mietvertrag selbst. Enthält dieser eine besondere Zuwendung, weil er wegen des Arbeitsverhältnisses zu vergünstigten

Konditionen vereinbart wird, ist diese Zuwendung Vergütung und damit als arbeitsrechtlich zu qualifizieren. § 613 a Abs. 1 S. 1 BGB ist einschlägig.

e. Überlassung von beweglichen Sachen: Es handelt sich nicht um eine Leistung des Arbeitgebers, wenn die Sache dem Arbeitnehmer allein zur dienstlichen Nutzung überlassen wird. Treffen Arbeitgeber und Arbeitnehmer Regelungen zur privaten Nutzung, gehören diese als Bestandteil der arbeitsrechtlichen Vereinbarungen zu den Rechten und Pflichten aus dem Arbeitsverhältnis. Schließen die Parteien indes einen Miet- bzw. Leihvertrag zu Sonderkonditionen, so gehört nicht der Vertrag, aber die in der Sonderkondition liegende Zuwendung zu den Rechten und Pflichten aus dem Arbeitsverhältnis.
f. Gratifikationen: Eine Gratifikation ist eine zusätzliche Vergütung des Arbeitnehmers aus einem bestimmten, frei wählbaren Anlass. Darauf gerichtete Ansprüche des Arbeitnehmers sind arbeitsrechtlicher Natur und richten sich nach einem Betriebsinhaberwechsel fortan gegen den Erwerber.
g. Arbeitgeberdarlehen: Vereinbarte Ansprüche auf Gewährung eines Arbeitgeberdarlehens sind Teil der Rechte und Pflichten aus dem Arbeitsverhältnis. Fehlt es daran, ist im Betriebsübergang ein Darlehensvertrag zwischen Arbeitgeber und Arbeitnehmer nur dann relevant, wenn (1.) die Darlehenssumme über die arbeitsvertraglich geschuldete Vergütung hinausgeht, (2.) keine Tilgung durch Erbringung von Arbeitsleistung vorgenommen wird und (3.) das Darlehen wegen des Bestands des Arbeitsverhältnisses (zins-) günstiger gewährt wird als marktüblich. Hier gehört die in der Vergünstigung liegende besondere Zuwendung zu den Rechten und Pflichten aus dem Arbeitsverhältnis im Sinne des § 613 a Abs. 1 S. 1 BGB, nicht aber der Darlehensvertrag insgesamt.
h. Vollmachten und Status: Sie gehören nicht zu den Rechten und Pflichten aus dem Arbeitsverhältnis, denn für die Erteilung einer Vollmacht (Verleihung eines Status) ist der Bestand eines Arbeitsverhältnisses gar nicht erforderlich. Sie sind im Betriebsübergang irrelevant.
i. Der so genannte „arbeitsrechtliche Besitzstand“, also begleitende Umstände wie Betriebszugehörigkeit und Vordienstzeiten, bleibt dem Arbeitnehmer nach einem Betriebsübergang erhalten, ohne dass es sich dabei um Rechte und Pflichten handelt. Der Besitzstand knüpft nicht an den Arbeitgeber an, sondern an den Betrieb. Dessen Identität wird durch den Inhaberwechsel nicht berührt.

9. Neben dem Arbeitgeber kann auch ein Dritter (z.B. die Konzernmutter) den Arbeitnehmern Leistungen zusagen. Diese Verpflichtung bleibt von einem Betriebsübergang unberührt. Es ist strikt zwischen dem Arbeitsverhältnis und dem Rechtsverhältnis mit dem Dritten zu trennen. Die Zuwendung des Dritten wird zwar regelmäßig auch wegen des Arbeitsverhältnisses getätigt, berührt dieses jedoch mangels Parteiidentität (Dritter ≠ Arbeitgeber) nicht. Es kommt auch nicht zur Zurechnung der Leistung zum Arbeitsverhältnis, selbst wenn die Leistung steuerrechtlich Vergütung des Arbeitnehmers ist.
10. In Fällen, in denen der Arbeitgeber sich zusätzlich zum Dritten zur Leistungsgewährung mitverpflichtet hat, haften beide für die Erfüllung der Verpflichtung. Kommt es dann zu einem Betriebsinhaberwechsel, gelten dieselben Grundsätze wie bei einer ausschließlichen Zusage des Arbeitgebers.

Die Befreiung des Erwerbers von der Leistungspflicht

11. Vor dem Betriebsübergang kann der Arbeitnehmeranspruch durch ausdrückliche Vereinbarungen zwischen Veräußerer und Arbeitnehmer modifiziert werden. Dies geschieht durch Klauseln, die Ansprüche im Falle eines Betriebsübergangs bzw. des Endes des Arbeitsverhältnisses mit dem Veräußerer verfallen lassen, sodass schon keine Leistungsverpflichtung auf den Erwerber übergeht. Sie sind üblicherweise AGB und modifizieren die arbeitgeberseitige Hauptleistungspflicht. Folglich unterliegen sie der Inhaltskontrolle nach §§ 305 ff. BGB. Bezieht sich eine Klausel auf Ansprüche aus einer arbeitsrechtlichen Vereinbarung, ist § 613 a BGB zu beachten. Sie verstößt dann nicht gegen den Schutzzweck der Vorschrift, wenn der Betriebsübergang dazu führt, dass der Zweck der Leistungszusage nicht mehr erreicht werden kann. Dementsprechend sind Verfallsklauseln nur anwendbar, sofern es sich um Entgeltbestandteile im weiteren Sinn handelt, denn der Zweck „Abgeltung von Arbeitsleistung“ wird durch einen Betriebsübergang nie beeinträchtigt.
12. Nach dem Betriebsübergang kann die Leistungspflicht des Erwerbers individualarbeitsrechtlich unter Beachtung des § 613 a BGB, insbesondere Abs. 4, durch eine ausdrückliche Vereinbarung oder durch Änderungskündigung modifiziert werden.
13. Fehlt es an einer ausdrücklichen Vereinbarung über das Schicksal einer Leistungspflicht, kann sich eine Modifikation der Verpflichtungsstruktur aus der Eigenart der Leistungszusage und aus der Vergütungsform ergeben. Die Zusage ist im Einzelfall auszulegen, um deren Anknüpfungspunkt zu bestimmen. Es kann sich entweder um eine „unternehmensbezogene“ oder

eine „nicht unternehmensbezogene“ Zusage handeln. Welche Variante einschlägig ist, ist eine Frage der Konkretisierung des Leistungsgegenstands.

14. Eine Zusage ist unternehmensbezogen, wenn sie auf die Gegebenheiten beim Veräußerer „zugeschnitten“ ist und sie nur der Veräußerer aus eigenen Mitteln erfüllen kann. Allein diesem fällt der entsprechende Herstellungsaufwand zu, umgekehrt zieht aber auch nur er einen wirtschaftlichen Vorteil daraus. Die Zusage erfolgt mit Rücksicht auf die und zu den Bedingungen des gewährenden Unternehmens. Der Unternehmensbezug bewirkt, dass sich die Zusage nach einem Betriebsübergang auch weiterhin auf die vom Veräußerer zugesagten Leistungsgegenstände bezieht. Der Erwerber könnte die Leistung nicht exakt so erbringen, wie der Veräußerer, wenn er nicht gleichzeitig die Herstellung der zugesagten Gegenstände übernimmt. Wie mit dieser Konstellation umzugehen ist, ist fraglich.
15. Alle anderen Zusagen sind nicht unternehmensbezogen, sondern unabhängig von den Verhältnissen beim Veräußerer gegeben worden. Hier bezieht sich die Zusage nach einem Betriebsübergang auch weiter auf denselben Leistungsgegenstand, die Gewährung hängt jedoch nicht von den Verhältnissen beim Veräußerer ab.
16. Entgelt im engeren Sinne ist die Leistung des Arbeitgebers, die im direkten Austausch (Synallagma) zur vom Arbeitnehmer erbrachten Arbeitsleistung steht. Bei Vergütung im weiteren Sinne verfolgt der Arbeitgeber darüber hinaus weitere Motive, wie z.B. Betriebstreue.

Unternehmensbezogene Leistungen, die Vergütung im weiteren Sinne sind Konkludente Beschränkung der Leistungspflicht

17. Das Bundesarbeitsgericht und die ganz überwiegende Literatur legen eine unternehmensbezogene Leistungszusage des Arbeitgebers dahingehend aus, dass in ihr eine konkludente Beschränkung auf die Herstellung des Produkts durch das Arbeitgeberunternehmen enthalten sei. In praktischer Hinsicht ist jedoch bereits zweifelhaft, ob der Arbeitnehmer der Beschränkung in Anbetracht der wirtschaftlichen Konsequenzen zustimmen würde. Rechtlich ist die Klausel angesichts ihrer einschränkenden Wirkung auf ihre Vereinbarkeit mit § 613 a und §§ 305 ff. BGB zu untersuchen.
18. Bei einer Beschränkung der Zusage auf die Herstellung der Leistung im eigenen Unternehmen ist § 613 a BGB nicht berührt. Ist die Beschränkung an den Veräußerer als Arbeitgeber geknüpft und kommt es darauf zum Betriebsübergang, verstößt die Beschränkung nur dann nicht gegen

§ 613 a BGB, wenn der bei der Zusage verfolgte Zweck nach einem Betriebsinhaberwechsel nicht mehr erreicht werden könnte.

19. Leistungszusagen des Arbeitgebers sind in aller Regel allgemeine Geschäftsbedingungen gemäß §§ 305 ff. BGB. Da nach § 310 Abs. 4 S. 2 BGB keine besondere Einbeziehungskontrolle stattfindet, sind davon auch etwaige konkludent getroffene Beschränkungen in der Reichweite der Leistungspflicht umfasst. Bei einer konkludent beschränkten Leistungszusage handelt es sich um die Bestimmung einer Hauptleistungspflicht, sodass die Klausel einer Inhaltskontrolle nicht zugänglich ist. Allerdings ist die Beschränkung am Transparenzgebot zu messen, § 307 Abs. 1 S. 2 BGB.
20. Die Wirkung der Beschränkung der Leistung gleicht der Wirkung einer Verfallsklausel, der Arbeitnehmer erhält keine Leistung. Daher sind die gleichen Anforderungen hinsichtlich der Transparenz der Beschränkung zu stellen. Bei einer Verfallsklausel handelt es sich um einen „verschärften" Widerrufsvorbehalt, der nicht einmal mehr eine Erklärung erfordert. Wie auch bei jedem „einfachen" Widerrufsvorbehalt müssen die Voraussetzungen, die zum Anspruchsverfall führen, *ausdrücklich* vereinbart worden sein. In der Konsequenz ist damit ein konkludent geregelter Anspruchsverfall intransparent und im Ergebnis auch unangemessen benachteiligend. Entsprechend kann eine Leistungszusage auch nicht wirksam konkludent auf die eigene Herstellung des Leistungsgegenstands beschränkt werden.
21. Der Erwerber übernimmt in diesen Fällen die unbeschränkte Leistungsverpflichtung gemäß § 613 a Abs. 1 S. 1 BGB. Die Leistung behält dabei ihren Unternehmensbezug. Dies könnte zu Leistungsstörungen führen. Es ist daher ratsam, eine unternehmensbezogene Leistungszusage durch Aufnahme *ausdrücklicher* Bedingungen zu begrenzen. Dies ist zulässig, es entsteht kein Konflikt mit dem Transparenzgebot.

Unmöglichkeit

22. Nachdem die Zusage nicht konkludent in ihrer Reichweite beschränkt werden kann, ist bei Fehlen ausdrücklicher Regelungen eine Lösung anhand gesetzlicher Vorschriften, insbesondere des allgemeinen Leistungsstörungsrechts, zu suchen. Wenn der Erwerber eine Leistungsverpflichtung übernimmt, ohne dass der übernommene Betrieb gleichzeitig den Leistungsgegenstand herstellt, hat er den zugesagten Gegenstand nicht vorrätig. Dem Erwerber könnte die Erfüllung der Zusage unmöglich sein, § 275 Abs. 1 BGB. Die Vorschrift ist im Betriebsübergangsrecht anwendbar. Entgegenstehende Argumente (Konflikt mit dem Telos des § 613 a BGB,

Treu und Glauben [§ 242 BGB], Probleme mit dem Schicksal der Gegenleistung [§ 326 BGB], Vereinbarkeit mit der Betriebsübergangsrichtlinie) überzeugen nicht. Im Gegenteil sprechen sowohl die Systematik des BGB, der kontinuierliche Bestand des Arbeitsverhältnisses beim Betriebsübergang und der Zeitpunkt des Eintritts der Unmöglichkeit deutlich für die Anwendbarkeit des Unmöglichkeitsrechts.

23. Hat eine Leistungszusage unternehmensbezogenen Charakter, folgt daraus, dass dem Betriebserwerber die Erfüllung der Zusage subjektiv unmöglich ist. Er kann die versprochene Leistung nie so zuwenden, wie es dem Veräußerer möglich war. Dies gilt insbesondere auch dann, wenn der Erwerber dem Arbeitnehmer den gleichen Leistungsgegenstand verschaffen würde. Der Arbeitgeber hätte dadurch nicht die Vorteile, die eine Gewährung eigener Produkte erhält. Es handelt sich insoweit um eine unvertretbare Leistung. Ihr Zweck wird durch eine Leistung nach vorherigem Erwerb des Leistungsgegenstands nicht mehr erreicht.
24. Es handelt sich um nachträgliche Unmöglichkeit, denn im maßgeblichen Moment der Zusage durch den Veräußerer war die Leistungsgewährung nicht ausgeschlossen. Entsprechend ist, was Schadensersatzansprüche des Arbeitnehmers angeht, nicht § 311 a BGB, sondern §§ 280, 283 BGB anwendbar.
25. Richtiger Anspruchsgegner der Ersatzansprüche ist der Erwerber des Betriebs; im Zeitpunkt des erstmaligen Auftretens der Leistungsstörung ist er der Vertragspartner. Betrachtet man indes den Veräußerer als richtigen Anspruchsgegner, führt § 613 a Abs. 1 S. 1 BGB dazu, dass sich der Anspruch im Ergebnis trotzdem gegen den Erwerber richtet. Derartige Schadensersatzansprüche sind Teil der Rechte und Pflichten aus dem Arbeitsverhältnis gemäß § 613 a Abs. 1 S. 1 BGB.
26. Die Pflichtverletzung im Sinne der §§ 280 Abs. 1, 283 BGB ist nicht der Betriebsübergang an sich, sondern die Nichtleistung aufgrund Unmöglichkeit. Allerdings hat der Erwerber die Pflichtverletzung im Regelfall nicht zu vertreten. Er handelt bei der Übernahme des Betriebs im Rahmen seiner Vertragsfreiheit. Es würde unverhältnismäßig in die grundrechtlich geschützte unternehmerische Entscheidungsfreiheit eingegriffen, wenn die bloße Übernahme eines Betriebs bereits vorwerfbar wäre. Der Erwerber kann nicht dazu gezwungen werden, die Produktion bestimmter Gegenstände zu übernehmen, um eine Schadensersatzpflicht zu vermeiden.
27. Anderes gilt nur, wenn der Betriebsübergang entgegen Treu und Glauben zum Nachteil der Arbeitnehmer herbeigeführt wird. Eine für diesen Fall denkbare (Mit-) Haftung des Veräußerers in analoger Anwendung des

§ 162 Abs. 2 BGB scheidet allerdings im Ergebnis aus. Eine Einbeziehung würde das Verhalten des Veräußerers direkt sanktionieren, was dem Zweck der Vorschrift – die bloße Durchsetzung der ursprünglich getroffenen Vereinbarungen – widerspräche.

28. Der Arbeitnehmer hat auch keine Ansprüche auf Herausgabe des stellvertretenden Commodums nach § 285 Abs. 1 BGB. Zwar können auch ersparte Aufwendungen ein Ersatz sein, der nach § 285 Abs. 1 BGB „erlangt" wird, allerdings liegt die Ersparnis hier in der Befreiung von der Primärleistungspflicht gemäß § 275 BGB. Diese ist nicht als Ersatz einzuordnen, da sich der Schuldner ansonsten bei Unmöglichkeit verschuldensunabhängig einem Sekundäranspruch ausgesetzt sähe.
29. Eine Haftung des Veräußerers gemäß §§ 280 Abs. 1, 241 Abs. 2 BGB wegen Verletzung einer vertraglichen Nebenpflicht scheidet ebenfalls regelmäßig aus. Zwar ist die Verletzung der Fürsorgepflicht des Veräußerers grundsätzlich denkbar, ihm ist aber die Veräußerung des Betriebs ebenso wenig vorwerfbar, wie dem Erwerber der Erwerb. Dies gilt selbst bei treuwidriger Herbeiführung des Betriebsübergangs, denn der Veräußerer ist dann nicht mehr Vertragspartner des Arbeitnehmers. Der Erwerber würde in diesem Fall jedoch für die Zeit vor dem Betriebsübergang haften. Allerdings fehlt es dort regelmäßig an einem ersatzfähigen Schaden.

Nicht unternehmensbezogene Leistungen, die Vergütung im weiteren Sinne sind

30. Die Erfüllung von nicht unternehmensbezogenen Zusagen kann durch einen Betriebsübergang nicht unmöglich im Sinne von § 275 Abs. 1 BGB werden. Der Erwerber begegnet allenfalls wirtschaftlichen Leistungserschwerungen.
31. Rein theoretisch kann der Betriebserwerber aufgrund der Erschwerung nach § 275 Abs. 2 BGB die Leistung verweigern. Die Vorschrift steht in Konkurrenz zu § 313 Abs. 1, 3 BGB. Liegen die Voraussetzungen beider Normen vor, hat der Schuldner ein Wahlrecht. Leistungserschwerungen infolge eines Betriebsübergangs fallen nicht unter die „faktische" sondern die „wirtschaftliche" Unmöglichkeit. Die Anforderungen an das „grobe Missverhältnis" sind so hoch, dass sie bei Leistungserschwerungen infolge eines Betriebsübergangs nicht erfüllt werden. § 275 Abs. 2 BGB hat damit hier keinen Anwendungsbereich. Leistet der Erwerber nicht, macht er sich zunächst gemäß §§ 280 Abs. 1, 3, 281 Abs. 1 S. 1 Alt. 1, 249 BGB schadensersatzpflichtig.

32. Der Erwerber kann nach § 313 Abs. 1 BGB Vertragsanpassung verlangen, sofern die Voraussetzungen vorliegen. Für das Betriebsübergangsrecht gelten insoweit die allgemeinen Grundsätze. Geschäftsgrundlage ist die Gleichwertigkeit von Leistung und Gegenleistung. Der Betriebsübergang kann dabei eine schwerwiegende Veränderung der Geschäftsgrundlage auslösen, wenn durch den Betriebsübergang der Erfüllungsaufwand für den Erwerber unzumutbar hoch wird. Diese Veränderung fällt nicht in die Risikosphäre des Betriebserwerbers, da er in seiner Entscheidung, den Betrieb zu übernehmen, grundrechtlich durch Art. 12, 14 GG geschützt ist. Unzumutbarkeit ist anzunehmen, wenn die Erfüllung für den Erwerber existenzbedrohend ist.
33. Im Rahmen einer Vertragsanpassung unterliegt der Arbeitnehmer als Begünstigter keiner Verhandlungspflicht. In der Praxis wird die Frage nach der Mitwirkung des Arbeitnehmers nur selten relevant, da auch er ein Interesse an einer einvernehmlichen Lösung hat, um sich bildendes Vertrauen zwischen ihm und seinem neuen Arbeitgeber nicht zu beeinträchtigen. Die Vertragsanpassung kann nicht dergestalt vorgenommen werden, dass die ursprüngliche Leistungszusage des Arbeitgebers entfällt und die Gegenleistungspflicht des Arbeitnehmers verhältnismäßig gemindert wird. Das liegt daran, dass die Gegenleistung nicht wirtschaftlich messbar ist.
34. Eine Vertragsanpassung unter Beibehaltung der Gegenleistungspflicht kann unter Beibehaltung der ursprünglichen Leistungszusage oder unter Umwandlung der Zusage in eine Ausgleichszahlung vorgenommen werden. Die Beibehaltung greift in vergleichsweise geringem Umfang in das Arbeitsverhältnis ein und ist daher vorrangig anzustreben. Ist das nicht möglich, kann die Störung der Geschäftsgrundlage beseitigt werden, indem die ursprüngliche Zusage wegfällt und der Arbeitnehmer einen angemessenen und für den Erwerber zumutbaren finanziellen Ausgleich erhält. Wann eine Anpassung auf welchem Weg möglich ist, ist eine Frage des zugesagten Leistungsgegenstands.
35. Sollte sich die Vertragsanpassung als unzumutbar erweisen oder scheitern, kommt § 313 Abs. 3 BGB nicht zur Anwendung. Die speziellen Kündigungstatbestände, insbesondere die Änderungskündigung, gehen dem Rücktritt nach Wegfall der Geschäftsgrundlage vor.

Leistungen, die Vergütung im engeren Sinne sind

36. Vergütungsleistungen im engeren Sinne verhalten sich im Betriebsübergang gänzlich anders als Vergütungsleistungen im weiteren Sinne.

Leistungsgegenstände, die allein der Abgeltung der Arbeitsleistung dienen, aber nicht in Geld ausgezahlt werden, sind Sachbezüge im Sinne des § 107 Abs. 2 GewO. Dadurch, dass der Leistungszweck bei Vergütung im engeren Sinne einzig die Abgeltung von Arbeitsleistung ist, kann der Betriebsübergang nicht ein endgültiges Verfehlen des Zwecks bewirken. Sollte einem Betriebserwerber die Leistungsgewährung trotzdem unmöglich sein, weil sie unternehmensbezogen ist, führt das nicht zur Befreiung von der Leistungspflicht. Unmöglich wird nur die Gewährung der vereinbarten Sachleistung. Der Erwerber hat damit im Ergebnis die Differenz zwischen der Gesamtvergütung und der nach § 107 Abs. 1 BGB zu leistenden Vergütung in Euro auszuzahlen. Gleiches gilt für nicht unternehmensbezogene Leistungen. Hier kommt es zur Vertragsanpassung nach § 313 Abs. 1 BGB, sodass die Arbeitsleistung wieder vollständig in Euro zu berechnen und auszuzahlen ist, § 107 Abs. 1 GewO.

Das Schicksal einzelner Leistungen bei Fehlen ausdrücklicher Vereinbarungen

37. Die Zusage von Personalrabatten und Deputaten weist praktisch immer Unternehmensbezug auf, sodass dem Erwerber die Erfüllung dieser Zusage nach einem Betriebsübergang regelmäßig unmöglich wird. Dabei werden keine (Schadens-) Ersatzpflichten ausgelöst, sofern der Betriebsübergang nicht rechtsmissbräuchlich herbeigeführt wird. Der Anspruch auf Gewährung von Personalrabatten und Deputaten entfällt ersatzlos. Dies gilt nicht bei pauschalen Rabattzusagen auf alle Produkte des Arbeitgebers.
38. Auch der Anspruch auf eine direkte Mitarbeiterkapitalbeteiligung ist immer unternehmensbezogen. Es handelt sich um Rechte, die eines Bezugspunktes (hier: die Aktie des Unternehmens) bedürfen, eine allgemeine Zusage ist insoweit nicht sinnvoll. Gleiches gilt für indirekte Mitarbeiterkapitalbeteiligungen (z.B. Aktienoptionen). Entsprechend kommt es im Regelfall durch den Betriebsübergang zum ersatzlosen Wegfall des Arbeitnehmeranspruchs nach § 275 Abs. 1 BGB. Der Arbeitnehmer hat keine Ansprüche gegen den Betriebserwerber aus einer vom Veräußerer bereits gewährten Mitarbeiterbeteiligung.
39. Erfolgsbeteiligungen und Boni werden dem Arbeitnehmer in Form einer Geldleistung gewährt. Die Erfüllung von zugrundeliegenden Ansprüchen ist dem Erwerber durch den Betriebsübergang damit nicht unmöglich. Es gibt weder einen Unternehmensbezug, noch eine Beschränkung der Einstandspflicht des Schuldners bezüglich Geldleistungen. In Betracht kommt bei Erfolgsbeteiligungen allerdings ein Anspruch auf Vertragsanpassung,

sofern die Erfüllung existenzbedrohend wird; dies ist bei der Übernahme kleiner Betriebe durch große Unternehmen denkbar. Bei Bonuszahlungen wird die Höhe an der Arbeitsleistung des Arbeitnehmers und an den wirtschaftlichen Verhältnissen des Veräußerers ausgerichtet. Liegen die Voraussetzungen des § 313 Abs. 1 BGB vor, hat der Erwerber nach dem Betriebsübergang einen Anspruch auf Anpassung der Bonuszahlung an die wirtschaftlichen Gegebenheiten seines Unternehmens. Das ist regelmäßig nur dann der Fall, wenn die zugesagten Bonusleistungen überdurchschnittlich hoch sind.

40. Überlassungen auf Zeit:
   a. Wohnraum
      (1) Die Zusage, einem Arbeitnehmer eine Werkdienstwohnung zu überlassen, hat regelmäßig Unternehmensbezug. Der Erwerber wird nach § 275 Abs. 1 BGB von seiner Leistungspflicht frei, wenn er den Wohnungsbestand des Veräußerers nicht mit übernimmt. Erwirbt er dagegen auch den Bestand der Werkswohnungen vom Veräußerer, tritt keine Leistungsstörung auf.
      (2) Ansprüche aus einem bestehenden Mietvertrag verbleiben zwischen Veräußerer und Arbeitnehmer. Jedoch hat dieser gegen den Erwerber einen Ausgleichsanspruch aufgrund einer besonderen Zuwendung, wenn das Mietverhältnis nach dem Betriebsübergang fortbesteht, der Mietzins davor unter Marktniveau lag und er nun nach § 313 Abs. 1 BGB auf Normalkonditionen umgestellt wurde. Unterbleibt die Umstellung des Mietvertrags, wird der Erwerber von seiner Ausgleichspflicht nach den Regeln der Verwirkung frei, während der Veräußerer seine Anpassungsberechtigung verliert.
   b. Bewegliche Sachen: Die Erfüllung von Ansprüchen auf Überlassung von Betriebsmitteln auch zur privaten Nutzung ist häufig unproblematisch, denn der Erwerber wird im Zuge der Betriebsübernahme regelmäßig auch Eigentümer der überlassenen Betriebsmittel. Sollte dies nicht der Fall sein, so tritt Unmöglichkeit ein, wenn es sich um eine unternehmensbezogene Zusage handelt. Dies ist der Fall, wenn die Gebrauchsüberlassung gewerblich betrieben wird oder der Veräußerer Hersteller der überlassenen Produkte ist. Fehlt es am Unternehmensbezug, kann eine Anpassung nach § 313 Abs. 1 BGB dahingehend erfolgen, dass dem Arbeitgeber ein angemessener Ausgleich geleistet wird. Existiert zwischen Veräußerer und Arbeitnehmer ein separater (Miet- oder Leih-) Vertrag, tritt der Erwerber in diesen zwar nicht ein, jedoch gelten bei besonders günstigen Vertragsbedingungen hinsichtlich der in der

Vergünstigung liegenden Zuwendung die gleichen Grundsätze wie für vergünstigte Werkmietverträge.

41. Hat der Veräußerer Gratifikationszahlungen zugesagt, wird die Leistung für den Erwerber nicht unmöglich. Die Zusage hat keinen Unternehmensbezug; wie auch bei Erfolgsbeteiligungen und Boni ist der Erwerber für Geldschulden überdies uneingeschränkt einstandspflichtig. Anpassungsansprüche nach § 313 Abs. 1 BGB sind fernliegend, denn die Höhe von Gratifikationsansprüchen wird üblicherweise in Monatsgehältern bemessen. Dieser Parameter verändert sich durch den Betriebsübergang nicht. Es verbleibt also regelmäßig bei einer uneingeschränkten Verpflichtung des Erwerbers.
42. Ansprüche des Arbeitnehmers auf Abschluss von Arbeitgeberdarlehensverträgen fallen ersatzlos nach § 275 Abs. 1 BGB weg, wenn die Zusage Unternehmensbezug aufweist. Dies kann bei einem Kreditinstitut als Arbeitgeber der Fall sein. Fehlt der Unternehmensbezug, verbleibt es bei der Verpflichtung des Erwerbers, mit den übernommenen Arbeitnehmern Darlehensverträge zu entsprechenden Konditionen zu schließen. Anpassungsansprüche nach § 313 Abs. 1 BGB sind fernliegend, da der finanzielle Mehraufwand überschaubar ist und damit ein Festhalten an der Zusage zumutbar ist. Bereits geschlossene Arbeitgeberdarlehensverträge verbleiben zwischen Veräußerer und Arbeitnehmer. Beinhalten diese jedoch Vorzugskonditionen, gelten die gleichen Grundsätze wie für vergünstigte Werkmietverträge.

Literaturverzeichnis

Annuß, Georg; Lembke, Mark: Aktienoptionspläne der Konzernmutter und arbeitsrechtliche Bindungen, BB 2003, S. 2230.

Annuß, Georg; Fischinger, Philipp S.; Oetker, Hartmut; Richardi, Reinhard; Rieble, Volker (Hrsg.): J. von Staudingers Kommentar zum Bürgerlichen Gesetzbuch, § 613a–619a BGB, Neubearbeitung 2019 (zitiert: Staudinger/*[Bearbeiter]*: § … Rn. …).

Armbrüster, Christian: Das Transparenzgebot für Allgemeine Geschäftsbedingungen nach der Schuldrechtsmodernisierung, DNotZ 2004, S. 437.

Arnold, Arnd (Hrsg.): Kölner Kommentar AktG Band 1, 3. Auflage 2011 (zitiert: KK-AktG/*[Bearbeiter]*: § … Rn. …).

Ascheid, Reiner; Preis, Ulrich; Schmidt, Ingrid (Hrsg.): Kündigungsrecht Kommentar, 6. Auflage 2021 (zitiert: APS Kündigungsrecht/*[Bearbeiter]*: § … Rn. …).

Baeck, Ulrich; Diller, Martin: Arbeitsrechtliche Probleme bei Aktienoptionen und Belegschaftsaktien, DB 1998, S. 1405.

Bauer, Jobst-Hubertrus; Göpfert, Burkard; Steinau-Steinrück, Robert von: Aktienoption bei Betriebsübergang, ZIP 2001, S. 1129.

Bayer, Walter (Hrsg.): Münchener Kommentar zum Aktiengesetz Band 1, 5. Auflage 2019 (zitiert: MüKo AktG/*[Bearbeiter]*: § … Rn. …).

Bayreuther, Frank: Widerrufs-, Freiwilligkeits- und Anrechnungsvorbehalte – geklärte und ungeklärte Fragen der aktuellen Rechtsprechung des BAG zu arbeitsvertraglichen Vorbehalten, ZIP 2007, S. 2009.

Bayreuther, Frank: Die Durchsetzung des Anspruchs auf Vertragsanpassung beim Wegfall der Geschäftsgrundlage, 2004.

Bayreuther, Frank: Tarifautonomie als kollektiv ausgeübte Privatautonomie, 2005.

Bayreuther, Frank: Vorbehaltlose dynamische Bezugnahmeklauseln nach einem Betriebsübergang – Neues vom EuGH, NJW 2017, S. 2158.

Beck, Ralf; Klar, Michael: Asset Deal versus Share Deal – Eine Gesamtbetrachtung unter expliziter Berücksichtigung des Risikoaspekts, DB 2007, S. 2819.

Bepler, Klaus: Betriebliche Übungen, RdA 2004, S. 226.

Beseler, Lothar; Düwell, Franz Josef: Betriebsübergang und Umstrukturierung von Unternehmen, 1. Auflage 2014.

Binder, Thomas: Bindungs- und Verfallklauseln in der Mitarbeiterkapitalbeteiligung, 2003.

Boemke, Burkhard: Schuldvertrag und Arbeitsverhältnis, 1999.

Bollenberger, Raimund: Das stellvertretende Commodum, 1999.

Borngräber, Helmut: Arbeitsverhältnis bei Betriebsübergang, 1977.

Braun, Stephanie: Die Fortgeltung von Betriebsvereinbarungen beim Betriebsübergang, 2007.

Broer, Verena: Die arbeitsrechtliche Behandlung von Aktienoptionen als Vergütungsbestandteil, 2010.

Brömmelmeyer, Christoph: Neue Regeln für die Binnenhaftung des Vorstands – Ein Beitrag zur Konkretisierung der Business Judgment Rule, WM 2005, S. 2065.

Bruns, Patrick: Die Werkmietwohnung, NZM 2014, S. 535.

Buch, Verena: Die Kündigung von Werkwohnungen, NZM 2000, S. 167.

Bucher, Eugen: „Schuldverhältnis" des BGB: ein Terminus – drei Begriffe, in: Norm und Wirkung – Festschrift für Wolfgang Wiegand zum 65. Geburtstag, 2005, S. 93 ff.

Busche, Jan; Looschelders, Dirk; Rieble, Volker; Albrecht, Karl-Dieter (Hrsg.): J. von Staudingers Kommentar zum Bürgerlichen Gesetzbuch, §§ 397–432 BGB, Neubearbeitung 2017 (zitiert: Staudinger/*[Bearbeiter]:* § … Rn. …).

Canaris, Claus-Wilhelm: Die Vertrauenshaftung im deutschen Privatrecht, 1971.

Canaris, Claus-Wilhelm: Die Reform des Rechts der Leistungsstörungen, JZ 2001, S. 499.

Coester, Michael (Hrsg.): J. von Staudingers Kommentar zum Bürgerlichen Gesetzbuch, §§ 305–310, Neubearbeitung 2019 (zitiert: Staudinger/*[Bearbeiter]:* § … Rn. …).

Costede, Jürgen: Fragen zur Reichweite vertraglicher Leistungspflichten (§§ 275, 313 BGB), in: Medizin und Haftung – Festschrift für Erwin Deutsch zum 80. Geburtstag, 2009, S. 1037 ff.

Däubler, Wolfgang (Hrsg.): Tarifvertragsgesetz Kommentar, 5. Auflage 2022 (zitiert: Däubler TVG/*[Bearbeiter]:* § … Rn. …).

Däubler, Wolfgang; Deinert, Olaf; Walser, Manfred (Hrsg.): AGB-Kontrolle im Arbeitsrecht, 5. Auflage 2021 (zitiert: Däubler/Deinert/Walser/*[Bearbeiter]:* § … Rn. …).

Dauner-Lieb, Barbara; Langen, Werner (Hrsg.): BGB Kommentar, Band 2/1, 4. Auflage 2021 (zitiert: NK-BGB/*[Bearbeiter]:* § … Rn. …).

Dombrowski, Martin; Zettelmeyer, Bernd: Die Wertermittlung der Nutzungsvorteile von Firmenwagen im Rahmen der Karenzentschädigung nach § 74 II HGB, NZA 1995, S. 155.

Dornbusch, Gregor; Krumbiegel, Ernst; Löwisch, Manfred (Hrsg.): AR – Kommentar zum gesamten Arbeitsrecht, 10. Auflage 2021 (zitiert: DFL AR/*[Bearbeiter]*: § … Rn. …).

Driver-Polke, Oliver; Melot de Beauregard, Paul: Rechtswahl bei Aktienoptionen und damit in Zusammenhang stehenden nachvertraglichen Wettbewerbsverboten, BB 2004, S. 2350.

Eidenmüller, Horst: Der Spinnerei-Fall: Die Lehre von der Geschäftsgrundlage nach der Rechtsprechung des Reichsgerichts und im Lichte der Schuldrechtsmodernisierung, Jura 2001, S. 824.

Emmerich, Volker: Das Recht der Leistungsstörungen, 6. Auflage 2005.

Emmerich, Volker; Habersack, Mathias; Schürnbrand, Jan (Hrsg.): Aktien- und GmbH-Konzernrecht, 10. Auflage 2022 (zitiert: Emmerich/Habersack Aktien-/GmbH-KonzernR/*[Bearbeiter]*: § … Rn. …).

Emmerich, Volker; Rolfs, Christian (Hrsg.): J. von Staudingers Kommentar zum Bürgerlichen Gesetzbuch, §§ 557–580a, Neubearbeitung 2021 (zitiert: Staudinger/*[Bearbeiter]*: § … Rn. …).

Fach, Cornelia: Die Zulässigkeit von Bindungsklauseln im Rahmen von Aktienoptionsprogrammen, 2006.

Fehre, Andrea: Unmöglichkeit und Unzumutbarkeit der Leistung, 2005.

Figge, Melanie: Tarifvertragliche Regelungen bei Betriebsübergang unter besonderer Berücksichtigung von Bezugnahmeklauseln, 2011.

Finn, Markus: Erfüllungspflicht und Leistungshindernis – Die Bestimmung der Grenzen vertraglicher Primärpflichten nach §§ 275 Abs. 1 und 2, 313 BGB, 2007.

Fitting, Karl (Hrsg.): BetrVG Handkommentar, 31. Auflage 2022 (zitiert: Fitting BetrVG/*[Bearbeiter]*: § … Rn. …).

Franken, Tim: Die Vergütung mittels Aktienoptionen aus arbeitsrechtlicher Sicht, 2009.

Fuchs, Bernhard: Betriebliche Sozialleistungen beim Betriebsübergang, 2000.

Fuhlrott, Michael; Fabritius, Burkhard: Das Schicksal arbeitgebergebundener Rechtspositionen beim Betriebsübergang, BB 2013, S. 1592.

Gach, Bernt; Goette, Wulf; Habersack, Mathias (Hrsg.): Münchener Kommentar zum Aktiengesetz Band 2, 5. Auflage 2019 (zitiert: MüKo AktG/*[Bearbeiter]*: § … Rn. …).

Gaßner, Otto: Rechtsanwendung beim doppeltypischen Vertrag am Beispiel der Werkdienstwohnung, AcP 186/1986, S. 326.

Gaul, Björn: Das Arbeitsrecht der Betriebs- und Unternehmensspaltung, 2002.

Gaul, Björn; Naumann, Eva: Rechtsfolgen eines Betriebsübergangs für unternehmens- und konzernspezifische Sonderleistungen, NZA 2011, S. 121.

Germelmann, Claas-Hinrich; Matthes, Hans-Christoph (Hrsg.): Arbeitsgerichtsgesetz Kommentar, 10. Auflage 2022 (zitiert: GMP/*[Bearbeiter]*: § … Rn. …).

Giesen, Richard: Bezugnahmeklauseln – Auslegung, Formulierung und Änderung, NZA 2006, S. 625.

Gift, Emil; Baur, Hansjörg: Das Urteilsverfahren vor den Gerichten für Arbeitssachen, 1. Auflage 1993.

Gotthardt, Michael: Arbeitsrecht nach der Schuldrechtsreform, 2. Auflage 2003.

Greiner, Stefan: Rechtsfragen der Koalitions-, Tarif- und Arbeitskampfpluralität, 2010.

Grimm, Oliver: Mitarbeitervergütung durch Aktienoptionen, 2007.

Grimm, Oliver; Walk, Frank: Das Schicksal erfolgsbezogener Vergütungsformen beim Betriebsübergang, BB 2003, S. 577.

Grothe, Helmut: Fremdwährungsverbindlichkeiten, 1999.

Grunsky, Wolfgang (Hrsg.): Arbeitsgerichtsgesetz Kommentar, 8. Auflage 2014 (zitiert: GWBG/*[Bearbeiter]*: § … Rn. …).

Grüneberg, Christian; Brudermüller, Gerd; Ellenberger, Jürgen; Götz, Isabell et al. (Hrsg.): Bürgerliches Gesetzbuch Kommentar, 81. Auflage 2022 (zitiert: Grüneberg/*[Bearbeiter]*: § … Rn. …).

Gsell, Beate; Krüger, Wolfgang; Lorenz, Stephan; Reymann, Christoph (Hrsg.): beck-online. GROSSKOMMENTAR BGB, Stand 04/2021 (zitiert: BeckOGK/*[Bearbeiter]*: § … Rn. …).

Gulbins, Karl-Friedrich: Unternehmensspezifische Vergütungsregelungen beim Betriebsübergang, 2005.

Hartmann, Felix: Der Anspruch auf das stellvertretende commodum, 2007.

Hartung, Nadine: Die Gewährung konzernweiter Leistungen und ihr Schicksal beim Betriebsübergang auf einen konzernfremden Dritten, 2013.

Hau, Wolfgang; Poseck, Roman (Hrsg.): beck-online Kommentar BGB, 61. Edition 02/2022 (zitiert: BeckOK BGB/*[Bearbeiter]*: § … Rn. …).

Haupt, Felix: Durch Konzernmutter zugesagte Aktienbezugsrechte sind kein Arbeitsentgelt seitens der deutschen Tochter, GWR 2009, S. 258.

Helm, Andreas: Die Einordnung wirtschaftlicher Leistungserschwerungen in das Leistungsstörungsrecht nach der Schuldrechtsreform, 2005.

Henssler, Martin (Hrsg.): Münchener Kommentar zum BGB Band 5, 8. Auflage 2020 (zitiert: MüKo BGB/*[Bearbeiter]*: § … Rn. …).

Henssler, Martin; Willemsen, Heinz Josef; Kalb, Heinz-Jürgen (Hrsg.): Arbeitsrecht Kommentar, 10. Auflage 2022 (zitiert: HWK/*[Bearbeiter]*: § … Rn. …).

Herrler, Sebastian (Hrsg.): J. von Staudingers Kommentar zum Bürgerlichen Gesetzbuch, §§ 139–163, Neubearbeitung 2020 (zitiert: Staudinger/*[Bearbeiter]*: § … Rn. …).

Himmelmann, Werner: Die Ersatzherausgabe nach § 281 Abs. 1 BGB, 1965.

Hölters, Wolfgang (Hrsg.): Handbuch Unternehmenskauf, 9. Auflage 2019 (zitiert: Hölters Hdb. Unternehmenskauf/*[Bearbeiter]*: Rn. …).

Hölters, Wolfgang; Weber, Markus (Hrsg.): Aktiengesetz Kommentar, 4. Auflage 2022 (zitiert: Hölters/Weber, AktG/*[Bearbeiter]*: § … Rn. …).

Houben, Christian-Armand: Gespaltener Kündigungsschutz im Kleinbetrieb, NJW 2010, S. 125.

Hromadka, Wolfgang: Zur betrieblichen Übung, NZA 1984, S. 241.

Huber, Peter; Faust, Florian: Schuldrechtsmodernisierung, 2002.

Hümmerich, Klaus: Gestaltung von Arbeitsverträgen nach der Schuldrechtsreform, NZA 2003, S. 753.

Janda, Constanze: Störung der Geschäftsgrundlage und Anpassung des Vertrags, NJ 2013, S. 1.

Jauernig, Othmar (Hrsg.): Bürgerliches Gesetzbuch Kommentar, 18. Auflage 2021 (zitiert: Jauering BGB/*[Bearbeiter]*: § … Rn. …).

Jesse, Lenhard; Schellen, Norbert: Arbeitgeberdarlehen und Vorschuß, 1990.

John, Andreas; Stachel, Markus: Mitarbeiterbeteiligung konkret: Belegschaftsaktien, Aktienoptionen, Genusscheine und Zertifikate, BB Beilage 2009 Nr. 1, S. 17.

Junker, Abbo: Grenzen des § 613 a BGB (Betriebsübergang) bei Aktienoptionen im Konzern, WuB IX. § 613 a BGB 1.03, S. 849.

Kiel, Heinrich; Lunk, Stefan; Oetker, Hartmut; Richardi, Reinhard; Wlotzke, Otfried; Wißmann, Hellmut (Hrsg.): Münchener Handbuch zum Arbeitsrecht Band 2: Individualarbeitsrecht II, 5. Auflage 2021 (zitiert: MüHdbArbR Band 2/*[Bearbeiter]*: § … Rn. …).

Kindl, Johann: Das Recht der Leistungsstörungen nach dem Schuldrechtsmodernisierungsgesetz, WM 2002, S. 1313.

Kisch, Wilhelm: Die Wirkungen der nachträglich eintretenden Unmöglichkeit der Erfüllung bei gegenseitigen Verträgen, 1900.

Koch, Jens (Hrsg.): Aktiengesetz, 16. Auflage 2022 (zitiert: Hüffer/Koch AktG/*[Bearbeiter]*: § … Rn. …).

Koch, Robert: Auswirkungen der Schuldrechtsreform auf die Gestaltung Allgemeiner Geschäftsbedingungen, WM 2002, S. 2173.

Köhler, Helmut: Fortbestand handelsrechtlicher Vollmachten bei Betriebsübergang?, BB 1979, S. 912.

Krüger, Wolfgang (Hrsg.): Münchener Kommentar zum BGB Band 2, 9. Auflage 2022 (zitiert: MüKo BGB/*[Bearbeiter]*: § … Rn. …).

Krüger, Wolfgang (Hrsg.): Münchener Kommentar zum BGB Band 3, 9. Auflage 2022 (zitiert: MüKo BGB/*[Bearbeiter]*: § … Rn. …).

Lembke, Mark: Die Ausgestaltung von Aktienoptionen in arbeitsrechtlicher Hinsicht, BB 2001, S. 1469.

Lembke, Mark: BB Kommentar zu BAG, 12.02.2003 – 10 AZR 299/02, BB 2003, S. 1071.

Lembke, Mark: Die Gestaltung von Vergütungsvereinbarungen, NJW 2010, S. 257.

Letzas, Lars: Die Fortgeltung von Einzel- und Gesamtbetriebsvereinbarungen beim Betriebsübergang, 2008.

Leuzinger, Katrin: Aktienoptionen im Arbeitsverhältnis, 2005.

Lingemann, Stefan; Diller, Martin; Mengel, Anja: Aktienoptionen im internationalen Konzern – ein arbeitsrechtsfreier Raum?, NZA 2000, S. 1191.

Lingemann, Stefan; Pfister, Sina; Otte, Jörn: Ermessen bei Gratifikationen und Vergütung als Alternative zum Freiwilligkeitsvorbehalt, NZA 2015, S. 65.

Lipinski, Wolfgang: Reichweite der Kündigungskontrolle durch § 613 a IV 1 BGB, NZA 2002, S. 75.

Lipinski, Wolfgang; Melms, Christopher: Die Gewährung von Aktienoptionen durch Dritte, z.B. eine Konzernmutter – von Dritten geleistetes Arbeitsentgelt?, BB 2003, S. 150.

Lobinger, Thomas: Die Grenzen rechtsgeschäftlicher Leistungspflichten, 2004.

Löhr-Müller: Der Dienstwagenüberlassungsvertrag, DAR 2007, S. 133.

Looschelders, Dirk: Pflicht zur Mitwirkung an Vertragsanpassung bei Störung der Geschäftsgrundlage, JA 2012, S. 704.

Lörcher, Torsten G.: Aktienoptionen bei Strukturveränderungen der Arbeitgebergesellschaft, 2004.

Löwisch, Manfred (Hrsg.): J. von Staudingers Kommentar zum Bürgerlichen Gesetzbuch, Buch 2, Recht der Schuldverhältnisse, §§ 255–304, Neubearbeitung 2019 (zitiert: Staudinger/*[Bearbeiter]*: § … Rn. …).

Löwisch, Manfred; Rieble, Volker (Hrsg.): Tarifvertragsgesetz, 4. Auflage 2017 (zitiert: Löwisch/Rieble: § … Rn. …).

Lüttringhaus, Jan: Verhandlungspflichten bei Störung der Geschäftsgrundlage, AcP 213/2013, S. 266.

Lützeler, Martin: Aktienoptionen bei einem Betriebsübergang, 2007.

Martens, Klaus-Peter: Stand und Entwicklung im Recht der Stock-Options, in: Festschrift für Peter Ulmer zum 70. Geburtstag am 2. Januar 2003, 2013, S. 399 ff.

Mauroschat, Andreas: Aktienoptionsprogramme, 2005.

Mechelm, Hans-Peter; Melms, Christopher: Verfall- und Rückzahlungsklauseln bei Aktienoptionsplänen, DB 2000, S. 1614.

Meyer, Cord: Untergang von Sozialleistungen beim Betriebsübergang, SAE 2006, S. 264.

Meyer, Cord: Ablösung von Betriebs-, Gesamt- und Konzernbetriebsvereinbarungen beim Betriebsübergang, DB 2000, S. 1174.

Mittenzwei, Ingo: Geschäftsgrundlage und Vertragsrisiko beim Pauschalvertrag, in: Festschrift für Walter Jagenburg zum 65. Geburtstag, 2002, S. 621 ff.

Moll, Wilhelm (Hrsg.): Münchener Anwaltshandbuch Arbeitsrecht, 5. Auflage 2021 (zitiert: MAH ArbR/*[Bearbeiter]*: § … Rn. …).

Moll, Wilhelm: Die Rechtsstellung des Arbeitnehmers nach einem Betriebsübergang, NJW 1993, S. 2016.

Moll, Wilhelm: Betriebsübergang und Nebenleistungen, in: 50 Jahre Bundesarbeitsgericht, 2004, S. 59 ff.

Möller, Iris: Finanzielle Mitarbeiterbeteiligung – Noch viel Platz für Ausbau, IAB-Forum 1/2003, S. 48.

Mösenfechtel, Ludwig; Schmitz, Gabriele: Zur Nachfolge des Erwerbers in die Tarifgebundenheit des Veräußerers bei Betriebsveräußerung, RdA 1976, S. 108.

Müller-Glöge, Rudi; Dieterich, Thomas; Hanau, Peter; Schaub, Günter (Hrsg.): Erfurter Kommentar zum Arbeitsrecht, 22. Auflage 2022 (zitiert: ErfK/*[Bearbeiter]*: § … Rn. …).

Nägele, Stefan: Probleme beim Einsatz von Dienstfahrzeugen, NZA 1997, S. 1196.

Natter, Eberhard (Hrsg.): Arbeitsgerichtsgesetz Handkommentar, 2. Auflage 2013 (zitiert: ArbGG-HK/*[Bearbeiter]*: § … Rn. …).

Nehls, Albrecht; Sudmeyer, Jan: Zum Schicksal von Aktienoptionen bei Betriebsübergang, ZIP 2002, S. 201.

Neuner, Jörg: Die Rückwirkung von Tarifverträgen, ZfA 1998, S. 83.

Neyer, Wolfgang: Steuerliche Behandlung von Arbeitnehmer-Aktienoptionen, BB 1999, S. 130.

Oertmann, Paul (Hrsg.): Kommentar zum Bürgerlichen Gesetzbuch und seinen Nebengebieten, 5. Auflage 1928 (zitiert: Recht der Schuldverhältnisse/*[Bearbeiter]:* § … Rn. …).

Oertmann, Paul: Ein Kriegsrechtsfall aus der Unmöglichkeitslehre, LZ 1915, S. 792.

Oertmann, Paul: Die Geschäftsgrundlage, 1921.

Olzen, Dirk; Looschelders, Dirk; Schiemann, Gottfried (Hrsg.): J. von Staudingers Kommentar zum Bürgerlichen Gesetzbuch, §§ 241–243, Neubearbeitung 2020 (zitiert: Staudinger/*[Bearbeiter]:* § … Rn. …).

Paschke, Christian: Der firmenbezogene Arbeitskampf gegen einen verbandsangehörigen Arbeitgeber, 2011.

Picker, Eduard: Schuldrechtsreform und Privatautonomie, JZ 2003, S. 1035.

Picot, Gerhard; Schnitker, Elmar: Arbeitsrecht bei Unternehmenskauf und Restrukturierung, 2001.

Piran, Jaqueline: Gewährung von Aktienoptionen durch (ausländische) Konzernmutter an Arbeitnehmer einer (inländischen) Tochtergesellschaft: Auswirkungen des Übergangs eines Betriebs eines Tochterunternehmens, DB 2003, S. 1065.

Posth, Martin: Arbeitsrechtliche Probleme beim Betriebsinhaberwechsel, 1978.

Preis, Ulrich; Deutzmann, Lukas: Entgeltgestaltung durch Arbeitsvertrag und Mitbestimmung, NZA Beilage 2017, S. 101.

Preis, Ulrich; Genenger, Angie: Betriebliche Übung, freiwillige Leistungen und rechtsgeschäftliche Fragen, Jahrbuch des Arbeitsrechts 2010, S. 93.

Priester, Hans-Joachim (Hrsg.): Münchener Handbuch des Gesellschaftsrechts Band 4, 5. Auflage 2020 (zitiert: MüHdb GesellschaftsR/*[Bearbeiter]:* § … Rn. …).

Rech, Alexander: Werkwohnungen, 2016.

Reichart, Vanessa: Die Störung der Geschäftsgrundlage von Betriebsvereinbarungen, 2005.

Reinecke, Thiemo: Die Sicherung der Tarifgeltung beim Betriebsübergang, 2016.

Richardi, Reinhard: Übergang von Arbeitsverhältnissen bei Zwangsvollstreckungsmaßnahmen im Rahmen einer Konkursabwicklung, RdA 1976, S. 56.

Richardi, Reinhard: Leistungsstörungen und Haftung im Arbeitsverhältnis nach dem Schuldrechtsmodernisierungsgesetz, NZA 2002, S. 1004.

Richardi, Reinhard; Dietz, Rolf (Hrsg.): Betriebsverfassungsgesetz mit Wahlordnung, 17. Auflage 2022 (zitiert: Richardi BetrVG/*[Bearbeiter]:* § … Rn. …).

Richardi, Reinhard; Fischinger, Philipp; Rieble, Volker (Hrsg.): J. von Staudingers Kommentar zum Bürgerlichen Gesetzbuch, §§ 611–613, Neubearbeitung 2020 (zitiert: Staudinger/*[Bearbeiter]*: § … Rn. …).

Ricken, Oliver: Gewinnbeteiligung im Arbeitsverhältnis, NZA 1999, S. 236.

Riehm, Thomas: Der Grundsatz der Naturalerfüllung, 2015.

Riesenhuber, Karl: Vertragsanpassung wegen Geschäftsgrundlagenstörung – Dogmatik, Gestaltung und Vergleich, BB 2004, S. 2697.

Röder, Gerhard; Göpfert, Burkard: Aktienoptionszusagen und Festgehalt nach dem Kurseinbruch am neuen Markt, BB 2001, S. 2002.

Rohmer, Gustav; Landmann, Robert von (Hrsg.): Gewerbeordnung Kommentar, 88. Ergänzungslieferung März 2022 (zitiert: Landmann/Rohmer/*[Bearbeiter]*: § … Rn. …).

Rolfs, Christian; Giesen Richard; Kreikebohm, Ralf; Udsching, Peter (Hrsg.): beck-online Kommentar Arbeitsrecht, 59. Edition 2021 (zitiert: BeckOK ArbR/*[Bearbeiter]*: § … Rn. …).

Römer, Gerhard: Ist § 281 BGB auf das durch Rechtsgeschäft erlangte Entgelt anwendbar?, AcP 119/1921, S. 293.

Rothenburg, Vera: Aktienoptionen in der Verschmelzung, 2009.

Säcker, Franz Jürgen; Schubert, Claudia (Hrsg.): Münchener Kommentar zum BGB Band 1, 9. Auflage 2021 (zitiert: MüKo BGB/*[Bearbeiter]*: § … Rn. …).

Salamon, Erwin: Mitarbeitersteuerung durch erfolgs- und bestandsabhängige Gestaltung von Vergütungsbestandteilen, NZA 2010, S. 314.

Schanz, Kay-Michael: Mitarbeiterbeteiligungsprogramme, NZA 2000, S. 626.

Schaub, Günter (Hrsg.): Arbeitsrechts-Handbuch, 9. Auflage 2000 (zitiert: Schaub ArbR-HdB 9. Aufl. 2000/*[Bearbeiter]*: § … Rn. …).

Schaub, Günter (Hrsg.): Arbeitsrechts-Handbuch, 19. Auflage 2021 (zitiert: Schaub ArbR-HdB/*[Bearbeiter]*: § … Rn. …).

Schiefer, Bernd: Die schwierige Handhabung der Jahressonderzahlungen, NZA-RR 2000, S. 561.

Schiefer, Bernd; Worzalla, Michael: Betriebsübergang (§ 613 a BGB) – Fragen über Fragen, DB 2008, S. 1566.

Schlüter, Andreas: Leistungsbefreiungen bei Leistungserschwerungen, ZGS 2003, S. 346.

Schmidt, Klaus: Der Betriebsinhaberwechsel im Regierungsentwurf eines Betriebsverfassungsgesetzes, BB 1971, S. 1999.

Schmidt-Recla, Adrian: Echte, faktische, wirtschaftliche Unmöglichkeit und Wegfall der Geschäftsgrundlage, in: Humaniora Medizin – Recht – Geschichte – Festschrift für Adolf Laufs zum 70. Geburtstag, 2006, S. 641 ff.

Schmitz-Justen, Ursula: Die Werkwohnung – Überblick und Ausblick, WuM 2000, S. 582.

Schnitker, Elmar; Grau, Timon: Übergang und Anpassung von Rechten aus Aktienoptionsplänen bei Betriebsübergang nach § 613 a BGB, BB 2002, S. 2497.

Schulz, Fritz: System der Rechte auf den Eingriffserwerb, AcP 105/1909, S. 1.

Schulze, Reiner (Hrsg.): Bürgerliches Gesetzbuch Handkommentar, 11. Auflage 2022 (zitiert: HK-BGB/*[Bearbeiter]*: § … Rn. …).

Schwab, Norbert; Weth, Stephan (Hrsg.): Arbeitsgerichtsgesetz Kommentar, 6. Auflage 2021 (zitiert: Schwab/Weth/*[Bearbeiter]*: § … Rn. …).

Schwarze, Roland: Unmöglichkeit, Unvermögen und ähnliche Leistungshindernisse im neuen Leistungsstörungsrecht, Jura 2002, S. 73.

Schwarze, Roland: Das Recht der Leistungsstörungen, 2008.

Seiter, Hugo: Die Betriebsübung, 1967.

Seiter, Hugo: Betriebsinhaberwechsel, 1980.

Sieg, Rainer: Renaissance der Mitarbeiter-Kapitalbeteiligung, NZA 2015, S. 784.

Sieg, Rainer: Kapitalbeteiligung für Mitarbeiter, AuA Sonderausgabe 2009, S. 61.

Sieg, Rainer; Maschmann, Frank; Göpfert, Burkard; Thum, Rainer: Unternehmensumstrukturierung, 3. Auflage 2020 (zitiert: *Sieg/Maschmann*, Unternehmensumstrukturierung, Rn. …).

Singer, Reinhard: Neue Entwicklungen im Recht der Betriebsübung, ZfA 1993, S. 487.

Soergel, Hans Theodor (Hrsg.): BGB Kommentar, Band 3.2, 13. Auflage 2014 (zitiert: Soergel/*[Bearbeiter]*: § … Rn. …).

Spindler, Gerald; Stilz, Eberhard; Bachmann, Gregor (Hrsg.): Kommentar zum Aktiengesetz, 4. Auflage 2019 (zitiert: Spindler/Stilz, AktG/*[Bearbeiter]*: § … Rn. …).

Steinau-Steinrück, Robert von: Die Grenzen des § 613 a BGB bei Aktienoptionen im Konzern, NZA 2003, S. 473.

Stiegel, Daniela: Aktienoptionen als Vergütungselement aus arbeitsrechtlicher Sicht, 2007.

Stoffels, Markus: AGB-Recht, 4. Auflage 2021.

Stoll, Hans: Vorteilsausgleichung bei Leistungsvereitelung, in: Festschrift für Peter Schlechtriem zum 70. Geburtstag, 2003, S. 677 ff.

Strohal, Emil (Hrsg.): Plancks Kommentar zum Bürgerlichen Gesetzbuch Band 2.1, 4. Auflage 1914 (zitiert: Planck's Kommentar zum BGB/*[Bearbeiter]*: § … Rn. …).

Tappert, Markus: Auswirkungen eines Betriebsübergangs auf Aktienoptionsrechte von Arbeitnehmern, NZA 2002, S. 1188.

Tettinger, Peter: Anfänglich oder Nachträglich?, ZGS 2006, S. 452.

Thole, Christoph: Renaissance der Lehre von der Neuverhandlungspflicht bei § 313 BGB?, JZ 2014, S. 443.

Thüsing, Gregor; Braun, Axel: Tarifrecht, 2. Auflage 2016.

Tillmanns, Kerstin: Strukturfragen des Dienstvertrages, 2007.

Ulmer, Peter; Hensen, Horst-Diether; Brandner, Hans Erich; Bieder, Marcus (Hrsg.): AGB-Recht Kommentar, 13. Auflage 2022 (zitiert: Ulmer/Brandner/Hensen, AGB-Recht/*[Bearbeiter]*: § … Rn. …).

Unberath, Hannes: Die Vertragsverletzung, 2007.

Urban-Crell, Sandra; Manger, Robert: Konzernweite Aktienoptionspläne und Betriebsübergang, NJW 2004, S. 125.

Waas, Bernd: Tarifvertrag und Betriebsübergang, 1999.

Wagner, Eric: Studien zum Recht der Unmöglichkeit, 2007.

Waltermann, Raimund: Die betriebliche Übung, RdA 2006, S. 257.

Wendling, Gerhard: Rechtsgeschäftlicher Betriebsübergang und Arbeitsverhältnis, 1980.

Westermann, Harm Peter (Hrsg.): Münchener Kommentar zum BGB Band 4, 8. Auflage 2019 (zitiert: MüKo BGB/*[Bearbeiter]*: § … Rn. …).

Westphalen, Friedrich Graf von; Thüsing, Gregor (Hrsg.): Vertragsrecht und AGB-Klauselwerke, 48. EL 03/2022 (zitiert: GvW AGB-Klauselwerke/*[Bearbeiter]*: § … Rn. …).

Wiedemann, Herbert (Hrsg.): Tarifvertragsgesetz Kommentar, 8. Auflage 2019 (zitiert: Wiedemann TVG/*[Bearbeiter]*: § … Rn. …).

Wiedemann, Herbert; Willemsen, Heinz Josef: Die Anwendung des § 613 a BGB im Konkurs, RdA 1979, S. 418.

Wiesinger, Kai: Personal- und sozialpolitische Überführungsvereinbarungen in der betrieblichen Praxis, 2006.

Willemsen, Heinz Josef: Einbeziehung nicht-arbeitsrechtlicher Verträge in das Arbeitsverhältnis, in: Festschrift für Herbert Wiedemann zum 70. Geburtstag, 2002 S. 645 f.

Willemsen, Heinz Josef; Hohenstatt, Klaus-Stefan; Schweibert, Ulrike; Seibt, Christoph H. (Hrsg.): Umstrukturierung und Übertragung von Unternehmen, 5. Auflage 2016 (zitiert: WHSS/*[Bearbeiter]*: § … Rn. …).

Willemsen, Heinz Josef; Müller-Bonanni, Thomas: Aktienoptionen beim Betriebsübergang, ZIP 2003, S. 1177.

Wlotzke, Otfried; Richardi, Reinhard; Kiel, Heinrich; Lunk, Stefan; Oetker, Hartmut; Wißmann, Hellmut (Hrsg.): Münchener Handbuch zum Arbeitsrecht Band 1: Individualarbeitsrecht I, 5. Auflage 2021 (zitiert: MüHdbArbR Band 1/*[Bearbeiter]*: § … Rn. …).